法律法规新解读

道路交通安全法
解读与应用

张润 李晗 陆旭辉 编著

中国法制出版社
CHINA LEGAL PUBLISHING HOUSE

图书在版编目（CIP）数据

道路交通安全法解读与应用／张润，李晗，陆旭辉
编著．—北京：中国法制出版社，2023.9
（法律法规新解读丛书）
ISBN 978-7-5216-3466-2

Ⅰ.①道… Ⅱ.①张… ②李… ③陆… Ⅲ.①道路交
通安全法–法律解释–中国 Ⅳ.①D922.145

中国国家版本馆 CIP 数据核字（2023）第 068836 号

责任编辑：黄丹丹　　　　　　　　　　　　封面设计：李　宁

道路交通安全法解读与应用

DAOLU JIAOTONG ANQUAN FA JIEDU YU YINGYONG

编著／张润，李晗，陆旭辉
经销／新华书店
印刷／三河市国英印务有限公司
开本／880 毫米×1230 毫米　32 开　　　　印张／11.5　字数／263 千
版次／2023 年 9 月第 1 版　　　　　　　　2023 年 9 月第 1 次印刷

中国法制出版社出版

书号 ISBN 978-7-5216-3466-2　　　　　　　　　　　　定价：38.00 元

北京市西城区西便门西里甲 16 号西便门办公区
邮政编码：100053　　　　　　　　　　　　传真：010-63141600
网址：**http://www.zgfzs.com**　　　　　编辑部电话：**010-63141812**
市场营销部电话：010-63141612　　　　印务部电话：**010-63141606**

（如有印装质量问题，请与本社印务部联系。）

【法融】数据库免费增值服务有效期截至本书出版之日起 2 年。

全新升级第五版

出版说明

"法律法规新解读"丛书作为一套实用型法律图书，历经四版，以其专业、实用、易懂的优点，赢得了广大读者的认可。自第四版后，相关法律规定已发生较大变化，司法实践中也出现了不少新的法律问题，第五版立足"实用"，以关注民生、服务大众为宗旨，切实提升内容实用性；致力"易懂"，使本丛书真正成为"遇事找法者"运用法律维护权利和利益的利器。本丛书选取与日常生活密切相关的法律领域，将各领域的核心法律作为"主体法"，并且将与主体法密切相关的法律规定汇编收录。

"法律法规新解读"丛书独家打造七重法律价值：

1. 出版专业

中国法制出版社是中华人民共和国司法部主管主办的中央级法律类专业出版社，是国家法律法规标准文本的权威出版机构。

2. 条文解读精炼到位

重难点法条以【条文解读】形式进行阐释，解读内容在吸取全国人大常委会法制工作委员会、最高人民法院等部门对条文的权威解读的基础上，结合实际编写，简单明了、通俗易懂。

3. 实务应用精准答疑

根据日常生活中经常遇到的纠纷与难题，以【实务应用】形式提炼归纳出问题点，对标热点难点，精准答疑解惑。

4. 案例指引权威实用

专设【案例指引】板块，选取最高人民法院公报案例、典型案例、各地区法院公布的经典案例以及中国裁判文书网的终审案例等，以案说法，生动地展示解决法律问题的实例。同时，原文收录一部分最高人民法院、最高人民检察院公布的指导性案例，指导实践更准确、更有力。

5. 关联参见检索便捷

除精选与主体法相关联的法律规定外，在主体法中以【关联参见】的方式链接相关重要条文，帮助读者全方位理解相关规定内容。

6. 附录内容实用丰富

书末收录经提炼的法律流程图、诉讼文书、纠纷处理常用数据、重要法律术语速查表等内容，帮助读者大大提高处理法律事务的效率。

7. 超值赠送增值服务

扫描图书后勒口二维码，免费使用中国法制出版社【法融】数据库。读者可查阅"国家法律法规"栏目和"案例解析"栏目中的"最高法指导案例"和"最高检指导案例"的内容。

中国法制出版社

中华人民共和国道路交通安全法
法律适用提示

《道路交通安全法》① 由十届全国人大常委会第五次会议于 2003 年 10 月 28 日通过，自 2004 年 5 月 1 日起施行。2007 年 12 月 29 日，十届全国人大常委会第三十一次会议通过了《关于修改〈中华人民共和国道路交通安全法〉的决定》，主要就第 76 条关于交通事故的赔偿责任进行了修正，该修改决定于 2008 年 5 月 1 日起施行。2011 年 4 月 22 日，十一届全国人大常委会第二十次会议通过了《关于修改〈中华人民共和国道路交通安全法〉的决定》，该修改决定于 2011 年 5 月 1 日起施行。2021 年 4 月 29 日，十三届全国人大常委会第二十八次会议通过了《关于修改〈中华人民共和国道路交通安全法〉等八部法律的决定》，对第 20 条第 1 款作出了相应修改。

《道路交通安全法》共 8 章 124 条，系统地规范了车辆和驾驶人管理、明确了道路通行条件和各种道路交通主体的通行规则、确立了道路交通事故处理原则和机制、加强了对公安机关交通管理部门及其交通警察的执法监督、完善了违反交通安全管理行为的法律责任。对于《道路交通安全法》，需要重点注意：

1. 《道路交通安全法》区分不同责任主体，针对不同赔偿义务人确立了一个归责原则体系，对于不同责任主体之间的责任承担适用不同的归责原则。（1）机动车之间的交通事故责任适用过错责任；（2）机动车与非机动车驾驶人、行人之间的交通事故适用无过错责任或严格责

---

① 为便于阅读，本书中相关法律文件名称中的"中华人民共和国"字样都予以省略。

任。对于以上原则的理解和应用，可以参见《民法典》侵权责任编第5章内容。

2. 机动车与行人、非机动车驾驶人发生交通事故的民事赔偿责任。机动车作为高速运输工具，对行人、非机动车驾驶人的生命财产安全具有一定危险性。《道路交通安全法》第76条第1款规定，机动车之间发生交通事故的，由有过错的一方承担赔偿责任；双方都有过错的，按照各自过错的比例分担责任。机动车与非机动车驾驶人、行人之间发生交通事故，非机动车驾驶人、行人没有过错的，由机动车一方承担赔偿责任；有证据证明非机动车驾驶人、行人有过错的，根据过错程度适当减轻机动车一方的赔偿责任；机动车一方没有过错的，承担不超过10%的赔偿责任。

3. 机动车第三者责任强制保险制度和道路交通事故社会救助基金。《道路交通安全法》规定了机动车实行第三者责任强制保险制度，并设立道路交通事故社会救助基金。利用强制保险解决交通事故损害赔偿，通过浮动保费减少交通安全违法行为和交通事故。同时建立道路交通事故社会救助基金，用于支付交通事故受伤人员的抢救费用。

4. 交通事故可私了。在道路上发生交通事故，未造成人员伤亡，当事人对事实及成因无争议的，可以即行撤离现场，恢复交通，自行协商处理损害赔偿事宜。

5. 肇事逃逸责任。造成交通事故后逃逸的，由公安机关交通管理部门吊销机动车驾驶证，且终生不得重新取得机动车驾驶证。

6. 酒后驾车责任。《道路交通安全法》在2011年修订时加大了对饮酒、醉酒后驾车的处罚力度。对于饮酒驾车的处罚，修订后的《道路交通安全法》将罚款从200元以上500元以下提高至1000元以上2000元以下，将暂扣机动车驾驶证期限1个月以上3个月以下改为6个月，并对再次饮酒后驾驶机动车的，处10日以下拘留和1000元以上2000元以下罚款，并处吊销机动车驾驶证。对饮酒后驾驶营运机动车的，增加了15日拘留的处罚，将罚款从500元提高至5000元，并将暂扣改为吊销，且5年内不得重新取得机动车驾驶证。对酒驾发生重大交通事故构成犯罪的，终生不得重新取得机动车驾驶证。《刑法修正案（八）》规定对醉酒驾驶机动车的行为作出刑事处罚规定后，不需要再对醉酒驾驶机动车的行为人实行拘留处罚，因此，删去《道路交通安全法》对醉酒后驾驶机动车违法行为人拘留的规定。同时，将暂扣机动车驾驶证改为吊销机动车驾驶证，5年内不得重新取得机动车驾驶证。对醉酒后驾驶营运机动车的，将暂扣驾驶证改为吊销驾驶证，依法追究刑事责任且10年内不得重新取得机动车驾驶证，重新取得机动车驾驶证后，不得驾驶营运机动车。

7. 《道路交通安全法》明确了交通事故认定书的证据能力。交通事故认定不能作为公安机关的具体行政行为而被提起行政复议或行政诉讼。交通事故认定书主要起一个事实认定、事故成因分析作用，是一个专业的技术性的分析结果。对于人民法院而言，这个认定书具有证据能力，而不是进行损害赔偿的当然依据。在道路交通事故损害赔偿诉讼或调解中，双方当事人都可以将交通事故认定书作为自己主张的证据，也可以就交通事故认定书作为证据的真实性、可靠性和科学性提出质疑。

另外，针对近年许多地方出现的"乘客抢夺方向盘"等事件，《刑法修正案（十一）》增加第133条之二，该条规定："对行驶中的公共交通工具的驾驶人员使用暴力或者抢控驾驶操纵装置，干扰公共交通工具正常行驶，危及公共安全的，处一年以下有期徒刑、拘役或者管制，并处或者单处罚金。前款规定的驾驶人员在行驶的公共交通工具上擅离职守，与他人互殴或者殴打他人，危及公共安全的，依照前款的规定处罚。有前两款行为，同时构成其他犯罪的，依照处罚较重的规定定罪处罚。"

目　录

中华人民共和国道路交通安全法

关联法规

实用附录

实务应用速查表

案例指引速查表

中华人民共和国
道路交通安全法

道路交通安全法
解读与应用

中华人民共和国道路交通安全法

· 2003 年 10 月 28 日第十届全国人民代表大会常务委员会第五次会议通过
· 根据 2007 年 12 月 29 日第十届全国人民代表大会常务委员会第三十一次会议《关于修改〈中华人民共和国道路交通安全法〉的决定》第一次修正
· 根据 2011 年 4 月 22 日第十一届全国人民代表大会常务委员会第二十次会议《关于修改〈中华人民共和国道路交通安全法〉的决定》第二次修正
· 根据 2021 年 4 月 29 日第十三届全国人民代表大会常务委员会第二十八次会议《关于修改〈中华人民共和国道路交通安全法〉等八部法律的决定》第三次修正

第一章 总 则

第一条 【立法宗旨】① 为了维护道路交通秩序，预防和减少交通事故，保护人身安全，保护公民、法人和其他组织的财产安全及其他合法权益，提高通行效率，制定本法。

第二条 【适用范围】 中华人民共和国境内的车辆驾驶人、行人、乘车人以及与道路交通活动有关的单位和个人，都应当遵守本法。

条文解读

本法适用的空间范围是中华人民共和国境内，入境的境外机动车、

---

① 本书条文主旨为编者所加，为方便读者检索使用，仅供参考，下同。

外国人和无国籍人也要遵守本法。

本法调整的对象范围包括自然人、法人和其他非法人组织。自然人包括车辆驾驶人、行人、乘车人等个人；法人包括与道路交通有关的公法人或私法人，公法人如公安机关，私法人如出租车公司等。

本法调整的客体范围涉及道路和交通工具等。道路，是指公路、城市道路和虽在单位管辖范围但允许社会机动车通行的地方，包括广场、公共停车场等用于公众通行的场所。如居住小区内的道路及停车场，宾馆、饭店、商场前的道路及停车场等。交通工具主要指车辆，车辆分为"机动车"和"非机动车"。

本法调整的行为范围包括与道路交通活动有关的行为，如有关政府部门及公安机关交通管理机关的职责行为，机动车登记的行为，驾驶员学校的培训行为，驾驶人员应遵守的规则及禁止行为，通行道路的管理活动，道路通行规则的制定及遵守，交通事故的处理，等等。

车辆 ➡ 本法所指的车辆包括机动车和非机动车。机动车，是指以动力装置驱动或者牵引，上道路行驶的供人员乘用或者用于运送物品以及进行工程专项作业的轮式车辆。非机动车，是指以人力或者畜力驱动，上道路行驶的交通工具，以及虽有动力装置驱动但设计最高时速、空车质量、外形尺寸符合有关国家标准的残疾人机动轮椅车、电动自行车等交通工具。特别指出的是，警车、消防车、救护车、工程救险车等特种车也在本法调整的范围内。

关联参见

《道路交通安全法实施条例》第 2 条

第三条 **【基本原则】** 道路交通安全工作，应当遵循依法管理、方便群众的原则，保障道路交通有序、安全、畅通。

条文解读

本条规定是统领本法相关程序安排、制度规定、事故处理方式的基本原则。"依法管理"原则要求各道路交通安全管理机关不能擅自使用公权力。道路交通安全管理机关可以在何种情形下为何种行为必须有法律明文规定或来自法律法规的授权，行为的程度及程序必须依照法律的规定。"方便群众"原则要求无论在立法层面还是在执法层面，都要本着高效便民、公开透明、注重效率的态度。比如在机动车办理登记的时候登记时间过长、手续繁琐、办事程序不透明而导致不公、对机动车和驾驶证不区分情况频繁检验审验等就是从根本上违背了"方便群众"的原则。

关联参见

《道路交通事故处理程序规定》第 2 条

第四条　【道路交通安全管理规划及实施】各级人民政府应当保障道路交通安全管理工作与经济建设和社会发展相适应。

县级以上地方各级人民政府应当适应道路交通发展的需要，依据道路交通安全法律、法规和国家有关政策，制定道路交通安全管理规划，并组织实施。

条文解读

道路交通安全管理工作是一项系统工程，其管理的好坏与整个国家或地区的社会经济状况、基础设施建设、产业政策、文明程度等各方面发展有直接的关系。因此，不能仅靠公安机关交通管理部门一家独撑门面，要靠各级人民政府的协调调控，只有综合治理、协同一致才能将道路交通安全管理工作搞好。本条分两款，主要规定人民政府在宏观上对保障和实施道路交通管理方面的责任。保障道路交通安全管理工作与经济建设和社会发展相适应的职责是一项十分宏观的规定，涉及社会的方方面面，如根据财政状况决定道路的建设，决定汽车的产业政策、销售政策，决定公安机关交通管理部门的人员、设施配备，甚至决定城市的规划等。因此，本条第 1 款的规定是十分概括性的。第 2 款规定县级以上地方各级人民政府可以制定各地的道路交通安全管理规划，并组织实施，但是必须依据道路交通安全法律、法规和国家有关政策，不得与其相违背。

关联参见

《道路交通安全法实施条例》第 3 条

第五条　【道路交通安全工作的管辖】国务院公安部门负责全国道路交通安全管理工作。县级以上地方各级人民政府公安机关交通管理部门负责本行政区域内的道路交通安全管理工作。

县级以上各级人民政府交通、建设管理部门依据各自职责，负责有关的道路交通工作。

条文解读

道路交通安全工作的管辖，是指各交通安全管理行政部门以及其他负有某些涉及交通安全管理的部门各自的职责范围及分工状态。道路交通安全管理的管辖问题，于本条体现了我国各国家机关对道路交通安全管理工作的分工状态：首先，国务院公安部门统领全国道路交通安全管理工作，对跨省性的道路交通安全问题进行管理；其次，县级以上地方各级人民政府公安机关交通管理部门负责本行政区域内的道路交通安全管理工作；最后，由于道路交通管理是一个涉及方方面面的综合治理，县级以上各级人民政府交通、建设部门也要依据各自职责，各负其责，与各级人民政府公安机关交通管理部门协同配合，共同搞好道路交通安全管理工作。

关联参见

《道路交通安全法实施条例》第 3 条、第 85 条；《道路交通事故处

理程序规定》第4—7条；《道路交通安全违法行为处理程序规定》第4—6条

　　第六条　　【道路交通安全宣传】各级人民政府应当经常进行道路交通安全教育，提高公民的道路交通安全意识。

　　公安机关交通管理部门及其交通警察执行职务时，应当加强道路交通安全法律、法规的宣传，并模范遵守道路交通安全法律、法规。

　　机关、部队、企业事业单位、社会团体以及其他组织，应当对本单位的人员进行道路交通安全教育。

　　教育行政部门、学校应当将道路交通安全教育纳入法制教育的内容。

　　新闻、出版、广播、电视等有关单位，有进行道路交通安全教育的义务。

条文解读

　　本条是对于推广、普及、宣传道路交通安全知识，提高广大公民道路交通安全意识的规定。首先，各级人民政府有职责经常开展道路交通安全教育，在思想上提高公民的道路交通安全意识，以有助于道路交通安全管理工作的开展，减少交通事故的发生。其次，交通警察要在执法的同时对公民进行宣传教育，以案说法、就事论事，并且由交通警察以身作则，往往会有更好的教育效果。再次，各机关、部队、企业事业单位、社会团体以及其他组织，应当对本单位的人员进行道路交通安全教育，教育行政部门、学校也应将道路交通安全教育纳入法制教育的内容，从生活的方方面面提醒，从小培养遵守交通安全规则的好品行，为社会负责，也为自己的生命负责。最后，各媒体单位也要通过有效的形式辅以宣传教育，发挥媒体的导向作用，更为直观地引导公众遵守道路交通安全法规。

第七条　【道路交通安全管理的发展要求】对道路交通安全管理工作，应当加强科学研究，推广、使用先进的管理方法、技术、设备。

条文解读

道路交通安全管理工作涉及如何用最科学的方法、最优化的配置进行管理的问题。例如，城市交通规划不合理，会导致交通拥挤，资源浪费；交通标志的设置不科学，不便于公众辨认，不必要的迂转绕回从而导致交通堵塞；交通管理部门对于驾驶证的审验、审核如果设置的程序不合理，也会导致低效。因此，随着社会的不断发展进步，对道路交通安全的管理也要日益科学化、现代化、人性化。如新一代汽车牌照的问世，新一代驾驶执照考核程序的出台，都是符合本条规定的宗旨的。

第二章　车辆和驾驶人

第一节　机动车、非机动车

第八条　【机动车登记制度】国家对机动车实行登记制度。机动车经公安机关交通管理部门登记后，方可上道路行驶。尚未登记的机动车，需要临时上道路行驶的，应当取得临时通行牌证。

条文解读

"尚未登记的机动车，需要临时上道路行驶的"，主要是指机动车从出厂或者进口到购买人上道路行驶中间的阶段，如运输、销售及机动车所有人购买机动车以后，在申请登记前的这一段时间需要上路的情况。对于这些尚未取得机动车号牌、行驶证的机动车实行临时通行牌证管理，是整个机动车牌证管理制度的一部分。

实务应用

01. **机动车登记的工作由哪些部门负责？**

机动车登记由公安机关交通管理部门负责实施。省级公安机关交通管理部门负责本省（自治区、直辖市）机动车登记工作的指导、检查和监督。直辖市公安机关交通管理部门车辆管理所、设区的市或者相当于同级的公安机关交通管理部门车辆管理所负责办理本行政辖区内机动车登记业务。县级公安机关交通管理部门车辆管理所可以办理本行政辖区内摩托车、三轮汽车、低速载货汽车登记业务。条件具备的，可以办理除进口机动车、危险化学品运输车、校车、中型以上载客汽车以外的其他机动车登记业务。具体业务范围和办理条件由省级公安机关交通管理部门确定。

关联参见

《道路交通安全法实施条例》第 4 条、第 13 条、第 113 条；《机动车登记规定》第 13 条、第 18 条、第 44—51 条

第九条 【注册登记】申请机动车登记，应当提交以下证明、凭证：

（一）机动车所有人的身份证明；

（二）机动车来历证明；

（三）机动车整车出厂合格证明或者进口机动车进口凭证；

（四）车辆购置税的完税证明或者免税凭证；

（五）法律、行政法规规定应当在机动车登记时提交的其他证明、凭证。

公安机关交通管理部门应当自受理申请之日起五个工作日内完成机动车登记审查工作，对符合前款规定条件的，应当发放机动车登记证书、号牌和行驶证；对不符合前款规定条件的，应当向申请

人说明不予登记的理由。

公安机关交通管理部门以外的任何单位或者个人不得发放机动车号牌或者要求机动车悬挂其他号牌，本法另有规定的除外。

机动车登记证书、号牌、行驶证的式样由国务院公安部门规定并监制。

条文解读

机动车登记注册 ➡ 机动车登记注册，是指机动车所有人或者管理人在购得机动车新车后，应当根据本条的规定，向车辆管理所申请办理机动车登记，填写《机动车登记申请表》，提交有效的资料。而车辆管理所应当接受机动车所有人、管理人的申请，依法审核机动车所有人、管理人提交的资料，检验车辆，在办理机动车登记的时限内，决定准予或者不予登记。

车辆购置税 ➡ 这里的购置，包括购买、进口、自产、受赠、获奖或者以其他方式取得并自用应税车辆的行为。同时，车辆购置税实行一次征收制度。购置已征车辆购置税的车辆，不再征收车辆购置税。

免税凭证 ➡ 免税凭证主要是指根据国家有关规定，该机动车享有免征车辆购置税的凭证。

依法应当在机动车登记时提交的其他证明、凭证 ➡ 该项规定属于补充性条款，主要是考虑国家机动车登记主管部门可以根据技术、政策、通行的规定，灵活掌握机动车登记工作，如提供停车泊位证明、第三者责任强制保险凭证、机动车的获得方式等。其中，机动车获得方式是指，购买、人民法院调解、裁定、判决、仲裁裁决、继承、赠与、协议抵偿债务、资产重组、资产整体买卖、调拨等。当然，该项规定并不是任意为之，一定要考虑我国道路交通发展的现状和未来的趋势合理地规定，同时必须以行政法规的形式予以规定。例如，《道路交通安全法实施条例》第 5 条规定，申请机动车注册登记时，还须提交机动车第三者责任强制保险凭证。

关联参见

《车船税法》第1—11条；《车辆购置税法》第1—16条；《道路交通安全法实施条例》第5条；《机动车登记规定》第5—15条、第64条、第88—90条；《车船税法实施条例》第1—26条

第十条　【机动车应符合国家安全技术标准】 准予登记的机动车应当符合机动车国家安全技术标准。申请机动车登记时，应当接受对该机动车的安全技术检验。但是，经国家机动车产品主管部门依据机动车国家安全技术标准认定的企业生产的机动车型，该车型的新车在出厂时经检验符合机动车国家安全技术标准，获得检验合格证的，免予安全技术检验。

条文解读

机动车国家安全技术标准 ➡ 机动车国家安全技术标准主要是指由国家主管部门颁布的有关机动车辆（含列车）的整车及其发动机、转向系、制动系、传动系、行驶系、照明和信号装置等有关运行安全的技术要求的标准。

安全技术检验 ➡ 这主要是针对未经国家机动车产品主管部门依据机动车国家安全技术标准允许投入生产的机动车型，在登记时必须履行相应的安全技术检验的要求。主要是考虑该机动车生产企业的设计、生产未经国家机动车产品主管部门监管，其所生产的机动车的安全技术性能属于未知。但该企业的成立、注册、生产已经得到国家相关部门的批准。因此，出于安全性和对社会公众的负责，在该车登记时，应当接受安全技术检验，经检验合格后，方可予以登记注册。如果拒不接受安全技术检验或者经检验不合格的，则不予以登记。值得注意的是，这里的安全技术检验是指对车辆安全技术性能的检验，通过技术检验，检查该机动车的发动机、转向系、制动系、传动系、行驶系、照明和信号装置

等是否符合国家安全技术的标准。

实务应用

02. 机动车登记时免检需满足哪些条件？

必须满足以下几个条件：（1）该车型是经国家机动车产品主管部门依据机动车国家安全技术标准认定的企业生产的。（2）该车型的新车在出厂时已经厂家检验，且符合机动车国家安全技术标准，即内部的严格检验已经过关，如果没有获得厂家自己的合格证，则该车不得出厂。（3）新车出厂后免检必须在规定的时间内进行，如果超过规定的时间，仍需重新进行安全技术检验。

关联参见

《道路交通安全法实施条例》第15条

第十一条　【机动车上道行驶手续和号牌悬挂】驾驶机动车上道路行驶，应当悬挂机动车号牌，放置检验合格标志、保险标志，并随车携带机动车行驶证。

机动车号牌应当按照规定悬挂并保持清晰、完整，不得故意遮挡、污损。

任何单位和个人不得收缴、扣留机动车号牌。

条文解读

机动车号牌 ➡ 机动车号牌是机动车身份的象征，也是区别不同机动车身份的重要标志。为了便于统一执法和规范机动车驾驶人的驾驶行为，国家对悬挂机动车号牌作出了统一的标准，并在执行中被广大机动车所有人或者管理人所接受。号牌因故损坏的，应按照规定及时修复或更换，以便对其进行管理和监督。实践中一些机动车所有人故意将机动车号牌用车牌套遮住，或者用泥巴等涂抹遮盖，或者将机动车号牌的字母或者数字部分涂抹、遮掩起来。有的是为了逃避道路交通管理，如使交通警察或者自动监测装置无法辨识车辆身份，有的是为了逃避其他方面的监督，如公车私用怕被发现等。不论行为人是出于什么目的，其遮挡、毁损车辆号牌的行为都是一种道路交通违法行为，应当依照《道路交通安全法》的规定责令其改正并予以处罚。

03. 上道路行驶的机动车未悬挂机动车号牌，未放置检验合格标志、保险标志，或者未随车携带行驶证、驾驶证的，应当如何处罚？

上道路行驶的机动车未悬挂机动车号牌，未放置检验合格标志、保险标志，或者未随车携带行驶证、驾驶证的，公安机关交通管理部门应当扣留机动车，通知当事人提供相应的牌证、标志或者补办相应手续，并可以处警告或者 20 元以上 200 元以下罚款。当事人提供相应的牌证、标志或者补办相应手续的，应当及时退还机动车。故意遮挡、污损或者不按规定安装机动车号牌的，处警告或者 20 元以上 200 元以下罚款。

《道路交通安全法实施条例》第 13 条；《道路运输条例》第 33 条、第 66 条、第 68 条；《关于规范机动车交通事故责任强制保险单证和标志管理的通知》

第十二条 【变更登记】有下列情形之一的，应当办理相应的登记：

（一）机动车所有权发生转移的；

（二）机动车登记内容变更的；

（三）机动车用作抵押的；

（四）机动车报废的。

机动车所有权转移 ➡ 机动车所有权的转移，是指已注册登记机动车的所有权发生转移，即旧机动车交易。申请机动车转移登记，当事人应当向登记该机动车的公安机关交通管理部门交验机动车，提交规定的证明、凭证，根据《道路交通安全法》的规定，机动车所有人依法享有各项权利，也应当承担相应的义务，如定期接受安全技术检验、参加机动车第三者责任强制保险等。机动车所有权发生转移的，相应的权利义务也应当转移给新的机动车所有人。新的机动车所有人及时办理机动车过户登记，一方面是道路交通安全管理的需要，另一方面也是对其自身权利的保护。对机动车实施登记制度是国家一项重要的法律制度，机动车转让行为属于依法应登记的民事行为，根据《民法典》的规定，机动车所有权的设立、变更和消灭，未经登记，不得对抗善意第三人。因此，新的机动车所有人只有及时办理机动车过户手续，才能使自己对机动车的所有权享有法律赋予的有效保障。

机动车登记内容变更 ➡ 机动车登记内容变更，是指机动车注册登记的有关事项因主客观情况发生变化而引起的变更，如出现机动车所有人更改姓名或者单位名称、改变机动车车身颜色、机动车更换发动机或者改变燃料种类、机动车更换车身或者车架等。在这些情况下，机动车所有人应当依法办理变更登记手续，以保证登记资料与机动车实际状况相适应。

机动车抵押 ➡ 机动车抵押，是指机动车所有人作为债务人或者第三人，在不转移对机动车的占有的情况下，将机动车作为债权的担保。在机动车所有人或者被担保人不履行债务时，担保权人有权依照法律规定以该机动车折价或者拍卖、变卖该机动车的价款优先受偿。对机动车设立抵押，是对机动车所有权的重大限制。根据《民法典》的规定，以机动车等交通运输工具作抵押的，抵押权自抵押合同生效时设立；未经登记，不得对抗善意第三人。要求机动车抵押实行登记，是为了保证第三人的合法权益，保障交易的安全。

根据《道路交通安全法》的规定，国家实行机动车强制报废制度。因此，机动车达到国家规定的报废标准的，机动车所有人应当依法及时办理报废登记。根据《道路交通安全法实施条例》的规定，已注册登记的机动车达到国家规定的强制报废标准的，公安机关交通管理部门应当在报废期满的 2 个月前通知机动车所有人办理注销登记。机动车所有人应当在报废期满前将机动车交售给机动车回收企业，由机动车回收企业将报废的机动车登记证书、号牌、行驶证交公安机关交通管理部门注销。机动车所有人逾期不办理注销登记的，公安机关交通管理部门应当公告该机动车登记证书、号牌、行驶证作废。因机动车灭失申请注销登记的，机动车所有人应当向公安机关交通管理部门提交本人身份证明，交回机动车登记证书。对报废的机动车实行强制报废制度，有利于防止报废车辆上道路行驶，消除道路交通事故隐患，保证道路交通安全。

实务应用

04. 当事人如何申请机动车抵押登记？如何解除抵押登记？

申请抵押登记的，由机动车所有人和抵押权人共同申请，确认申请信息并提交下列证明、凭证：（1）机动车所有人和抵押权人的身份证明；（2）机动车登记证书；（3）机动车抵押合同。车辆管理所应当自受理之日起一日内，审查提交的证明、凭证，在机动车登记证书上签注抵押登记的内容和日期。如果机动车所有人提交的证明、凭证无效；机动车达到国家规定的强制报废标准；机动车被监察机关、人民法院、人民检察院、行政执法部门依法查封、扣押；机动车属于被盗抢骗以及属于海关监管的机动车，海关未解除监管或者批准转让的，登记机关不予办理抵押登记。

申请解除抵押登记的，由机动车所有人和抵押权人共同申请，确认申请信息并提交下列证明、凭证：（1）机动车所有人和抵押权人的身份证明；（2）机动车登记证书。人民法院调解、裁定、判决解除抵押的，机动车所有人或者抵押权人应当确认申请信息，提交机动车登记证书、人民法院出具的已经生效的调解书、裁定书或者判决书，以及相应的协助执行通知书。车辆管理所应当自受理之日起一日内，审查提交的证明、凭证，在机动车登记证书上签注解除抵押登记的内容和日期。对机动车所有人、抵押权人提交的证明、凭证无效，或者机动车被监察机关、人民法院、人民检察院、行政执法部门依法查封、扣押的，不予办理解除抵押登记。

关联参见

《民法典》第 225 条、第 395 条、第 402 条、第 403 条、第 1210 条；《道路交通安全法实施条例》第 4—9 条；《机动车登记规定》第 16—42 条

第十三条 **【机动车安检】** 对登记后上道路行驶的机动车，应当依照法律、行政法规的规定，根据车辆用途、载客载货数量、使用年限等不同情况，定期进行安全技术检验。对提供机动车行驶证和机动车第三者责任强制保险单的，机动车安全技术检验机构应当予以检验，任何单位不得附加其他条件。对符合机动车国家安全技术标准的，公安机关交通管理部门应当发给检验合格标志。

对机动车的安全技术检验实行社会化。具体办法由国务院规定。

机动车安全技术检验实行社会化的地方，任何单位不得要求机动车到指定的场所进行检验。

公安机关交通管理部门、机动车安全技术检验机构不得要求机动车到指定的场所进行维修、保养。

机动车安全技术检验机构对机动车检验收取费用，应当严格执行国务院价格主管部门核定的收费标准。

条文解读

机动车安全技术检验社会化 ➡ 为减轻车主的负担，实行政企分开，机动车安全技术检验实行社会化. 这是车辆管理发展的必然趋势，有的地方对车辆检验已经实行了社会化管理，即机动车安全技术检验工作由专门从事机动车安全技术检验服务的社会中介组织承担。机动车安全技术检验社会化是个很复杂的问题，包括以下几层含义：（1）检验机构社会化；（2）检验标准严格化；（3）检验结果社会化；（4）检验机构选择自由化；（5）检验机构管理严格化。考虑到实际操作的便利和更好地执行机动车安全技术检验社会化，根据本条的规定，具体办法由国务院规定。

定期接受安全技术检验 ➡ 定期接受安全技术检验包含两重含义：一是对所有上路行驶的机动车，无论是营运车辆，还是非营运车辆，视其车型、老旧程度、使用条件和使用强度等制定定期检验制度，使其在行驶一定里程或者时间后，按时进行安全技术检验，通过这种检验达到提高机动车安全技术状况、减少机动车交通事故和控制污染物排放及噪声等公害的目的。二是安全技术检验与车辆维护定期进行。通过对机动车辆的安全技术检验来确定车辆是否存在安全隐患，是否需要大修等。

需要注意的是，根据本条规定，机动车所有人可以自主选择任何一家具有机动车维修、保养资格的企业为其提供维修、保养服务。有关主管部门应当关注的是机动车的安全技术状况是否符合国家规定，而不是指定机动车在哪个维修、保养场所进行维修和保养。

关联参见

《道路交通安全法实施条例》第15—17条；《机动车登记规定》第6条；《最高人民法院关于公安交警部门能否以交通违章行为未处理为由不予核发机动车检验合格标志问题的答复》

第十四条 **【强制报废制度】**国家实行机动车强制报废制度，根据机动车的安全技术状况和不同用途，规定不同的报废标准。

应当报废的机动车必须及时办理注销登记。

达到报废标准的机动车不得上道路行驶。报废的大型客、货车及其他营运车辆应当在公安机关交通管理部门的监督下解体。

条文解读

机动车强制报废 ➡ 机动车强制报废，是指对于达到国家报废标准的机动车，由国家强制回收拆解，防止其被重拼组装重新上路行驶。这里所说的报废的机动车，是指汽车、摩托车、农用运输车等达到国家报废标准，或者虽未达到国家报废标准，但发动机或者底盘严重损坏，经检验不符合国家机动车运行安全技术条件或者国家机动车污染物排放标准的机动车。机动车强制报废制度的核心是确定机动车的报废标准，根据本条的规定，机动车的报废标准主要是依据机动车的安全技术状况和不同用途予以确定。规定机动车的报废标准，主要考虑适应机动车生产和交通运输发展以及交通安全、节能、环保等需要。其主要指标包括累计行驶公里数、使用年限、车型、技术状况、污染物排放标准等。根据本条第1款的规定，有关部门在制定报废标准时，既要根据机动车的安全技术状况规定不同的报废标准，如因各种原因造成车辆严重损坏或技术状况低劣无法修复的，车型淘汰已无配件来源的，经修理和调整仍达不到国家对机动车运行安全技术条件要求的，等等；又要根据机动车的不同用途规定不同的报废标准，主要是累计行驶公里数或者使用年限标准，如对于轻、微型载货机动车、矿山作业专用车，重、中型载货机动车，各种类型客车、轿车等，规定不同的累计行驶公里数或者使用年限标准。此外，在实践中，对于一些特定类型的客、货车辆，虽然达到规定的使用年限，但经公安车辆管理部门依据国家机动车安全排放有关规定严格检验，性能符合规定的，可延缓一定时间报废。对于这些机动车，有关部门要实行更加严格的管理制度。

05. 交通警察违规为达到国家强制报废标准的机动车办理登记的，应如何处理？

根据《机动车登记规定》第 33 条的规定，交通警察违反规定为达到国家强制报废标准的机动车办理登记的，按照有关规定给予处分；对聘用人员予以解聘。构成犯罪的，依法追究刑事责任。

06. 已达到国家强制报废标准的机动车如何办理注销登记？

机动车已达到国家强制报废标准的，机动车所有人申请注销登记的，应当向报废机动车回收企业交售机动车，确认申请信息，提交机动车登记证书、号牌和行驶证。报废机动车回收企业应当确认机动车，向机动车所有人出具报废机动车回收证明，7 日内将申请表、机动车登记证书、号牌、行驶证和报废机动车回收证明副本提交车辆管理所。属于报废校车、大型客车、重型货车及其他营运车辆的，申请注销登记时，还应当提交车辆识别代号拓印膜、车辆解体的照片或者电子资料。车辆管理所应当自受理之日起 1 日内，审查提交的证明、凭证，收回机动车登记证书、号牌、行驶证，出具注销证明。

案例指引

01. 交通局违规出售报废汽车，车辆驾驶人发生交通事故的，交通局是否应就该事故造成的损失承担连带责任？[①]

2006 年 9 月 28 日 12 时 40 分许，朱某某在其无驾驶教练资格的丈夫李某某指导下无证驾驶无号牌桑塔纳轿车练车，因操作失误，将在某小吃铺门前洗碗的夏某某的父母二人撞倒，后经抢救无效死亡。经公安

---

① 参见《检察机关民事诉讼监督典型案例》（2016 年 2 月 3 日发布），夏某某等与朱某某、李某某等交通肇事附带民事赔偿纠纷抗诉案，载最高人民检察院网 https://www.spp.gov.cn/zdgz/201602/t20160203_112239.html，最后访问日期：2023 年 8 月 3 日。

交警部门认定，朱某某负事故的全部责任。朱某某驾驶的肇事车辆系李某某以曹某名义从某市交通局以1万元价格购买，购买时已属于报废车辆，市交通局、曹某及李某某对交易时的车辆状况均明知。

甲市人民检察院就朱某某、李某某涉嫌交通肇事罪提起公诉后，夏某某等一并提出了附带民事赔偿诉讼，要求朱某某、李某某赔偿各项损失896851元，市交通局、曹某承担连带责任。甲市人民法院对此案先后三次作出刑事附带民事判决，乙市中级人民法院两次发回重审，在当事人第三次上诉后，终审认为朱某某、李某某的行为已构成交通肇事罪，判决朱某某犯交通肇事罪，判处有期徒刑3年零6个月；李某某犯交通肇事罪，判处有期徒刑3年，缓刑3年。对于本案的民事赔偿部分，认为朱某某、李某某违反交通安全法规，驾驶无号牌报废车辆，发生交通事故致人死亡，应当承担民事赔偿责任，且应负连带赔偿责任。交通局为追求经济利益，违反国家行政法规规定，将已报废的车辆予以出售，具有一定过错，且该过错与朱某某、李某某的肇事行为间接结合导致二人死亡的严重后果，应承担相应的赔偿责任，但交通局与李某某、朱某某之间只是一种违反行政法规的买卖关系，双方之间并无共同的故意或共同的过失，故交通局不应承担连带赔偿责任，而应根据其过失大小及原因力的比例来确定其应承担的赔偿责任。判决朱某某、李某某承担70%的民事赔偿责任，交通局承担30%的民事赔偿责任。

江苏省人民检察院向江苏省高级人民法院提出抗诉。江苏省高级人民法院作出刑事附带民事判决，认为某市交通局违规出售报废汽车与李某某、朱某某开车肇事之间虽然无意思联络，但各自的侵权行为之间紧密、直接的结合与交通肇事结果发生的原因力和加害结果无法区分，具有共同关联性和致害结果的一致性，其共同侵权行为成立。交通局应对该事故造成的损失承担连带责任。江苏省人民检察院的抗诉意见成立，应予采纳。判决朱某某、李某某赔偿夏某某等人死亡赔偿金、丧葬费、交通费、被抚养人生活费等合计774359.38元，某市交通局承担连带赔偿责任。

关联参见

《道路交通安全法实施条例》第 9 条；《机动车登记规定》第 38 条；《机动车强制报废标准规定》第 1—10 条

第十五条 【特种车辆标志图案的喷涂和警报器、标志灯具的安装、使用】警车、消防车、救护车、工程救险车应当按照规定喷涂标志图案，安装警报器、标志灯具。其他机动车不得喷涂、安装、使用上述车辆专用的或者与其相类似的标志图案、警报器或者标志灯具。

警车、消防车、救护车、二程救险车应当严格按照规定的用途和条件使用。

公路监督检查的专用车辆，应当依照公路法的规定，设置统一的标志和示警灯。

条文解读

警车 ➡ 警车，是指公安机关、国家安全机关、监狱和人民法院、人民检察院用于执行紧急职务的机动车辆。具体包括：（1）公安机关用于执行侦查、警卫、治安、交通管理的巡逻车、勘察车、护卫车、囚车以及其他执行职务的车辆；（2）国家安全机关用于执行侦查任务和其他特殊职务的车辆；（3）监狱用于押解罪犯和追缉逃犯的车辆；（4）人民法院用于押解犯罪嫌疑人和罪犯的囚车、刑场指挥车、法医勘察车和死刑执行车；（5）人民检察院用于侦查刑事犯罪案件的现场勘察车和押解犯罪嫌疑人的囚车。

消防车 ➡ 消防车，是指公安消防部队和其他消防部门用于灭火的专用车辆和现场指挥车辆。

救护车 ➡ 救护车，是指急救、医疗机构和卫生防疫部门用于抢救危重病人或处理紧急疫情的专用车辆。

工程救险车 ➡ 工程救险车，是指防汛、水利、电力、矿山、城建、交通、铁道等部门用于抢修公用设施、抢救人民生命财产的专用车辆和现场指挥车辆。

实务应用

07. 非法安装警报器、标志灯具的，应当如何处罚？

根据本法的规定，非法安装警报器、标志灯具的，由公安机关交通管理部门强制拆除，予以收缴，并处 200 元以上 2000 元以下罚款。交通警察批准不符合法定条件的机动车安装、使用警车、消防车、救护车、工程救险车的警报器、标志灯具，喷涂标志图案的，依法给予行政处分，对直接负责的主管人员和其他直接责任人员给予相应的行政处分。对于给予交通警察行政处分的，在作出行政处分决定前，可以停止其执行职务；必要时，可以予以禁闭。交通警察受到降级或者撤职行政处分的，可以予以辞退。交通警察受到开除处分或者被辞退的，应当取消警衔；受到撤职以下行政处分的交通警察，应当降低警衔。索取、收受贿赂，或者滥用职权、玩忽职守，构成犯罪的，依法追究刑事责任。

关联参见

《公路法》第 73 条；《道路交通安全法实施条例》第 18 条；《警车管理规定》第 16—18 条

第十六条　【禁止拼装、改变、伪造、变造等违法行为】任何单位或者个人不得有下列行为：

（一）拼装机动车或者擅自改变机动车已登记的结构、构造或者特征；

（二）改变机动车型号、发动机号、车架号或者车辆识别代号；

（三）伪造、变造或者使用伪造、变造的机动车登记证书、号牌、行驶证、检验合格标志、保险标志；

（四）使用其他机动车的登记证书、号牌、行驶证、检验合格标志、保险标志。

条文解读

拼装机动车 ➡ 拼装机动车，一般是指使用报废或者不合格的机动车的发动机、方向机、变速器、前后桥、车架以及其他零配件组装机动车。

擅自改变机动车已登记的结构、构造或者特征，是指对机动车进行改装或者修理时，未经有关部门批准，改变了机动车在注册登记时载明的机动车的结构、构造或者特征。如更换不同型号的发动机，改变燃料种类，更改排量/功率、轴数、轴距、轮距，以及增加载货车厢厢架的高度、长度和客车的乘客座位数等。

机动车登记证书 ➡ 机动车登记证书，是指机动车办理了登记的证明文件，记载法定的登记事项。机动车所有权转移时，原机动车所有人应当将机动车登记证书随车交给现机动车所有人。

案例指引

02. 机动车所有者将其车号牌出借他人套牌使用并收取套牌费，发生交通事故后，套牌双方是否应当承担连带责任？[①]

赵春明等诉烟台市福山区汽车运输公司、
卫德平等机动车交通事故责任纠纷案

（最高人民法院审判委员会讨论通过　2013 年 11 月 8 日发布）

关键词　民事　机动车交通事故　责任　套牌　连带责任

裁判要点

机动车所有人或者管理人将机动车号牌出借他人套牌使用，或者明知他人套牌使用其机动车号牌不予制止，套牌机动车发生交通事故造成

[①]　最高人民法院指导案例 19 号。

他人损害的，机动车所有人或者管理人应当与套牌机动车所有人或者管理人承担连带责任。

相关法条

《中华人民共和国侵权责任法》第八条①

《中华人民共和国道路交通安全法》第十六条

基本案情

2008年11月25日5时30分许，被告林则东驾驶套牌的鲁F41703货车在同三高速公路某段行驶时，与同向行驶的被告周亚平驾驶的客车相撞，两车冲下路基，客车翻滚致车内乘客冯永菊当场死亡。经交警部门认定，货车司机林则东负主要责任，客车司机周亚平负次要责任，冯永菊不负事故责任。原告赵春明、赵某某、冯某某、侯某某分别系死者冯永菊的丈夫、儿子、父亲和母亲。

鲁F41703号牌在车辆管理部门登记的货车并非肇事货车，该号牌登记货车的所有人系被告烟台市福山区汽车运输公司（以下简称福山公司），实际所有人系被告卫德平，该货车在被告永安财产保险股份有限公司烟台中心支公司（以下简称永安保险公司）投保机动车第三者责任强制保险。

套牌使用鲁F41703号牌的货车（肇事货车）实际所有人为被告卫广辉，林则东系卫广辉雇用的司机。据车辆管理部门登记信息反映，鲁F41703号牌登记货车自2004年4月26日至2008年7月2日，先后15次被以损坏或灭失为由申请补领号牌和行驶证。2007年8月23日卫广辉申请补领行驶证的申请表上有福山公司的签章。事发后，福山公司曾派人到交警部门处理相关事宜。审理中，卫广辉表示，卫德平对套牌事宜知情并收取套牌费，事发后卫广辉还向卫德平借用鲁F41703号牌登记货车的保单去处理事故，保单仍在卫广辉处。

发生事故的客车的登记所有人系被告朱荣明，但该车辆几经转手，

---

① 现为《民法典》第1168条。

现实际所有人系周亚平，朱荣明对该客车既不支配也未从该车运营中获益。被告上海腾飞建设工程有限公司（以下简称腾飞公司）系周亚平的雇主，但事发时周亚平并非履行职务。该客车在中国人民财产保险股份有限公司上海市分公司（以下简称人保公司）投保了机动车第三者责任强制保险。

裁判结果

上海市宝山区人民法院于 2010 年 5 月 18 日作出（2009）宝民一（民）初字第 1128 号民事判决：一、被告卫广辉、林则东赔偿四原告丧葬费、精神损害抚慰金、死亡赔偿金、交通费、误工费、住宿费、被扶养人生活费和律师费共计 396863 元；二、被告周亚平赔偿四原告丧葬费、精神损害抚慰金、死亡赔偿金、交通费、误工费、住宿费、被扶养人生活费和律师费共计 170084 元；三、被告福山公司、卫德平对上述判决主文第一项的赔偿义务承担连带责任；被告卫广辉、林则东、周亚平对上述判决主文第一、二项的赔偿义务互负连带责任；四、驳回四原告的其余诉讼请求。宣判后，卫德平提起上诉。上海市第二中级人民法院于 2010 年 8 月 5 日作出（2010）沪二中民一（民）终字第 1353 号民事判决：驳回上诉，维持原判。

裁判理由

法院生效裁判认为：根据本案交通事故责任认定，肇事货车司机林则东负事故主要责任，而卫广辉是肇事货车的实际所有人，也是林则东的雇主，故卫广辉和林则东应就本案事故损失连带承担主要赔偿责任。永安保险公司承保的鲁 F41703 货车并非实际肇事货车，其也不知道鲁 F41703 机动车号牌被肇事货车套牌，故永安保险公司对本案事故不承担赔偿责任。根据交通事故责任认定，本案客车司机周亚平对事故负次要责任，周亚平也是该客车的实际所有人，故周亚平应对本案事故损失承担次要赔偿责任。朱荣明虽系该客车的登记所有人，但该客车已几经转手，朱荣明既不支配该车，也未从该车运营中获益，故其对本案事故不承担责任。周亚平虽受雇于腾飞公司，但本案事发时周亚平并非在为腾飞公司履行职务，故腾飞公司对本案亦不承担责任。至于承保该客车的人保公司，因死者冯永菊系车内人员，依法不适用机动车交通事故责任强制保险，故人保公司对本案不承担责任。另，卫广辉和林则东一方、周亚平一方虽各自应承担的责任比例有所不同，但车祸的发生系两方的共同侵权行为所致，故卫广辉、林则东对于周亚平的应负责任份额、周亚平对于卫广辉、林则东的应负责任份额，均应互负连带责任。

鲁F41703货车的登记所有人福山公司和实际所有人卫德平，明知卫广辉等人套用自己的机动车号牌而不予阻止，且提供方便，纵容套牌货车在公路上行驶，福山公司与卫德平的行为已属于出借机动车号牌给他人使用的情形，该行为违反了《中华人民共和国道路交通安全法》等有关机动车管理的法律规定。将机动车号牌出借他人套牌使用，将会纵容不符合安全技术标准的机动车通过套牌在道路上行驶，增加道路交通的危险性，危及公共安全。套牌机动车发生交通事故造成损害，号牌出借人同样存在过错，对于肇事的套牌车一方应负的赔偿责任，号牌出借人应当承担连带责任。故福山公司和卫德平应对卫广辉与林则东一方的赔偿责任份额承担连带责任。

关联参见

本法第11条；《机动车登记规定》第79条、第83条；《道路交通安全违法行为处理程序规定》第27条、第38条、第39条

第十七条 【机动车第三者责任强制保险制度和道路交通事故社会救助基金】国家实行机动车第三者责任强制保险制度，设立道路交通事故社会救助基金。具体办法由国务院规定。

条文解读

机动车第三者责任强制保险制度 ➡ 机动车第三者责任强制保险制度，在我国一般又指机动车交通事故责任强制保险制度（以下简称交强

险），是指由保险公司对被保险机动车发生道路交通事故造成本车人员、被保险人以外的受害人的人身伤亡、财产损失，在责任限额内予以赔偿的强制性责任保险的一项制度。

社会救助基金 ➡ 道路交通事故社会救助基金，是指依法筹集用于垫付机动车道路交通事故中受害人人身伤亡的丧葬费用、部分或者全部抢救费用的社会专项基金。救助基金的来源包括：（1）按照交强险的保险费的一定比例提取的资金；（2）对未按照规定投保交强险的机动车的所有人、管理人的罚款；（3）依法向机动车道路交通事故责任人追偿的资金；（4）救助基金孳息；（5）地方政府按照规定安排的财政临时补助；（6）社会捐款；（7）其他资金。有下列情形之一时，救助基金垫付道路交通事故中受害人人身伤亡的丧葬费用、部分或者全部抢救费用：（1）抢救费用超过交强险责任限额的；（2）肇事机动车未参加交强险的；（3）机动车肇事后逃逸的。救助基金一般垫付受害人自接受抢救之时起 7 日内的抢救费用，特殊情况下超过 7 日的抢救费用，由医疗机构书面说明理由。具体费用应当按照规定的收费标准核算。

实务应用

08. 机动车辆第三者责任险中的"第三者"应当如何认定？

根据机动车辆保险合同的约定，机动车辆第三者责任险中的"第三者"，是指除投保人、被保险人和保险人以外的，因保险车辆发生意外事故遭受人身伤亡或财产损失的保险车辆下的受害者；车上人员责任险中的"车上人员"，是指发生意外事故时身处保险车辆之上的人员。据此，判断因保险车辆发生意外事故而受害的人属于"第三者"还是属于"车上人员"必须以该人在事故发生当时这一特定的时间是否身处保险车辆之上为依据，在车上即为"车上人员"，在车下即为"第三者"。

由于机动车辆是一种交通工具，任何人都不可能永久地置身于机动车辆之上，故机动车辆保险合同中所涉及的"第三者"和"车上人员"均为在特定时空条件下的临时性身份，即"第三者"与"车上人员"均不是永久的、固定不变的身份，二者可以因特定时空条件的变化而转化。因保险车辆发生意外事故而受害的人，如果在事故发生前是保险车辆的车上人员，事故发生时已经置身于保险车辆之下，则属于"第三者"。至于何种原因导致该人员在事故发生时置身于保险车辆之下，不影响其"第三者"的身份。

09. 未投保交强险的机动车所有人或管理人会受到何种处罚？

根据本法第 98 条及《机动车交通事故责任强制保险条例》第 38 条规定，机动车所有人、管理人未按照规定投保交强险的，由公安机关交通管理部门扣留机动车，通知机动车所有人、管理人依照规定投保，处依照规定投保最低责任限额应缴纳的保险费的 2 倍罚款。

10. 投保人购买交强险有何注意事项？

投保人购买交强险要注意以下事项：（1）投保时，投保人应当如实填写投保单，向保险公司如实告知重要事项，并提供被保险机动车的行驶证和驾驶证复印件。（2）签订交强险合同时，投保人应当一次性支付全部保险费。不得在保险条款和保险费率之外，向保险公司提出附加其他条件的要求。（3）应当在被保险机动车上放置保险标志。（4）在保险合同有效期内，被保险机动车因改装、加装、使用性质改变等导致危险程度增加的，被保险人应当及时通知保险公司，并办理批改手续。（5）交强险合同期满，投保人应当及时续保，并提供上一年度的保险单。（6）被保险机动车发生交通事故，被保险人应当及时采取合理、必要的施救和保护措施，并在事故发生后及时通知保险公司。同时，被保险人应当积极协助保险公司进行现场查勘和事故调查。发生与保险赔偿有关的仲裁或者诉讼时，被保险人应当及时书面通知保险公司。

11. **因保险公司营销部营销人员的违法行为使投保人持有假保单的，保险公司能免责吗？**

投保人通过保险公司设立的营销部购买交强险，营销部营销人员为侵吞保费，将自己伪造的、内容和形式与真保单一致的假保单填写后，加盖伪造的保险公司业务专用章，通过营销部的销售员在该营销部内销售并交付投保人。作为不知情的善意投保人有理由相信其购买的保险是真实的，保单的内容也并不违反有关法律的规定，营销部的行为在民法上应当视为保险公司的行为。因此，虽然投保人持有的保单是假的，但并不能据此免除保险公司根据保险合同依法应当承担的民事责任。

关联参见

《道路交通安全法实施条例》第5条；《机动车交通事故责任强制保险条例》第3条、第24—26条、《道路交通事故社会救助基金管理办法》第1—45条

第十八条 **【非机动车的管理】** 依法应当登记的非机动车，经公安机关交通管理部门登记后 方可上道路行驶。

依法应当登记的非机动车的种类，由省、自治区、直辖市人民政府根据当地实际情况规定。

非机动车的外形尺寸、质量、制动器、车铃和夜间反光装置，应当符合非机动车安全技术标准。

条文解读

非机动车 ➡ 非机动车，是指以人力或者畜力驱动，上道路行驶的交通工具，如自行车、手推车、马兰、牛车等；以及虽有动力装置驱动但设计最高时速、空车质量、外形尺寸符合有关国家标准的残疾人机动轮椅车、电动自行车等交通工具。按照规定，不是所有的非机动车都依法应当登记，如手推车、马车、牛车等，主要在田间活动，即使上道路

行驶也主要在农村公路上，因此就不一定需要登记。但有的非机动车依法应当办理登记手续，这样可以起到对这些非机动车的控制和管理的作用，同时也具有一定的防盗功能和为破案查找、捡拾发还等提供条件，有利于保护车主的合法权益。考虑到我国地域广阔，各地的经济发展情况很不一样，城市与农村还存在一定的差别，加之各地特有的地形地貌特征对于非机动车的需求种类也存在相当的差异，因此对于某一特定的非机动车，在有的地方进行登记管理很有必要，在有的地方可能就必要性不大，甚至可能会给群众带来不便，故法律不宜直接对应当登记的非机动车的种类作统一规定，而是授权各省、自治区、直辖市人民政府加以规定。省级人民政府在作出规定时，应当充分考虑当地的实际情况，从实际出发，规定非机动车的登记范围。

非机动车安全技术标准 ➡ 非机动车安全技术标准，是指对非机动车的外形尺寸、质量、制动器、车铃和夜间反光装置等，在安全性方面规定的技术指标。

第二节　机动车驾驶人

第十九条　【驾驶证】驾驶机动车，应当依法取得机动车驾驶证。

申请机动车驾驶证，应当符合国务院公安部门规定的驾驶许可条件；经考试合格后，由公安机关交通管理部门发给相应类别的机动车驾驶证。

持有境外机动车驾驶证的人，符合国务院公安部门规定的驾驶许可条件，经公安机关交通管理部门考核合格的，可以发给中国的机动车驾驶证。

驾驶人应当按照驾驶证载明的准驾车型驾驶机动车；驾驶机动车时，应当随身携带机动车驾驶证。

公安机关交通管理部门以外的任何单位或者个人，不得收缴、扣留机动车驾驶证。

机动车驾驶证 ➡ 机动车驾驶证是取得机动车驾驶资格的法定证明。根据《机动车驾驶证申领和使用规定》，机动车驾驶证记载和签注的内容包括：（1）机动车驾驶人信息：姓名、性别、出生日期、国籍、住址、身份证明号码（机动车驾驶证号码）、照片；（2）车辆管理所签注内容：初次领证日期、准驾车型代号、有效期限、核发机关印章、档案编号、准予驾驶机动车听力辅助条件。申领驾驶证应当符合国家规定的年龄条件和身体条件，并且不存在禁止申领驾驶证的法定情形。初次申领驾驶证的准驾车型和申请增加准驾车型应当符合相应的条件。持有军队、武装警察部队机动车驾驶证，或者持有境外机动车驾驶证，符合规定的申请条件，可以申请对应准驾车型的机动车驾驶证。

准驾车型 ➡ 准驾车型代号表示机动车驾驶人准予驾驶的车辆种类，如大型客车（A1）、中型货车（B1）、小型汽车（C1）等。根据机动车驾驶证上的准驾车型代号，机动车驾驶人可以驾驶该代号代表的一种或者几种机动车。一般来说，取得准驾大型机动车资格的，可以驾驶小型机动车。取得准驾小型机动车资格的，需要增加驾驶车类时，应经考试合格后在机动车驾驶证上签注。

12. 申请机动车驾驶证的人须符合什么条件？

根据《机动车驾驶证申领和使用规定》的规定，申请机动车驾驶证的人，应当符合下列规定：

（1）年龄条件：

① 申请小型汽车、小型自动挡汽车、残疾人专用小型自动挡载客汽车、轻便摩托车准驾车型的，在18周岁以上。

② 申请低速载货汽车、三轮汽车、普通三轮摩托车、普通二轮摩托车或者轮式专用机械车准驾车型的，在18周岁以上，60周岁以下。

③ 申请城市公交车、中型客车、大型货车、轻型牵引挂车、无轨电车或者有轨电车准驾车型的，在 20 周岁以上，60 周岁以下。

④ 申请大型客车、重型牵引挂车准驾车型的，在 22 周岁以上，60 周岁以下。

⑤ 接受全日制驾驶职业教育的学生，申请大型客车、重型牵引挂车准驾车型的，在 19 周岁以上，60 周岁以下。

（2）身体条件：

① 身高：申请大型客车、重型牵引挂车、城市公交车、大型货车、无轨电车准驾车型的，身高为 155 厘米以上。申请中型客车准驾车型的，身高为 150 厘米以上。

② 视力：申请大型客车、重型牵引挂车、城市公交车、中型客车、大型货车、无轨电车或者有轨电车准驾车型的，两眼裸视力或者矫正视力达到对数视力表 5.0 以上。申请其他准驾车型的，两眼裸视力或者矫正视力达到对数视力表 4.9 以上。单眼视力障碍，优眼裸视力或者矫正视力达到对数视力表 5.0 以上，且水平视野达到 150 度的，可以申请小型汽车、小型自动挡汽车、低速载货汽车、三轮汽车、残疾人专用小型自动挡载客汽车准驾车型的机动车驾驶证。

③ 辨色力：无红绿色盲。

④ 听力：两耳分别距音叉 50 厘米能辨别声源方向。有听力障碍但佩戴助听设备能够达到以上条件的，可以申请小型汽车、小型自动挡汽车准驾车型的机动车驾驶证。

⑤ 上肢：双手拇指健全，每只手其他手指必须有三指健全，肢体和手指运动功能正常。但手指末节残缺或者左手有三指健全，且双手手掌完整的，可以申请小型汽车、小型自动挡汽车、低速载货汽车、三轮汽车准驾车型的机动车驾驶证。

⑥ 下肢：双下肢健全且运动功能正常，不等长度不得大于 5 厘米。单独左下肢缺失或者丧失运动功能，但右下肢正常的，可以申请小型自动挡汽车准驾车型的机动车驾驶证。

⑦ 躯干、颈部：无运动功能障碍。

⑧ 右下肢、双下肢缺失或者丧失运动功能但能够自主坐立，且上肢符合本项第 5 目规定的，可以申请残疾人专用小型自动挡载客汽车准驾车型的机动车驾驶证。一只手掌缺失，另一只手拇指健全，其他手指有两指健全，上肢和手指运动功能正常，且下肢符合本项第 6 目规定的，可以申请残疾人专用小型自动挡载客汽车准驾车型的机动车驾驶证。

⑨ 年龄在 70 周岁以上能够通过记忆力、判断力、反应力等能力测试的，可以申请小型汽车、小型自动挡汽车、残疾人专用小型自动挡载客汽车、轻便摩托车准驾车型的机动车驾驶证。

13. 是否允许延期办理驾驶证业务？

《机动车驾驶证申领和使用规定》明确规定，机动车驾驶人因服兵役、出国（境）等原因，无法在规定时间内办理驾驶证期满换证、审验、提交身体条件证明的，可以在驾驶证有效期内或者有效期届满一年内向机动车驾驶证核发地车辆管理所申请延期办理。申请时应当确认申请信息，并提交机动车驾驶人的身份证明。延期期限最长不超过 3 年。延期期间机动车驾驶人不得驾驶机动车。

关联参见

《道路交通安全法实施条例》第 19—28 条、第 104 条、第 114 条；《道路运输条例》第 9 条、第 22 条；《机动车驾驶证申领和使用规定》第 1—110 条；《拖拉机和联合收割机驾驶证管理规定》第 7—33 条

第二十条　【驾驶培训】机动车的驾驶培训实行社会化，由交通运输主管部门对驾驶培训学校、驾驶培训班实行备案管理，并对驾驶培训活动加强监督，其中专门的拖拉机驾驶培训学校、驾驶培训班由农业（农业机械）主管部门实行监督管理。

驾驶培训学校、驾驶培训班应当严格按照国家有关规定，对学员进行道路交通安全法律、法规、驾驶技能的培训，确保培训质量。

任何国家机关以及驾驶培训和考试主管部门不得举办或者参与举办驾驶培训学校、驾驶培训班。

条文解读

机动车驾驶培训 ➡ 机动车驾驶培训实行社会化，是指国家机关不举办或者参与举办机动车驾驶培训，机动车驾驶培训工作由社会上有关单位，如驾驶培训学校、驾驶培训班等单位承担。

驾驶培训学校、驾驶培训班对学员的培训内容主要包括两个方面，即道路交通安全法律、法规培训和驾驶技能培训。这里所说的"道路交通安全法律、法规"，包括本法、有关道路交通安全管理法规和交通规则等。驾驶技能培训的范围比较广泛，一是机动车驾驶的有关知识，如异常气候、复杂道路、危险情况时的安全驾驶和处置知识，简单的伤员急救和危险物品运输知识，车辆的总体构造、主要装置的作用，车辆日常检查、保养、使用知识，常见故障的判断方法、紧急情况的处理知识等；二是实际驾驶车辆的能力，如机动车的操作方法，以及观察、判断、预见交通状况，综合控制车辆的能力，等等。

实务应用

14. 不得举办或者参与举办驾驶培训的主体包括哪些？

按照规定，任何国家机关以及驾驶培训和考试主管部门都不得举办或者参与举办驾驶培训学校、驾驶培训班。驾驶培训主管部门，是依法对驾驶培训学校、驾驶培训班实行资格管理的交通主管部门和农业（农业机械）主管部门。驾驶考试主管部门，是指依法主管驾驶考试和发给机动车驾驶证的公安机关交通管理部门和农业（农业机械）主管部门。所谓"举办"，是指国家机关以及驾驶员培训和考试主管部门直接出资，开办驾驶培训学校或者驾驶培训班对机动车驾驶员进行培训的行为。所谓"参与举办"，是指国家机关以及驾驶员培训和考试主管部门采取与其他企业事业单位合资、联营、合作或者其他方式等各种直接参与举办或者变相参与举办驾驶培训学校或者驾驶培训班，以及参与对这些培训机构的经营管理或者利益分配等行为。

关联参见

《道路交通安全法实施条例》第 20—22 条；《机动车驾驶员培训管理规定》第 1—52 条

第二十一条　【上路行驶前的安全检查】驾驶人驾驶机动车上道路行驶前，应当对机动车的安全技术性能进行认真检查；不得驾驶安全设施不全或者机件不符合技术标准等具有安全隐患的机动车。

条文解读

安全技术性能检查 ➡ 安全技术性能检查，包括检视车辆的制动系统及各部机件连接的紧固情况，检查机油、空气、燃油滤清器和蓄电池等是否清洁，是否有漏水、漏油、漏气、漏电等现象，刹车是否灵敏。

第二十二条　【机动车驾驶人应当安全驾驶】机动车驾驶人应当遵守道路交通安全法律、法规的规定，按照操作规范安全驾驶、文明驾驶。

饮酒、服用国家管制的精神药品或者麻醉药品，或者患有妨碍安全驾驶机动车的疾病，或者过度疲劳影响安全驾驶的，不得驾驶机动车。

任何人不得强迫、指使、纵容驾驶人违反道路交通安全法律、法规和机动车安全驾驶要求驾驶机动车。

饮酒 ➡ 饮酒包括机动车驾驶人饮用白酒、啤酒、果酒、汽酒等任何含有酒精的饮料后，在酒精作用期间驾驶机动车的情形。为了保障交通安全，凡发现驾驶人有酒精反应的，均可按酒后开车予以处罚。在一般情况下，人的正常反应时间为 0.75 秒，而酒精会麻醉人的中枢神经，饮酒后反应时间是正常反应时间的 2 倍至 3 倍，达到 2 秒钟。如果车辆以 80 公里的时速行驶，2 秒钟行驶距离为 45 米，在此距离内，驾驶员不能做出正确的反应动作。酒后驾车已成为危及公民生命和安全的重要因素。

精神药品与麻醉药品 ➡ "精神药品"，是指直接作用于中枢神经系统，使之兴奋或抑制，连续使用能产生依赖性的药品，如甲喹酮、甲基苯丙胺（俗称冰毒）等。"麻醉药品"，是指国家规定管制的能够使人形成瘾癖的麻醉药品，包括鸦片、吗啡、大麻等麻醉性药品。服用精神药品或者麻醉药品，在药物的作用下会产生神经中枢的兴奋或者抑制，导致人的判断能力、控制能力下降，服用者驾驶机动车，容易发生交通事故。因此服用后不得驾驶机动车。需要注意的是，本条所称的精神药品或者麻醉药品，不仅仅是指由国家规定管制的属于毒品范围的精神药品或者麻醉药品，还包括其他由国家管制的直接作用于中枢神经系统，可能影响安全驾驶机动车的精神药品或者麻醉药品。医师在进行医疗诊治开出处方时，如果处方中包含可能影响安全驾驶机动车的国家管制的精神药品或者麻醉药品的，应当向患者说明。患者在服用该药品后在药品作用期间不得驾驶机动车。

患有妨碍安全驾驶机动车的疾病 ➡ 患有妨碍安全驾驶机动车的疾病，是指患有足以影响观察、判断事物能力和控制行为能力的疾病。《机动车驾驶证申领和使用规定》中列举的此类疾病包括：器质性心脏病、癫痫病、美尼尔氏症、眩晕症、癔病、震颤麻痹、精神病、痴呆以及影响肢体活动的神经系统疾病。

过度疲劳 ➡ 过度疲劳，是指驾驶员每天驾车超过 8 小时或者从事其他劳动体力消耗过大或睡眠不足，以致行车中困倦瞌睡、四肢无力，不能及时发现和准确处理路面交通状况的情形。睡眠不足是造成疲劳驾驶的主要因素。驾驶员一天驾驶超过 10 小时以上时，如果睡眠不足 4.5 小时，则事故率最高，据统计因疲劳驾驶造成的交通事故 60% 是睡眠不足 3.5 小时引起的。睡眠不足导致驾驶员在驾驶过程中叹气、打哈欠、频繁揉眼睛，心情急躁、精神不振、郁闷、手脚不灵活等。

不得强迫、指使、纵容驾驶人违法驾驶的主体包括任何人，如机动车驾驶人的雇主、上级领导、乘客、托运人等。"强迫"，是指违背机动车驾驶人的意愿，以暴力、胁迫或者其他手段，迫使机动车驾驶人违反道路交通安全法律、法规和机动车安全驾驶要求驾驶机动车的情形。"指使"，是指指挥、唆使、命令机动车驾驶人违反道路交通安全法律、法规和机动车安全驾驶要求驾驶机动车的情形。"纵容"，是指行为人明知机动车驾驶人有违反道路交通安全法律、法规和机动车安全驾驶要求驾驶机动车的行为，不依法制止，反而给予放纵、宽容，或者听之任之其继续进行违法驾驶的情形。

关联参见

《道路交通安全法实施条例》第 62 条；《机动车驾驶证申领和使用规定》第 15 条

第二十三条　【机动车驾驶证定期审验】公安机关交通管理部门依照法律、行政法规的规定，定期对机动车驾驶证实施审验。

条文解读

通过对机动车驾驶证的审验，有利于严格对驾驶人的管理，树立其遵章守法和安全驾驶的意识，有利于及时发现驾驶人的违章行为，促使其积极接受行政处罚。特别是电子摄像技术广泛运用于道路交通监控中以来，许多违章者并不知悉自己的违章行为的存在，通过驾驶证的审验可以得到纠正，避免违章者逃避主管机关的处罚，从而促进道路交通安全、有序。

公安机关交通管理部门，依照法律、行政法规的规定，按照规定的期限对持证人进行审验，审验时进行身体检查，审核违章、事故是否处理结束。对审验合格的，在驾驶证上按规定格式签章或记载。持未记载审验合格的驾驶证不具备驾驶资格。在实际操作过程中，根据机动车驾驶证类型、机动车的类型、驾龄的不同确定不同的审验期限。在审验期限届满前，由机动车驾驶证持有人前往主管机关进行审验。

关联参见

《道路交通安全法实施条例》第 16 条；《机动车驾驶证申领和使用规定》第 72—75 条

第二十四条 　【累积记分制度】公安机关交通管理部门对机动车驾驶人违反道路交通安全法律、法规的行为，除依法给予行政处罚外，实行累积记分制度。公安机关交通管理部门对累积记分达到规定分值的机动车驾驶人，扣留机动车驾驶证，对其进行道路交通安全法律、法规教育，重新考试；考试合格的，发还其机动车驾驶证。

对遵守道路交通安全法律、法规，在一年内无累积记分的机动车驾驶人，可以延长机动车驾驶证的审验期。具体办法由国务院公安部门规定。

条文解读

累积记分制度 ➲ 机动车驾驶人的累积记分制度，是指公安机关交通管理部门对机动车驾驶人的道路交通违法行为除依法给予行政处罚外，还根据违法行为的不同，累积不同的分值，当累积记分达到规定的分值时，扣留其机动车驾驶证，对其进行道路交通安全法律、法规教育，并要求其重新考试，对于考试合格的，发还机动车驾驶证，记分重新计算的管理制度。对该项制度应当从以下几方面理解：一是累积记分制度的实质是一项行政管理措施，并不是行政处罚，目的是纠正违章行为，提高机动车驾驶人的安全驾驶、文明驾驶意识。二是累积记分制度的主管机关是公安机关交通管理部门，其他单位和个人都无权行使。如果其他单位或者个人要求机动车驾驶人累积记分的，机动车驾驶人有权予以拒绝。三是对于累积记分达到规定分值的机动车驾驶人，由主管机关扣留其驾驶证，对其进行道路交通安全法律、法规教育，并重新考试。值得注意的是，这里的交通安全法规教育的形式是多种多样的，但不得以限制人身自由或者办学习班的形式强制其接受教育，也不能强令其重新学习驾驶技能。四是对于重新考试合格的机动车驾驶人，公安机关交通管理部门应当及时发还机动车驾驶证，并不得收取任何形式的费用。

本条第 2 款中的"一年"是指记分周期所规定的一个年度，即从机动车驾驶人初次领取机动车驾驶证之日起向后计算的一个年度，而不是每一个公历年。至于延长审验期限的长短及具体实施办法由国务院公安部门制定。

实务应用

15. 机动车驾驶人有哪些交通违法行为，一次记 9 分？

机动车驾驶人有下列交通违法行为之一，一次记 9 分：（1）驾驶 7 座以上载客汽车载人超过核定人数 50% 以上未达到 100% 的；（2）驾驶校车、中型以上载客载货汽车、危险物品运输车辆在高速公路、城市快速路以外的道路上行驶超过规定时速 50% 以上的；（3）驾驶机动车在高速公路或者城市快速路上违法停车的；（4）驾驶未悬挂机动车号牌或者故意遮挡、污损机动车号牌的机动车上道路行驶的；（5）驾驶与准驾车型不符的机动车的；（6）未取得校车驾驶资格驾驶校车的；（7）连续驾驶中型以上载客汽车、危险物品运输车辆超过 4 小时未停车休息或者停车休息时间少于 20 分钟的。

关联参见

《行政处罚法》第 12 条、第 14 条;《道路交通安全法实施条例》第 23—26 条;《道路交通安全违法行为处理程序规定》第 31 条、第 61 条、第 73 条;《机动车驾驶证申领和使用规定》第 71 条;《道路交通安全违法行为记分管理办法》第 1—36 条

第三章　道路通行条件

第二十五条 　**【道路交通信号和分类】**全国实行统一的道路交通信号。

交通信号包括交通信号灯、交通标志、交通标线和交通警察的指挥。

交通信号灯、交通标志、交通标线的设置应当符合道路交通安全、畅通的要求和国家标准,并保持清晰、醒目、准确、完好。

根据通行需要,应当及时增设、调换、更新道路交通信号。增设、调换、更新限制性的道路交通信号,应当提前向社会公告,广泛进行宣传。

条文解读

交通信号 ➡ 交通信号,是指挥车辆和行人前进、停止或者转弯,向车辆驾驶人和行人提供各种交通信息,对道路上的交通流量进行调节、控制和疏导的以光色信号、图形、文字或者手势表示的特定信号。

交通信号灯 ➡ 交通信号灯,是指设置在道路交叉路口,用以指挥交叉路口交通通行的灯光设备。交通信号灯是对车辆和行人实行或停或行交替的继续式指挥疏导,把不同方向的交通参与者从时间和空间上隔开,先后通行,避免相互干扰,减少冲突点和交织点,使处在相互矛盾

的交通环境中的车辆和行人有秩序地通过交叉路口，保障交通的安全畅通。交通信号灯分为：机动车信号灯、非机动车信号灯、人行横道信号灯、车道信号灯、方向指示信号灯、闪光警告信号灯、道路与铁路平面交叉道口信号灯。

交通标志 ➤ 交通标志，是指用图形符号和文字，配之以特定的颜色，向车辆驾驶人及行人传递特定信息，用以管制、警告及引导交通的安全设施，是管理道路交通的重要设施之一。交通标志分为主标志和辅助标志。主标志包括：指示标志、警告标志、禁令标志、指路标志、旅游区标志、道路施工安全标志；辅助标志，是一种与主标志配合使用的特殊标志，附设在主标志的下方，对主标志起辅助说明作用，不能单独使用，可分为表示区域、距离、时间、车辆种类、警告禁令理由等。

交通标线 ➤ 交通标线，是指以规定的线条、箭头、文字、立面标记、突起路标和其他导向装置，施划于路面或其他设施上，用以管制和引导的交通安全设施，它可以和交通标志配合使用，也可以单独使用。交通标线包括：指示标线、警告标线、禁止标线。

交通警察的指挥 ➤ 交通警察的指挥，是指由交通警察通过手势，或者使用器具指挥棒进行指挥、引导和疏导交通的行为。交通警察的指挥信号分为手势信号和使用器具的交通指挥信号。根据公安部发布的规定，自 2007 年 10 月起在全国施行新的交通警察手势信号，包括停止信号、直行信号、左转弯信号、左转弯待转信号、右转弯信号、变道缓行信号、减速慢行信号、示意车辆靠边停车信号等八种。

车辆和行人遇有交通信号灯、交通标志、交通标线与交通警察指挥不一致时，应当服从交通警察的指挥。车辆、行人的通行和停止，怎么通行和怎么停止，都要以交通警察的指挥为准。

关联参见

《公路法》第 32 条；《道路交通安全法实施条例》第 29—42 条

第二十六条 　**【交通信号灯分类和示义】**交通信号灯由红灯、绿灯、黄灯组成。红灯表示禁止通行，绿灯表示准许通行，黄灯表示警示。

条文解读

红灯 ➡ 红灯表示禁止通行。主要包括三种：一是指挥灯信号。红灯亮时，不准车辆、行人通行；车辆须停在停止线以外，行人须在人行横道边等候放行。自行车左转弯不准推车从路口外边绕行；直行不准用右转弯方法绕行。右转弯的车辆和T型路口右边无横道的直行车辆，遇有红灯亮时，在不妨碍放行的车辆和行人通行的情况下，可以通行。二是车道灯信号。一般安装在需要单独指挥的车道上方，只对在该车道行驶的车辆起指挥作用，其他车道的车辆和行人仍按规定信号通行。三是人行横道灯信号。红灯亮时，不准行人进入人行横道。

绿灯 ➡ 绿灯表示准许通行。主要包括三种：一是指挥灯信号。绿灯亮时，准许车辆、行人通行。不论机动车还是非机动车，凡是面向绿灯信号的均可直行，也可以左、右转弯。在绿灯亮期间进入路口的车辆应该让已经在路口内的车辆和正在人行横道内的行人优先通行，绿灯亮时，转弯的车辆不准妨碍直行的车辆和被放行的行人通行。二是车道灯信号。绿色箭头灯亮时，准许车辆按箭头所示方向通行。绿色箭头灯是指绿灯中带有左转弯、直行、右转弯导向箭头的交通指挥信号灯。三是人行横道灯信号。绿灯亮时，准许行人通过人行横道；绿灯闪烁时，不准行人进入人行横道，但已进入人行横道的，可以继续通行。

黄灯 ➡ 黄灯表示警示。主要有两种：一是黄灯亮时，不准车辆、行人通行，但已越过停止线的车辆和已进入人行横道的行人，可以继续通行；右转弯车辆和T型路口右边无横道的直行车辆，遇有黄灯亮时，在不妨碍放行车辆和行人通行的情况下，可以通行。绿灯之后的黄灯表示禁止超越信号；红灯之后的黄灯表示准备通行。二是黄灯闪烁时，车辆、行人须在确保安全的原则下通行。

关联参见

《道路交通安全法实施条例》第38—42条

第二十七条 【铁路道口的警示标志】铁路与道路平面交叉的道口，应当设置警示灯、警示标志或者安全防护设施。无人看守的铁路道口，应当在距道口一定距离处设置警示标志。

条文解读

火车是在铁路上高速运行的交通工具，铁路与道路平面交叉的道口容易发生事故，必须加强这种道口的安全管理。依照本条规定，在铁路与道路平面交叉的道口，应当设置警示灯、警示标志或者安全防护设施。如根据规定，道路与铁路平面交叉道口有两个红灯交替闪烁或者一个红灯亮时，表示禁止车辆、行人通行；红灯熄灭时，表示允许车辆、行人通行。另外，对于无人看守的铁路道口，须在距道口一定距离处设置警示标志，以引起行人和通行车辆的注意。

关联参见

《道路交通安全法实施条例》第43条

第二十八条 【道路交通信号的保护】任何单位和个人不得擅自设置、移动、占用、损毁交通信号灯、交通标志、交通标线。

道路两侧及隔离带上种植的树木或者其他植物，设置的广告牌、管线等，应当与交通设施保持必要的距离，不得遮挡路灯、交通信号灯、交通标志，不得妨碍安全视距，不得影响通行。

条文解读

交通信号灯、交通标志、交通标线对保证道路畅通具有十分重要的作用。道路交通信号的作用是对道路上通行的车辆、行人科学地分配通行权，使之有秩序地顺利通行。道路交通标志是管理道路交通非常重要的措施。道路交通标志体现了道路交通法规的效力，用简明的文字、符号明确道路交通规范；调节了交通流量，有效地疏导交通，提高道路通行能力；预示道路状况，减少交通事故，保障交通安全畅通；节省能源，降低公害，美化路容，有人将之称为道路语言。道路交通标线的作用是管制和引导交通，可以与标志配合使用，也可以单独使用。交通信号灯、交通标志、交通标线具有如此重要作用，必须加强保护，并且只能统一设置，禁止移动、占用、损毁。因此，本条第 1 款明确规定，任何单位和个人不得擅自设置、移动、占用、损毁交通信号灯、交通标志、交通标线。

本条第 2 款对在道路两侧和隔离带上种有树木或者其他植物，设置广告牌、管线等行为提出了有关要求：一是应当与交通设施保持必要的距离，具体多远按照有关规定办理。二是不得遮挡路灯、交通信号灯、交通标志，影响其发挥正常作用。三是不得妨碍安全视距，不得影响通行。对这些要求必须遵守。

关联参见

《公路法》第 52—54 条

第二十九条 【公共交通的规划、设计、建设和对交通安全隐患的防范】道路、停车场和道路配套设施的规划、设计、建设，应当符合道路交通安全、畅通的要求，并根据交通需求及时调整。

公安机关交通管理部门发现已经投入使用的道路存在交通事故频发路段，或者停车场、道路配套设施存在交通安全严重隐患的，应当及时向当地人民政府报告，并提出防范交通事故、消除隐患的建议，当地人民政府应当及时作出处理决定。

编制道路、停车场和道路配套设施规划的目的是科学、合理地建设，以满足道路交通安全的需要。其设计和建设也要符合道路交通安全、畅通的要求。随着经济发展需要、交通需要的变化，有关规划、设计、建设和设置也需要进行调整。

关联参见

《道路交通安全法实施条例》第 34 条

第三十条 【道路或交通信号毁损的处置措施】 道路出现坍塌、坑槽、水毁、隆起等损毁或者交通信号灯、交通标志、交通标线等交通设施损毁、灭失的，道路、交通设施的养护部门或者管理部门应当设置警示标志并及时修复。

公安机关交通管理部门发现前款情形，危及交通安全，尚未设置警示标志的，应当及时采取安全措施，疏导交通，并通知道路、交通设施的养护部门或者管理部门。

条文解读

道路或交通信号毁损的处置措施 ➡ 道路出现坍塌、坑槽、水毁、隆起等损毁，道路的养护部门或者管理部门应当设置警示标志并及时修复。如，根据《公路法》的规定，公路管理机构应当按照国务院交通主管部门规定的技术规范和操作规程对公路进行养护，保证公路经常处于良好的技术状态。因严重自然灾害致使国道、省道交通中断，公路管理机构应当及时修复；公路管理机构难以及时修复时，县级以上地方人民政府应当及时组织当地机关、团体、企业事业单位、城乡居民进行抢修，并可以请求当地驻军支援，尽快恢复交通。为保障公路养护人员的人身安全，公路养护人员进行养护作业时，应当穿着统一的安全标志服；利用车辆进行养护作业时，应当在公路作业车辆上设置明显的作业标志。公路养护车辆进行作业时，在不影响过往车辆通行的前提下，其行驶路线和方向不受公路标志、标线限制；过往车辆对公路养护车辆和人员应当注意避让。

交通信号灯、交通标志、交通标线等交通设施损毁、灭失的，交通设施的养护部门或者管理部门应当设置警示标志并及时修复。交通设施的养护部门或者管理部门应当定期对交通设施进行检查，发现交通信号灯、交通标志、交通标线、交通闭路电视监控系统、交通隔离物、交通护栏、交通岗亭等交通设施出现脱落、损坏、丢失等情形的，应当及时予以修理和恢复，以保证道路的安全畅通。对于设在城市道路上的各类管线的检查井、箱盖或者城市道路附属设施，应当定期进行养护，发现缺损影响交通和安全时，负有管理职责的单位应当及时补缺或者修复。

道路养护施工单位在道路上进行养护、维修时，应当按照规定设置规范的安全警示标志和安全防护设施。道路养护施工作业车辆、机械应当安装示警灯，喷涂明显的标志图案，作业时应当开启示警灯和危险报警闪光灯。对未中断交通的施工作业道路，公安机关交通管理部门应当加强交通安全监督检查。发生交通阻塞时，及时做好分流、疏导，维护交通秩序。

关联参见

《公路法》第35—42条；《道路交通安全法实施条例》第35条

第三十一条　【未经许可不得占道从事非交通活动】 未经许可，任何单位和个人不得占用道路从事非交通活动。

条文解读

非交通活动 ➡ 非交通活动，主要是指在道路上从事打场、晒粮、放牧、堆放物品、倾倒垃圾、摆摊设点、停放车辆、挖沟引水或者进行商品展销、体育活动、福利募捐、义诊义卖、咨询宣传等活动。

实务应用

16. 在公路上摆摊设点、堆放物品、倾倒垃圾、挖沟引水等造成公路路面损坏、污染或者影响公路畅通的，会受到何种处罚？

根据《公路法》第46条的规定，任何单位和个人不得在公路上及公路用地范围内摆摊设点、堆放物品、倾倒垃圾、设置障碍、挖沟引水、利用公路边沟排放污物或者进行其他损坏、污染公路和影响公路畅通的活动。根据《公路法》第77条的规定，如果有上述行为，造成公路路面损坏、污染或者影响公路畅通的，由交通主管部门责令停止违法行为，可以处5000元以下的罚款。

案例指引

03. 行人进入高速公路发生交通事故造成自身损害的，高速公路管理人是否应当承担赔偿责任？①

2018年5月31日17时30分左右，周某英行走在甲高速公路公司管理的常合高速路段应急车道内。19时45分许，周某明驾驶小型越野车沿常合高速公路由西向东行至南京、镇江时，观察疏忽撞倒横穿行车道的行人周某英，致周某英经医院抢救无效于当日死亡，车辆受损。交警部门认定：周某英承担该事故主要责任，周某明承担该事故次要责任。受害人周某英系章某娣、章某香母亲，周某英父母、配偶已去世。周某英生前持有残疾人证，残疾类别为听力，残疾等级为二级。

周某明驾驶的小型越野车在乙财产保险股份有限公司南京分公司投

---

① 参见《章某娣、章某香与江苏甲高速公路有限公司高度危险责任纠纷案》，案号：（2019）苏01民终8196号，载中国裁判文书网，最后访问日期：2023年8月3日。

保了交强险及商业三者险，事故发生在保险期限内。2018年8月2日，章某娣、章某香将周某明、乙财产保险股份有限公司南京分公司诉至法院，人民法院作出一审民事判决，认定章某娣、章某香主张的各项损失合计934482.63元，由乙财产保险股份有限公司南京分公司在交强险及商业三者险范围内赔偿440213.43元。一审判决作出后，章某娣、章某香不服，提起上诉。

江苏省南京市中级人民法院经审理认为：首先，《道路交通安全法》第67条规定，行人、非机动车、拖拉机、轮式专用机械车、铰接式客车、全挂拖斗车以及其他设计最高时速低于70公里的机动车，不得进入高速公路。高速公路属于高度危险区域，行人依法不得进入高速公路。本案中，周某英作为成年人擅自进入高速公路自身存在重大过错。章某娣、章某香作为周某英女儿，在周某英年满60周岁且存在听力二级残疾的情况下，放任老人独自出行，未能尽到照顾看护义务，亦具有一定的过错。周某英自身过错是涉案事故发生的主要原因，受害人一方应承担主要责任。其次，鉴于甲高速公路公司上述安全管理及警示义务履行不到位，对涉案事故的发生具有一定的责任。综合上述因素，本院认定受害人一方自负90%的责任，甲高速公路公司承担10%的责任。最后，民事侵权赔偿的基本原则是填平损失。章某娣、章某香在本案中仅能就其未获赔偿的部分主张甲高速公路公司承担赔偿责任。故判决撤销一审判决，改判江苏甲高速公路有限公司应于本判决生效之日起10日内赔偿章某娣、章某香人民币49426.92元。

04. 占用道路晒玉米导致发生交通事故，应当承担何种责任？[①]

蒋老汉家住内蒙古锡林郭勒盟红旗镇。2013年10月9日，蒋老汉闲来无事，带着老伴苏老太太骑着电动三轮车出了门。然而，三轮车驶出家门不到一千米，宽敞的村道上迎面拐出一辆四轮拖拉机！本不宽敞

---

① 参见成虹燕：《晒玉米晒出的飞来横祸》，载北京法院网 https：//bjgy.bjcourt.gov.cn/article/detail/2014/09/id/1435182.shtml，最后访问日期：2023年8月3日。

的村道一半路面晒满了黄澄澄的玉米，慌乱中的蒋老汉猛打方向盘躲避迎面而来的拖拉机，但为时已晚，三轮车失去重心栽倒在路边的水沟里，蒋老汉和苏老太太同时被甩了出来。这起突如其来的交通事故，让蒋老汉的生命时针永远地停留在了距离90岁寿辰3个月零7天的那个下午……

经过交警勘测、检验，认定驾驶电动三轮车的蒋老汉与驾驶方向盘式拖拉机的老刘头在经过村民高某香晾晒的玉米路段时发生交通事故，蒋老汉因颅脑损伤当场死亡。北京市公安局怀柔分局交通支队认定，蒋老汉违反《道路交通安全法》关于驾驶人应当遵守道路交通安全法律、法规，按照操作规范安全、文明驾驶的规定，且未尽安全注意义务是事故发生的原因之一；老刘头未按时对车辆投保交强险并进行年度检测，且未尽安全注意义务是事故发生的原因之二；村民高某香违反《道路交通安全法》关于道路通行条件的规定，在道路上晾晒玉米是导致事故发生的原因之三。

办理完蒋老汉的丧事，满怀悲痛的蒋家人一纸诉状将老刘头和高某香告上法院，要求夺走蒋老汉性命的"肇事者"和"始作俑者"付出相应的代价。三方当事人，死者家属悲愤交加，两名被告坚持己见，尖锐的矛盾一触即发。

法院认为，死者蒋某以89岁高龄驾驶电动三轮车，并且其在两车交会时没有减速慢行，自身未能尽到安全注意义务，是造成事故的主要原因；被告刘某违反《道路交通安全法》的规定驾驶未经年检的方向盘式拖拉机上路行驶，且在两车交会时没有减速慢行，未尽到安全注意义务，也是造成事故的主要原因；被告高某香违反《道路交通安全法》，私自占用道路进行非交通活动，是造成事故的原因之一。因此，对此次事故由蒋某、李某承担同等责任，高某香承担次要责任。同时，刘某作为小型方向盘式拖拉机的所有人，没有为其所有的方向盘式拖拉机投保交强险，应对受害人因此次交通事故受到的合理损失首先在交强险保险责任范围内先予以赔偿，不足部分由原、被告根据各自责任比例承担。

判决作出后，原、被告当事人都未提起上诉。

针对本案，法官指出，村道属于国家道路交通系统的组成部分，我国的《道路交通安全法》第 31 条明确规定，未经许可，任何单位和个人不得占用道路从事非交通活动。本案中，被告高某香擅自在村道上晾晒玉米的行为违反了《道路交通安全法》关于道路安全的相关规定，人为地增加了道路的行车危险系数，直接导致了交通事故的发生，对事故必须承担相应责任；事故双方驾驶人员均为 65 岁以上的老人，在交通活动中没能尽到谨慎注意、确保安全的义务，面对突发情况采取的应对措施不当，并且刘某一方未尽到机动车定期年检的法定义务，对损害后果的发生皆存在过错，亦应对事故承担相应的责任。

关联参见

《公路法》第 7 条、第 44—57 条、第 77 条；《民法典》第 1256 条；《公路安全保护条例》第 16 条；《最高人民法院关于审理道路交通事故损害赔偿案件适用法律若干问题的解释》第 7 条

第三十二条　【占用道路施工的处置措施】因工程建设需要占用、挖掘道路，或者跨越、穿越道路架设、增设管线设施，应当事先征得道路主管部门的同意；影响交通安全的，还应当征得公安机关交通管理部门的同意。

施工作业单位应当在经批准的路段和时间内施工作业，并在距离施工作业地点来车方向安全距离处设置明显的安全警示标志，采取防护措施；施工作业完毕，应当迅速清除道路上的障碍物，消除安全隐患，经道路主管部门和公安机关交通管理部门验收合格，符合通行要求后，方可恢复通行。

对未中断交通的施工作业道路，公安机关交通管理部门应当加强交通安全监督检查，维护道路交通秩序。

条文解读

道路施工需要车辆绕行的，施工单位应当在绕行处设置标志；不能绕行的，应当修建临时通道，保证车辆和行人通行。需要封闭道路中断交通的，除紧急情况外，应当提前5日向社会公告。

实务应用

17. 未经批准，擅自挖掘道路、占用道路施工等影响道路交通安全活动的，应当如何处理？

根据本法第104条及《公路法》第76条的规定，未经批准，擅自挖掘道路、占用道路施工或者从事其他影响道路交通安全活动的，由道路主管部门责令停止违法行为，并恢复原状，可以依法给予3万元以下的罚款；致使通行的人员、车辆及其他财产遭受损失的，依法承担赔偿责任。如果上述行为影响道路交通安全活动的，公安机关交通管理部门可以责令停止违法行为，迅速恢复交通。

关联参见

《公路法》第76条；《民法典》第1258条；《道路交通安全法实施条例》第35条

第三十三条　**【停车场、停车泊位的设置】**新建、改建、扩建的公共建筑、商业街区、居住区、大（中）型建筑等，应当配建、增建停车场；停车泊位不足的，应当及时改建或者扩建；投入使用的停车场不得擅自停止使用或者改作他用。

在城市道路范围内，在不影响行人、车辆通行的情况下，政府有关部门可以施划停车泊位。

停车场与停车泊位 ➡ 停车场与停车泊位是指供各种机动车和非机动车停放的露天或者室内场所。本条正是考虑到我国车辆发展的实际情况，明确规定，新建、改建、扩建的公共建筑、商业街区、居住区、大（中）型建筑等，应当配建、增建停车场。如果停车泊位不足的，应当及时改建或者扩建。投入使用的停车场不得擅自停止使用或改作他用，以保证停车场得到正常使用。另外，在城市道路范围内，在不影响行人、车辆通行的情况下，可以施划停车泊位，并规定停车泊位的使用时间，以更有效地解决停车泊位不足的问题。

案例指引

05. 停车不规范需要承担过错责任吗?①

李某驾驶二轮电动车沿某路自东向西行驶。行至某宾馆处时，碰撞了何某停放在此处的小型轿车，造成李某受伤及两车部分损坏的道路交通事故。其后，李某弟弟到交警中队书面报案。根据无为市交警大队出具的《道路交通事故证明》记载：事发现场道路呈东西走向，机非混合道路，水泥路面，路宽8.0米，道路两侧无停车位，无标志标线，事发时为白天，视线较好，道路两侧为民居和宾馆。

李某驾驶二轮电动车未注意行车安全，何某在未设置停车位的地方停放机动车，且未设置警示标志，双方对本起事故的发生均有过错，故双方互负事故同等责任。对李某的各项损失合计1180898.56元，由保险公司在交强险范围内赔付12万元，超过交强险部分按照60%的比例赔偿636539元，剩余损失由李某自行承担。

---

① 参见《守规慎驾行天下 依法解纷你我他——无为市法院发布机动车交通事故责任纠纷十个典型案例》（2022年1月20日发布），案例三：停车不规范承担过错责任，载无为市人民法院网 http://www.wuhucourt.gov.cn/DocHtml/162/22/01/00134307.html，最后访问日期：2023年8月3日。

随着机动车保有量的大幅增加，在集镇街道或市区内"停车难"问题日益凸显，机动车驾驶人应当依法或按照城市管理的有关规定文明、有序、安全停车。机动车应当在规定地点停放。禁止在人行道上停放机动车，但依照《道路交通安全法》第33条规定施划的停车泊位除外；在道路上临时停车的，不得妨碍其他车辆和行人通行。

关联参见

《道路交通安全法实施条例》第33条

第三十四条 **【行人过街设施、盲道的设置】**学校、幼儿园、医院、养老院门前的道路没有行人过街设施的，应当施划人行横道线，设置提示标志。

城市主要道路的人行道，应当按照规划设置盲道。盲道的设置应当符合国家标准。

条文解读

学校、幼儿园、医院、养老院都是比较特殊的区域，人员往来多而集中，这些场所门前的道路交通安全必须引起高度重视。在上述场所门前没有过街天桥、过街地下通道等过街设施的情况下，缺少相应标识和标志容易出现道路交通安全问题。为了解决这个问题，本条第1款规定，学校、幼儿园、医院、养老院门前的道路没有行人过街设施的，应当施划人行横道线，设置提示标志。这属于强制性规定，必须予以遵守。

为了便于盲人通行，体现以人为本的道路交通管理思想，本条第2款规定，城市主要道路的人行道，应当按照规划设置盲道。同时，对盲道应当符合的标准也作出规定，即盲道的设置应当符合国家标准。此外，根据规定，在盲人通行较为集中的路段，人行横道信号灯应当设置声响警示装置。

06. **行政机关对盲道安全监管不到位，人民检察院可以对其提起公益诉讼吗？**①

2021 年 4 月，贵州省罗甸县人民检察院（以下简称罗甸县院）在履职中发现，罗甸县城区内东环路、解放中路、河滨路、斛兴路等多个路段上的多处盲道缺失、毁损；拐弯及尽头处未按要求铺设提示砖、盲道与路口衔接处未设置缓坡；部分盲道建设未避开树木、电杆等障碍物；其中两处盲道上还压有配电箱、消防栓等危险物品。盲道建设问题影响了残疾人交通安全，侵害了残疾人合法权益，损害了社会公共利益。

2021 年 10 月 13 日，经层报贵州省人民检察院审批同意，罗甸县院按照行政诉讼集中管辖规定，向龙里县人民法院提起行政公益诉讼，请求判令：（1）确认罗甸县住建局对辖区内多处盲道缺失、设置不合理等问题未依法全面履行监管职责的行为违法；（2）罗甸县住建局继续采取有效措施对城区内问题盲道依法履行监管职责，保障视障群体的出行安全。

2021 年 11 月 29 日，罗甸县住建局申请延期开庭，表示现已完成 5 条主干道无障碍通道改造，还剩 8 条路段盲道还未整改，已制订整改计划逐步推进整改，并致函罗甸县院要求撤回起诉。12 月 3 日，罗甸县院联合县残联就罗甸县住建局履职情况、问题盲道整改效果、是否符合撤回起诉条件等问题进行公开听证，并邀请县人大代表、政协委员、律师代表、行政机关代表、盲人代表参加，听证员及盲人代表对罗甸县住建局采取有效措施对 5 条主干道盲道进行整改予以认可，

---

① 参见《残疾人权益保障检察公益诉讼典型案例》（2022 年 5 月 13 日发布），贵州省罗甸县人民检察院督促保护残疾人盲道安全行政公益诉讼案，载最高人民检察院网 https：//www.spp.gov.cn/spp/xwfbh/wsfbt/202205/t20220513_ 556792.shtml#2，最后访问日期：2023 年 8 月 3 日。

但认为县城区内仍有 8 条问题盲道仍未能得到全面整改，残疾人出行交通安全隐患仍然存在，检察机关诉讼请求未能全部实现，不符合撤回起诉条件。

2022 年 3 月 31 日，龙里县人民法院公开开庭审理本案，庭审围绕罗甸县住建局是否已依法全面履职展开辩论。罗甸县住建局辩称，已对主干道盲道问题进行整改，其余路段问题盲道在持续整改中。检察机关认为罗甸县住建局已部分履职，但未全面履职到位，法院完全采纳检察机关意见。于 2022 年 5 月 9 日依法判决：责令被告罗甸县住房和城乡建设局对审理查明的罗甸县城区内仍未整改的 8 条道路盲道 35 处问题自本判决生效之日起 2 个月内整改完毕。罗甸县住建局表示不上诉，正积极整改中。

同时，罗甸县院结合个案办理，与罗甸县残联、罗甸县住建局、罗甸县综合执法局联合会签《关于在残疾人权益保障公益诉讼中加强协作配合实施办法》，从信息共享、线索移送、联席会议、协同协作等方面作了具体规定，形成了对残疾人权益保护合力，从源头上筑牢残疾人权益保护机制。

盲道建设是城市无障碍建设的重要组成部分，事关残疾人交通出行安全，进而影响残疾人其他权益保障。本案中，检察机关针对行政机关对盲道安全监管不到位的情形，在发出检察建议的同时，加强与当地残联协作配合，持续跟进监督。因行政机关未全面履职整改，依法提起行政公益诉讼，针对诉讼过程中行政机关申请延期开庭、要求撤回起诉的问题，检察机关通过公开听证让第三方参与评价整改效果，对诉讼请求未能全部实现的拒绝撤诉，继续通过诉讼判决督促问题盲道全面整改，建立完善工作机制，以公益诉讼职能作用助力溯源治理。

关联参见

《残疾人保障法》第 46 条；《道路交通安全法实施条例》第 32 条

第四章 道路通行规定

第一节 一般规定

第三十五条 【右侧通行】机动车、非机动车实行右侧通行。

条文解读

右侧通行 ➡ 主要是指在既没有划、设中心线以区分对向上下行驶的车道，也没有在道路中心线一侧划、设供机动车和非机动车、行人同向分道行驶的车道，机动车、非机动车行驶时应当遵循的规则。确定该规定主要是考虑这些道路一般比较狭窄，若按照机动车、非机动车、行人各行其道所需要的宽度划分，也是不现实的。因此，本条规定了右侧通行的规则。如果道路的宽度适宜划分机动车道、非机动车道、行人道，则按照各行其道的规则，机动车、非机动车与行人按照交通规则行进。

值得注意的是轻便摩托车。我国目前对轻便摩托车是按机动车管理的，但其行驶速度比大多数机动车慢，又比非机动车快。对于机动车，其是"弱者"；对于非机动车，其是"强者"。如果将其与其他机动车共行机动车道，则其安全没有保障；如果允许其在非机动车道上行驶，则其威胁非机动车运行的安全。因此，对于轻便摩托车，其应当在机动车道上紧靠机动车道的右侧行驶。

实务应用

18. 我国右侧通行原则的例外情况主要包括哪些？

在我国实行右侧通行的原则下，机动车在一些法定的特殊情况下，也可以左侧通行。这些例外主要是：在规定整个车行道内所有车辆都朝一个方向行驶时，也就是通常所说的单行线上，路上有标明路线的按照标明路线行驶；无标明路线的，按照低速置右的原则行驶。此外，依据本法规定，驾驶警车、消防车、救护车、工程救险车执行紧急任务时，可以使用报警器、标志灯具；在确保安全的前提下，不受行驶路线、行驶方向、行驶速度和信号灯的限制。道路养护车辆、工程作业车进行作业时，在不影响过往车辆通行的前提下，其行驶路线和方向不受公路标志、标线限制。洒水车、清扫车等机动车应当按照安全作业标准作业；在不影响其他车辆通行的情况下，可以不受车辆分道行驶的限制，但不得逆向行驶。

关联参见

《道路交通安全法实施条例》第 48 条

第三十六条　**【车道划分和通行规则】**根据道路条件和通行需要，道路划分为机动车道、非机动车道和人行道的，机动车、非机动车、行人实行分道通行。没有划分机动车道、非机动车道和人行道的，机动车在道路中间通行，非机动车和行人在道路两侧通行。

条文解读

道路的划分要受两方面因素的制约：一是受道路自然条件的制约，如道路的宽度不够，就不能按功能将道路划分；二是通行的需要，如道路交通的拥堵状况、事故的发生情况、周围居民的人口密度、面临商业区等。根据本条的规定，如果道路划分机动车道、非机动车道和人行道的，则作为道路交通的参与者，机动车、非机动车与行人应当在自己的道路范围内，按照适于自己的通行规则通行，其他参与者不得侵入抢道通行，以保证各个道路交通参与者各行其道，从而实现道路交通的有序、安全与畅通。

关联参见

《民法典》第 1256 条；《道路交通安全法实施条例》第 44 条

第三十七条 　【专用车道只准许规定车辆通行】道路划设专用车道的，在专用车道内，只准许规定的车辆通行，其他车辆不得进入专用车道内行驶。

条文解读

专用车道 ➔ 专用车道，是指由公安机关交通管理部门在城市道路上划设的供专用机动车辆通行的车道。如目前在我国有些城市中客流量大的城市道路上划设的公共汽车专用车道。专用车道一般采用颜色醒目的线在城市道路上划设，并且在专用车道的中间写有"公交车道"或"专用车道"等字样。专用车道的划设相对比较稳定，但是将来随着形势的变化和车辆、道路的变化，也很可能会增加或减少一些其他专用车道。本条所称"规定的车辆"，是指由当地公安机关交通管理部门根据当地的实际情况规定的车辆。各地公安机关交通管理部门可以根据当地的实际情况，规定不同的车辆。所谓"其他车辆不得进入专用车道内行驶"，是指除规定的车辆外，其他任何车辆都不得进入该车道内行驶。根据这一规定，其他车辆在专用车道内借道行驶的行为是不允许的，否则交通警察就会认定违章，并依法给予一定的处罚。但实践中也有些专用车道是有时间限制的，如在道路上标有 7：00—8：00 和 17：00—18：00，这种情况表明，在这两个时间段内不允许其他车辆进入专用车道内行驶；除规定的时间外，其他车辆可以在专用车道内短时间地并线、转弯、入主路等借道通行，但不应影响规定的车辆的行驶。

虽然法律没有明确规定在专用车道内行驶的车辆不得在其他车道内行驶，但是，作为在专用车道内行驶的车辆，应当自觉遵守交通法律、法规规定的各行其道原则。只有各种车辆都能各行其道，才能做到交通畅通和交通安全。对于有些城市没有划设专用车道的，在通行时，各种车辆都应当服从交通警察的现场指挥，没有交通警察现场指挥时，各种车辆也应当服从其他交通信号，文明礼让。

第三十八条 【遵守交通信号】车辆、行人应当按照交通信号通行；遇有交通警察现场指挥时，应当按照交通警察的指挥通行；在没有交通信号的道路上，应当在确保安全、畅通的原则下通行。

条文解读

本条的规定包括三个方面：一是在有交通信号时，车辆和行人应当按照交通信号通行。交通信号广义上包括交通信号灯、交通标志、交通标线和交通警察的指挥。这里所说的"交通信号"是指狭义的交通信号灯、交通标志和交通标线。二是在有交通信号，同时也有交通警察指挥时，车辆和行人应当按照交通警察的指挥通行。车辆和行人遇有交通信号灯、交通标志和交通标线与交通警察的指挥不一致时，应当服从交通警察的指挥。三是在没有交通信号的道路上，车辆应当注意避让行人，根据自己的判断，在确保安全和畅通的情况下，才可以通行。

关联参见

《道路交通安全法实施条例》第38—43条

第三十九条 【交通管理部门可根据情况采取管理措施并提前公告】公安机关交通管理部门根据道路和交通流量的具体情况，可以对机动车、非机动车、行人采取疏导、限制通行、禁止通行等措施。遇有大型群众性活动、大范围施工等情况，需要采取限制交通的措施，或者作出与公众的道路交通活动直接有关的决定，应当提前向社会公告。

条文解读

限制通行与禁止通行 ➡ 限制通行，是指根据不同的情况，规定不同的车辆或者行人可以通行。禁止通行，是指各种车辆和行人都不允许通行。禁止通行的措施一般是在有大型活动或重要会议以及道路或交通中断的情况下采用，如道路施工、城市建设等。实践中，公安机关交通管理部门对某个路段采取限制通行或禁止通行的措施时，一般会在限制或禁止通行的地方设立限制通行或禁止通行的告示牌。有时也采取由交通警察现场指挥疏导交通的做法。限制通行和禁止通行的交通措施通常多数是由公安机关交通管理部门根据道路和交通流量的具体情况所采取的临时性的措施，一旦道路通行情况有所改善，公安机关交通管理部门就会及时撤销限制通行或禁止通行的措施，恢复正常的交通秩序。

公告 ➡ 公告主要是指通过新闻媒体，如电视、报纸、广播等形式，及时向社会公开通告相关活动的时间、地点、临时限制交通的时间，以及建议采取对应措施的方法和路线等。根据本条的规定，公安机关交通管理部门的公告主要体现在以下几个方面：（1）实施限制交通的措施；（2）实施临时性限制交通的措施；（3）作出与公众的道路交通活动直接有关的决定。

关联参见

《道路交通安全法实施条例》第 35 条

第四十条　**【交通管制】**遇有自然灾害、恶劣气象条件或者重大交通事故等严重影响交通安全的情形，采取其他措施难以保证交通安全时，公安机关交通管理部门可以实行交通管制。

条文解读

交通管制 ➡ 交通管制，是指根据现实情况的需要，为了防止道路交通状况的进一步恶化和造成交通事故损害的扩大，由公安机关交通管理部门采取措施禁止相关机动车辆通行的措施。这种交通管制措施，是公安机关交通管理部门在法定的特殊情况下才可采用的一种方法。也就是说，必须是遇到了本条所规定的已经严重影响了交通安全的情形，并且采取其他措施无法消除影响安全的因素，为保证车辆和人员交通安全的情况下采取的一种措施。所谓"其他措施"一般是指由交通警察现场指挥、疏通、引导交通或使用人工消除障碍等措施。

第四十一条 【授权国务院规定道路通行的其他具体规定】有关道路通行的其他具体规定，由国务院规定。

条文解读

在制定本法的过程中，如何规定本法的具体内容，是作出原则性规定，还是作出可操作性强、内容具体的规定，存在不同的意见。考虑到道路交通是关系到在中国境内的任何一个民事主体切身利益的法律，所涉及的内容非常广泛，将交通规则具体化、详细化容易出现遗漏。同时，随着社会经济和科学技术的发展，道路交通规则也在不断变化，如果频繁地修改法律，也不利于法律的稳定性和执行。当然，考虑到近年来立法的趋势，本法在制定过程中尽量将交通规则具体化，至于技术性规则，则放在下位法解决。在此意义上讲，本条属于本法的补充条款。同时，从统一交通规则的角度出发，只能由国务院行使这项立法权，即只能通过行政法规的形式予以规定。

第二节 机动车通行规定

第四十二条 【机动车行驶速度】机动车上道路行驶，不得超过限速标志标明的最高时速。在没有限速标志的路段，应当保持安全车速。

夜间行驶或者在容易发生危险的路段行驶，以及遇有沙尘、冰雹、雨、雪、雾、结冰等气象条件时，应当降低行驶速度。

19. 对机动车的最高行驶速度有何具体规定？

根据《道路交通安全法实施条例》的规定，在没有限速标志、标线的道路上，机动车不得超过下列最高行驶速度：（1）没有道路中心线的道路，城市道路为每小时 30 公里，公路为每小时 40 公里；（2）同方向只有一条机动车道的道路，城市道路为每小时 50 公里，公路为每小时 70 公里。机动车行驶中遇有下列情形之一的，最高行驶速度不得超过每小时 30 公里，其中拖拉机、电瓶车、轮式专用机械车不得超过每小时 15 公里：（1）进出非机动车道，通过铁路道口、急弯路、窄路、窄桥时；（2）掉头、转弯、下陡坡时；（3）遇雾、雨、雪、沙尘、冰雹，能见度在 50 米以内时；（4）在冰雪、泥泞的道路上行驶时；（5）牵引发生故障的机动车时。

关联参见

《道路交通安全法实施条例》第 45 条、第 46 条、第 67 条

第四十三条　【不得超车的情形】同车道行驶的机动车，后车应当与前车保持足以采取紧急制动措施的安全距离。有下列情形之一的，不得超车：

（一）前车正在左转弯、掉头、超车的；

（二）与对面来车有会车可能的；

（三）前车为执行紧急任务的警车、消防车、救护车、工程救险车的；

（四）行经铁路道口、交叉路口、窄桥、弯道、陡坡、隧道、人行横道、市区交通流量大的路段等没有超车条件的。

安全距离 ➡ 本条所称"足以采取紧急制动措施的安全距离",是指同车道行驶的车辆,后车与前车之间,必须根据行驶速度和路面情况,保持在紧急情况下,随时可以采取紧急制动停车的距离,不至于与前车发生碰撞或摩擦。车辆与车辆之间的安全距离,在有的路段有明显的保持车距的牌子,如保持车距200米等。对于没有明显保持车距标志的,一般来讲,驾驶人员应根据自己车辆的行驶速度,天气和路面情况来判断与前面车辆应当保持的安全距离。

超车 ➡ 根据本条规定,前车正在实施左转弯、掉头或者超越前车行为时,后面的车辆不得实施超越前车的行为。这里所说的"前车",是指与后车在同一条道路上行驶的前面的车辆。因为左转弯、超车使用的都是靠左边的第一条或者第二条车道,掉头使用的是最左边的第一条车道,在前车实施左转弯、掉头、超车行为时,后面的车辆如果实施超车行为,必然会与前车相碰撞,所以禁止后面的车辆超越前面正在实施左转弯、掉头或者超车的车辆。此外,与对面来车有会车可能时,后面的车辆不得实施超越前车的行为。这里的"与对面来车有会车可能",是指在超越同方向的另一辆车时与对面来车有会车可能的,即所谓"三点会车"的情况,非常容易造成车辆迎面相撞的惨剧发生。因此遇到这种情况不得强行超车。

另需注意的是,根据《道路交通安全法实施条例》的规定,机动车超车时,应当提前开启左转向灯、变换使用远、近光灯或者鸣喇叭。在没有道路中心线或者同方向只有一条机动车道的道路上,前车遇后车发出超车信号时,在条件许可的情况下,应当降低速度、靠右让路。后车应当在确认有充足的安全距离后,从前车的左侧超越,在与被超车辆拉开必要的安全距离后,开启右转向灯,驶回原车道。

关联参见

《道路交通安全法实施条例》第 47—50 条

第四十四条 【交叉路口通行规则】机动车通过交叉路口，应当按照交通信号灯、交通标志、交通标线或者交通警察的指挥通过；通过没有交通信号灯、交通标志、交通标线或者交通警察指挥的交叉路口时，应当减速慢行，并让行人和优先通行的车辆先行。

实务应用

20. 机动车通过交叉路口，应遵守何种规则？

机动车通过有交通信号灯控制的交叉路口，应当按照下列规定通行：（1）在划有导向车道的路口，按所需行进方向驶入导向车道。（2）准备进入环形路口的让已在路口内的机动车先行。（3）向左转弯时，靠路口中心点左侧转弯。转弯时开启转向灯，夜间行驶开启近光灯。（4）遇放行信号时，依次通过。（5）遇停止信号时，依次停在停止线以外。没有停止线的，停在路口以外。（6）向右转弯遇有同车道前车正在等候放行信号时，依次停车等候。（7）在没有方向指示信号灯的交叉路口，转弯的机动车让直行的车辆、行人先行。相对方向行驶的右转弯机动车让左转弯车辆先行。

机动车通过没有交通信号灯控制也没有交通警察指挥的交叉路口，除应当遵守以上所述第（2）、（3）项的规定外，还应当遵守下列规定：（1）有交通标志、标线控制的，让优先通行的一方先行。（2）没有交通标志、标线控制的，在进入路口前停车瞭望，让右方道路的来车先行。（3）转弯的机动车让直行的车辆先行。（4）相对方向行驶的右转弯的机动车让左转弯的车辆先行。

关联参见

《道路交通安全法实施条例》第 43 条、第 49—52 条

第四十五条 【交通不畅条件下的行驶】机动车遇有前方车辆停车排队等候或者缓慢行驶时，不得借道超车或者占用对面车道，不得穿插等候的车辆。

在车道减少的路段、路口，或者在没有交通信号灯、交通标志、交通标线或者交通警察指挥的交叉路口遇到停车排队等候或者缓慢行驶时，机动车应当依次交替通行。

条文解读

交替通行规则 ➡ 实际上是让行原则的具体体现。确定交替通行规则的目的在于防止开怄气车、斗气车使交通无序而造成的交通拥堵乃至交通事故。交替通行规则也是世界上大多数国家道路交通惯例，实践证明交替通行规则既有利于减少道路的人为拥挤，促进道路交通秩序的有序、安全与畅通，更有利于机动车驾驶人自觉遵守交通规则和按秩序通行的理念，从而构造一个和谐、有序、安全的道路交通环境。根据《道路交通安全法实施条例》的规定，机动车遇有前方交叉路口交通阻塞时，应当依次停在路口以外等候，不得进入路口。机动车在遇有前方机动车停车排队等候或者缓慢行驶时，应当依次排队，不得从前方车辆两侧穿插或者超越行驶，不得在人行横道、网状线区域内停车等候。机动车在车道减少的路口、路段，遇有前方机动车停车排队等候或者缓慢行驶的，应当每车道一辆依次交替驶入车道减少后的路口、路段。

关联参见

《道路交通安全法实施条例》第 53 条

第四十六条　【铁路道口通行规则】机动车通过铁路道口时，应当按照交通信号或者管理人员的指挥通行；没有交通信号或者管理人员的，应当减速或者停车，在确认安全后通过。

条文解读

铁路道口通行规则 ➜ 机动车通过铁路道口时，必须严格遵守规定的操作程序进行。因铁路道口也属于交通事故多发地带，且一旦发生交通事故，所造成的损失将是巨大的。这就要求机动车驾驶人通过铁路道口时，必须提前降低行驶速度，密切注意两边是否有火车驶来，并按照交通信号或者管理人员的指挥通行。如果交通信号灯已经显示为红灯或者栅栏已经放下，应当立即停车；如果栅栏虽未放下或者尚未显示红灯，但管理人员已经发出信号时，也应当立即减速，做好停车准备。如果机动车已经驶近铁路线上，应当迅速加大油门赶紧通过；如果机动车距离铁路尚远，应当停在栅栏线以外或者规定的区域外等待放行。

关联参见

《铁路法》第 47 条；《道路交通安全法实施条例》第 65 条

第四十七条　【避让行人】机动车行经人行横道时，应当减速行驶；遇行人正在通过人行横道，应当停车让行。

机动车行经没有交通信号的道路时，遇行人横过道路，应当避让。

条文解读

在具有交通信号的道路上，机动车驾驶人注意提高自己的高度注意义务，高度注意意外情况的发生，以采取制动措施，防范可能发生的交通事故。而在没有交通信号的道路上，如何更好地保护行人的交通安全迫切需要解决。这里的"没有交通信号的道路"主要是指一些乡村公路或者城镇街道、胡同、里弄、单位大院、住宅小区等，没有施划交通信号的道路。为了及时处理机动车与行人的关系，减少社会矛盾，本法还要求，机动车行经没有交通信号的道路时，如果遇到行人横过道路，最佳办法便是立即停车，注意避让。特别是行经没有交通信号的中小学校门时，机动车驾驶人要高度谨慎、减速，防止意外事故的发生。

案例指引

07. 人行横道前机动车驾驶人是否具有礼让行人的义务？①

贝汇丰诉海宁市公安局交通警察大队道路交通管理行政处罚案

（最高人民法院审判委员会讨论通过　2017 年 11 月 15 日发布）

关键词　行政/行政处罚/机动车让行/正在通过人行横道

裁判要点

礼让行人是文明安全驾驶的基本要求。机动车驾驶人驾驶车辆行经人行横道，遇行人正在人行横道通行或者停留时，应当主动停车让行，除非行人明确示意机动车先通过。公安机关交通管理部门对不礼让行人的机动车驾驶人依法作出行政处罚的，人民法院应予支持。

相关法条

《中华人民共和国道路交通安全法》第 47 条第 1 款

基本案情

原告贝汇丰诉称：其驾驶浙 F1158J 汽车（以下简称"案涉车辆"）靠近人行横道时，行人已经停在了人行横道上，故不属于"正在通过人行横道"。而且，案涉车辆经过的西山路系海宁市主干道路，案发路段车流很大，路口也没有红绿灯，如果只要人行横道上有人，机动车就停车让行，会在很大程度上影响通行效率。所以，其可以在确保通行安全的情况下不停车让行而直接通过人行横道，故不应该被处罚。海宁市公安局交通警察大队（以下简称"海宁交警大队"）作出的编

---

①　最高人民法院指导案例 90 号。

号为 3304811102542425 的公安交通管理简易程序处罚决定违法。贝汇丰请求：撤销海宁交警大队作出的行政处罚决定。

被告海宁交警大队辩称：行人已经先于原告驾驶的案涉车辆进入人行横道，而且正在通过，案涉车辆应当停车让行；如果行人已经停在人行横道上，机动车驾驶人可以示意行人快速通过，行人不走，机动车才可以通过；否则，构成违法。对贝汇丰作出的行政处罚决定事实清楚，证据确实充分，适用法律正确，程序合法，请求判决驳回贝汇丰的诉讼请求。

法院经审理查明：2015 年 1 月 31 日，贝汇丰驾驶案涉车辆沿海宁市西山路行驶，遇行人正在通过人行横道，未停车让行。海宁交警大队执法交警当场将案涉车辆截停，核实了贝汇丰的驾驶员身份，适用简易程序向贝汇丰口头告知了违法行为的基本事实、拟作出的行政处罚、依据及其享有的权利等，并在听取贝汇丰的陈述和申辩后，当场制作并送达了公安交通管理简易程序处罚决定书，给予贝汇丰罚款 100 元，记 3 分。贝汇丰不服，于 2015 年 2 月 13 日向海宁市人民政府申请行政复议。3 月 27 日，海宁市人民政府作出行政复议决定书，维持了海宁交警大队作出的处罚决定。贝汇丰收到行政复议决定书后于 2015 年 4 月 14 日起诉至海宁市人民法院。

裁判结果

浙江省海宁市人民法院于 2015 年 6 月 11 日作出（2015）嘉海行初字第 6 号行政判决：驳回贝汇丰的诉讼请求。宣判后，贝汇丰不服，提起上诉。浙江省嘉兴市中级人民法院于 2015 年 9 月 10 日作出（2015）浙嘉行终字第 52 号行政判决：驳回上诉，维持原判。

裁判理由

法院生效裁判认为：首先，人行横道是行车道上专供行人横过的通道，是法律为行人横过道路时设置的保护线，在没有设置红绿灯的道路路口，行人有从人行横道上优先通过的权利。机动车作为一种快速交通运输工具，在道路上行驶具有高度的危险性，与行人相比处于强势地位，因此必须对机动车在道路上行驶时给予一定的权利限制，以保护行人。其次，认定行人是否"正在通过人行横道"应当以特定时间段内行人一系列连续行为为标准，而不能以某个时间点行人的某个特定动作为标准，特别是在该特定动作不是行人在自由状态下自由地做出，而是由于外部的强力原因迫使其不得不做出的情况下。案发时，行人以较快的步频走上人行横道线，并以较快的速度接近案发路口的中央位置，当看到贝汇丰驾驶案涉车辆朝自己行走的方向驶来，行人放慢了脚步，以确认案涉车辆是否停下来，但并没有停止脚步，当看到案涉车辆没有明显减速且没有停下来的趋势时，才为了自身安全不得不停下脚步。如果此时案涉车辆有明显减速并停止行驶，则行人肯定会连续不停止地通过路口。可见，在案发时间段内行人的一系列连续行为充分说明行人"正在通过人行横道"。再次，机动车和行人穿过没有设置红绿灯的道路路口属于一个互动的过程，任何一方都无法事先准确判断对方是否会停止让行，因此处于强势地位的机动车在行经人行横道遇行人通过时应当主动停车让行，而不应利用自己的强势迫使行人停步让行，除非行人明确示意机动车先通过，这既是法律的明确规定，也是保障作为弱势一方的行人安全通过马路、减少交通事故、保障生命安全的现代文明社会的内在要求。综上，贝汇丰驾驶机动车行经人行横道时遇行人正在通过而未停车让行，违反了《中华人民共和国道路交通安全法》第四十七条的规定。海宁交警大队根据贝汇丰的违运事实，依据法律规定的程序在法定的处罚范围内给予相应的行政处罚，事实清楚，程序合法，处罚适当。

关联参见

《道路交通安全法实施条例》第 67 条

第四十八条 【机动车载物】机动车载物应当符合核定的载质量，严禁超载；载物的长、宽、高不得违反装载要求，不得遗洒、飘散载运物。

机动车运载超限的不可解体的物品，影响交通安全的，应当按照公安机关交通管理部门指定的时间、路线、速度行驶，悬挂明显标志。在公路上运载超限的不可解体的物品，并应当依照公路法的规定执行。

机动车载运爆炸物品、易燃易爆化学物品以及剧毒、放射性等危险物品，应当经公安机关批准后，按指定的时间、路线、速度行驶，悬挂警示标志并采取必要的安全措施。

条文解读

机动车载物不得超过机动车行驶证上核定的载质量，装载长度、宽度不得超出车厢，并应当遵守下列规定：（1）重型、中型载货汽车，半挂车载物，高度从地面起不得超过 4 米，载运集装箱的车辆不得超过 4.2 米。（2）其他载货的机动车载物，高度从地面起不得超过 2.5 米。（3）摩托车载物，高度从地面起不得超过 1.5 米，长度不得超出车身 0.2 米。两轮摩托车载物宽度左右各不得超出车把 0.15 米，三轮摩托车载物宽度不得超过车身。（4）载客汽车除车身外部的行李架和内置的行李箱外，不得载货。载客汽车行李架载货，从车顶起高度不得超过 0.5 米，从地面起高度不得超过 4 米。

运载不可解体的物品 ➡ 不可解体的物品，是指长、宽、高超过了装载要求的规定，而本身又不能被分解、分别运输的物品。根据《公路法》的规定，运载不可解体的超限物品的，应当按照指定的时间、路线、时速行驶，并悬挂明显标志，运输单位不能按照规定采取防护措施的，由交通主管部门帮助其采取防护措施，所需费用由运输单位承担。

运载危险物品 ➡ 本法所称的危险物品主要有：爆炸物品、易燃易爆化学物品以及剧毒、放射性物品等。爆炸物品主要是指民用爆炸物品，根据《民用爆炸物品安全管理条例》的规定，"民用爆炸物品"是指用于非军事目的、列入民用爆炸物品品名表的各类火药、炸药及其制品和雷管、导火索等点火、起爆器材。根据《危险化学品安全管理条例》的规定，具有毒害、腐蚀、爆炸、燃烧、助燃等性质，对人体、设施、环境具有危害的剧毒化学品和其他化学品均属于由其规制的"危险化学品"的范畴。放射性物品则由《放射性污染防治法》所规制。

根据有关法律、法规的规定，国家对危险物品的生产、销售、购买及运输实行许可证制度，并应当采取必要的安全措施。

实务应用

21. 如何办理超限运输车辆在公路上行驶的审批手续?

超限运输车辆在公路上行驶的审批，可按下列程序办理：(1) 提出申请。必须事先由超限运输单位向有权颁发"超限运输车辆通行证"的机关提出申请，填写《超限运输车辆行驶公路申请单》等。(2) 审查申请。受理的路政管理机构在接到申请后应及时予以审查，了解超限运输车辆的基本情况，运输货物的基本情况和所经路线的公路、桥梁的基本技术状况。(3) 选定运输路线。各级路政管理机构应组织有关人员进行勘测，选定运输路线，验算桥路的承载能力，制定通过方案，并与承运单位签订运输协议，对运输线路、桥采取必要的加固或改建措施。(4) 核发超限运输车辆通行证。通行证由省级路政管理机构统一印制。其内容应包括：承运单位、车牌号、载重、货物总重、尺寸、所经路线、通行时间、车辆自重以及轴重等基本情况。承运单位必须持通行证在批准的路线和时间内进行运输。

关联参见

《公路法》第50条；《道路交通安全法实施条例》第54条、第65条；《公路安全保护条例》第35条、第36条；《道路运输条例》第23—27条；《超限运输车辆行驶公路管理规定》第1—53条

第四十九条 【机动车载人】机动车载人不得超过核定的人数，客运机动车不得违反规定载货。

机动车载人应当遵守下列规定：（1）公路载客汽车不得超过核定的载客人数，但按照规定免票的儿童除外，在载客人数已满的情况下，按照规定免票的儿童不得超过核定载客人数的 10%。（2）载货汽车车厢不得载客。在城市道路上，货运机动车在留有安全位置的情况下，车厢内可以附载临时作业人员 1 人至 5 人。载物高度超过车厢栏板时，货物上不得载人。（3）摩托车后座不得乘坐未满 12 周岁的未成年人，轻便摩托车不得载人。

关联参见

《道路交通安全法实施条例》第 55 条；《道路运输条例》第 69 条

第五十条 【货运车运营规则】 禁止货运机动车载客。

货运机动车需要附载作业人员的，应当设置保护作业人员的安全措施。

条文解读

货运机动车 ➡ 货运机动车，是指从事货物运输的机动车，主要从事物流行业。其在使用性质、设计和制造等方面，与运送乘客的客运机动车相比，都存在着很大的不同。货运机动车不具备客用机动车所应当具有的防水、防尘等密封性、乘客所需要的安全性与舒适性。使用性质要求其设计制造只是为了货物的装卸。而一旦货运机动车载客，则乘客的安全性会存在很大的隐患。这里所说的禁止货运机动车载客，是指以下三种情形：一是货运机动车主要用于运载乘客从事营运；二是货运机动车兼运货物与人；三是主要从事货运，但有时也从事运载乘客。需要提出的是，以上几种情形不论其目的是否营运，如果违反该规定，均构成违法。

工程抢险、防汛、抗洪、电力维修、搬家业务、城乡物流等，作业性质要求其应当配备相应的技术人员、维修工人或者作业人员。如果绝对要求货运机动车禁止载人，也是不符合现实和需要的。当然，允许上述货运机动车载人也应当有严格的条件限制：一是作业的需要，如果出于其他目的，只是为了载人，则视同一般的货运机动车，受本条第1款的限制，即禁止载人。二是所载人员必须是工作所需要的作业人员，运载其他人员也属于违法。三是该货运机动车为此设置了相应的安全措施来保护这些作业人员。

第五十一条　【安全带及安全头盔的使用】机动车行驶时，驾驶人、乘坐人员应当按规定使用安全带，摩托车驾驶人及乘坐人员应当按规定戴安全头盔。

条文解读

处理交通事故的实践中，引起人员伤亡的很大比例是未使用安全带或者戴头盔。须知，机动车属于高度危险作业，机动车在为人们带来便利与迅捷的同时，也相应地带来了安全的风险。如何在享有机动车为人类带来益处的同时，还能最大限度地保护人身安全呢？机动车驾驶人在按照安全操作规程驾驶时，还要注意安全带的使用。从一定程度上讲，安全带就是对机动车驾驶人和乘车人人身安全的最大保障。同理，摩托车的安全性能要弱于一般意义上的机动车，其安全保护设施要远远落后于机动车。因此，戴头盔就是对驾驶人及乘坐人员最大的保护。

第五十二条　【机动车故障处置】机动车在道路上发生故障，需要停车排除故障时，驾驶人应当立即开启危险报警闪光灯，将机动车移至不妨碍交通的地方停放；难以移动的，应当持续开启危险报警闪光灯，并在来车方向设置警告标志等措施扩大示警距离，必要时迅速报警。

根据本条的规定，机动车在道路上发生故障，需要停车排除故障时，需要采取以下措施：一是驾驶人应当立即开启危险报警闪光灯，将机动车移至不妨碍交通的地方停放。车辆发生故障，主要是车辆本身由于机械原因，不能正常行驶，其最大的特点是无人身伤亡和财产损失。"不妨碍交通的地方"，就是不影响其他车辆正常行驶的地方。通常的做法是：当车辆发生故障不能继续行驶时，驾驶人应首先尽量利用行驶的惯性，将车辆移出车行道，停在右侧路肩或者紧急行车带上，千万不要在行车道内停车修车，否则容易引发交通事故，并及时设置警示标志。二是故障车辆难以移动的，应当持续开启危险报警闪光灯，并在来车方向设置警告标志等措施扩大示警距离，必要时迅速报警。这主要是考虑到有些故障车辆难以移动的情形，为了避免由于处理故障车辆不当引起不必要的交通事故，有必要采取相应的措施提醒来车注意。因此，最佳的办法是持续开启报警闪光灯，并在距离来车方向相应的距离处设置警告标志，以便来车能够及时采取措施予以处置。这里的"危险报警闪光灯"即俗称的"双蹦灯"，夜间还应打开机动车大灯和光线穿透力较强的防雾灯。至于距离多少合适，由行政法规根据实际予以确定即可。

《道路交通安全法实施条例》第 60 条

第五十三条　【特种车辆的优先通行权】 警车、消防车、救护车、工程救险车执行紧急任务时，可以使用警报器、标志灯具；在确保安全的前提下，不受行驶路线、行驶方向、行驶速度和信号灯的限制，其他车辆和行人应当让行。

警车、消防车、救护车、工程救险车非执行紧急任务时，不得使用警报器、标志灯具，不享有前款规定的道路优先通行权。

条文解读

特种车辆使用警报器、标志灯具的前提是执行紧急任务，如抓捕犯罪分子、前往火灾现场救火、实施抢救病重人员工作、工程抢险等。赋予其使用警报器、标志灯具的目的主要是抢时间，防止意外事件影响紧急任务的完成。另外是告诉过往车辆、行人，特种车辆正在执行紧急任务，需要让行。值得注意的是，警车、消防车、救护车、工程救险车在执行紧急任务遇交通受阻时，可以断续使用警报器，并遵守下列规定：（1）不得在禁止使用警报器的区域或者路段使用警报器；（2）夜间在市区不得使用警报器；（3）列队行驶时，前车已经使用警报器的，后车不再使用警报器。

关联参见

《道路交通安全法实施条例》第 66 条；《警车管理规定》第 16 条；《公安部关于特种车辆安装使用警报器和标志灯具范围的通知》

第五十四条　【养护、工程作业等车辆的作业通行权】 道路养护车辆、工程作业车进行作业时，在不影响过往车辆通行的前提下，其行驶路线和方向不受交通标志、标线限制，过往车辆和人员应当注意避让。

洒水车、清扫车等机动车应当按照安全作业标准作业；在不影响其他车辆通行的情况下，可以不受车辆分道行驶的限制，但是不得逆向行驶。

条文解读

道路养护车辆、工程作业车辆 ➡ 既包括公路养护车辆、工程作业车辆，也包括城市道路的养护车辆、工程作业车辆。但其所享有的相关通行便利必须满足以下条件：一是从事道路的养护和工程作业，即道路养护车辆、工程作业车辆在作业时才享有此特权，如果这些车辆不是从事作业，则不享有此项通行便利。二是必须是在不影响过往车辆通行的前提下。如果以牺牲过往车辆通行为代价，则赋予道路养护车辆、工程作业车辆此权利显然有悖确立该通行便利的初衷，即不能以牺牲大的利益去获得小的利益。三是通行便利只是不受行驶路线和方向的限制，但仍要遵守行驶速度和信号灯的限制。如果道路养护车辆、工程作业车辆违反机动车行驶速度或者信号灯的指示规定行驶，则仍要承担相应的违规责任。

洒水车、清扫车属于公益性质，为了便于其正常作业，应当赋予其他车辆所不应当享有的权利。当然这种通行便利也有一定的限制条件。首先是洒水车、清扫车应当严格按照安全作业标准作业，即按照规定的操作规程从事道路洒水或者清扫。如果违反安全作业标准作业，则不享有相应的通行便利。其次是洒水车、清扫车的特权只是在作业过程中不受分道行驶的限制，但仍要遵守行驶方向、行驶速度和信号灯的限制，如果违反上述规定，将受到相应的法律制裁。

关联参见

《公路法》第 32 条、第 39 条；《城市道路管理条例》第 25 条

第五十五条 【拖拉机的通行和营运】高速公路、大中城市中心城区内的道路，禁止拖拉机通行。其他禁止拖拉机通行的道路，由省、自治区、直辖市人民政府根据当地实际情况规定。

在允许拖拉机通行的道路上，拖拉机可以从事货运，但是不得用于载人。

条文解读

拖拉机具有双重性能，既能够从事货物运输，又能够从事农田作业，主要适用于广大农村；同时，拖拉机的安全性能不稳定，在制动

性能上具有一定的安全隐患，容易引发交通事故；而且，在高速公路、大中城市中心城区内的道路上，机动车流量大，速度快，如果允许拖拉机行驶，将会带来极大的安全隐患。据此，法律上对拖拉机的道路通行作出明确的限定。这里的拖拉机包括轮式拖拉机、手扶拖拉机和手扶变形运输机。轮式拖拉机是指具有方向盘和四个车轮，并且牵引挂车，从事货物运输或者农田作业的拖拉机。手扶拖拉机是指具有手把式转向和两个车轮，并且牵引挂车，从事货物运输或者农田作业的拖拉机。手扶变形运输机是指具有折腰转向机构，牵引部位和载货部门不可拆卸的运输机械。根据《道路交通安全法实施条例》的规定，上道路行驶的拖拉机，是指手扶拖拉机等最高设计行驶速度不超过每小时 20 公里的轮式拖拉机和最高设计行驶速度不超过每小时 40 公里、牵引挂车方可从事道路运输的轮式拖拉机。同时，本法考虑到我国地域广阔，地形复杂，全国各省都有各自的特色，因此本条还规定，拖拉机的其他禁行道路，由省、自治区、直辖市人民政府根据当地的实际情况规定。

关联参见

《道路交通安全法实施条例》第 111 条

第五十六条 **【机动车的停泊】** 机动车应当在规定地点停放。禁止在人行道上停放机动车；但是，依照本法第三十三条规定施划的停车泊位除外。

在道路上临时停车的，不得妨碍其他车辆和行人通行。

实务应用

22. **机动车在道路上临时停车，应当遵守哪些规则？**

《道路交通安全法实施条例》第 63 条规定，机动车在道路上临时停车，应当遵守下列规定：（1）在设有禁停标志、标线的路段，在机动车道与非机动车道、人行道之间设有隔离设施的路段以及人行横道、施工地段，不得停车；（2）交叉路口、铁路道口、急弯路、宽度不足4米的窄路、桥梁、陡坡、隧道以及距离上述地点50米以内的路段，不得停车；（3）公共汽车站、急救站、加油站、消防栓或者消防队（站）门前以及距离上述地点30米以内的路段，除使用上述设施的以外，不得停车；（4）车辆停稳前不得开车门和上下人员，开关车门不得妨碍其他车辆和行人通行；（5）路边停车应当紧靠道路右侧，机动车驾驶人不得离车，上下人员或者装卸物品后，立即驶离；（6）城市公共汽车不得在站点以外的路段停车上下乘客。

案例指引

08. 临时停车不规范，妨碍其他车辆通行，造成交通事故的，责任由谁来承担？[①]

出租车司机王先生停车后，其车内乘客李女士开启右后车门下车，将骑自行车的赵女士撞倒，造成赵女士受伤。赵女士将司机王先生、乘客李女士、出租车公司、保险公司诉至法院，要求四被告赔偿其医疗费等各项损失共计50万余元。

审理中，赵女士申请对其伤残等级、赔偿指数、误工期、护理期、营养期进行鉴定。海淀法院委托司法鉴定所对上述事项进行鉴定。鉴定意见为被鉴定人赵女士致残等级为九级，致残率为20%；建议其误工期180日、护理期90日、营养期60日。

法院经审理后认为，根据《道路交通事故认定书》，王先生有驾驶小型轿车临时停车时未紧靠道路右侧发生交通事故的违法行为，是导致此道路交通事故的主要过错；李女士乘坐小型轿车开关车门妨碍自行车通行的违法行为，是导致此道路交通事故的次要过错；赵女士无与本起

---

① 参见李静臻：《出租车乘客为何要为这场交通事故负责》，载北京法院网 https://bj-gy.bjcourt.gov.cn/article/detail/2023/04/id/7242725.shtml，最后访问日期：2023年8月3日。

道路交通事故发生有关的过错行为，认定王先生为主要责任，李女士为次要责任，赵女士为无责任。车辆驾驶人王先生违章停车与乘车人李女士开车门未尽注意义务在主观上具有共同过失，因此构成共同侵权。

事发时王先生正在出租运营过程中，所驾车辆在保险公司投保了交强险及商业三者险，此次事故发生在保险期限内，车辆交强险与商业三者险均应在其赔偿限额范围内承担100%的赔偿责任，若赔偿后仍有不足的，由出租车公司和李女士连带赔偿。

海淀法院经审理，判决保险公司在交强险及商业三者险范围内赔偿赵女士医疗费等各项损失共计38.1万元；出租车公司赔偿赵女士残疾赔偿金、精神损害抚慰金等共计8.4万元，李女士对此承担连带赔偿责任。宣判后，各方当事人均未上诉，该判决现已生效。

乘车出行本是为生活提供便利，却因各方一时疏忽造成事故。法官在此提醒，司机在临时停车时车身右侧应紧靠道路边缘；乘客下车时应谨慎查看车后方情况，可采取"荷式开门法"，用离车门最远的手去开车门，强迫自己扭动身体向后看；路人经过路边停置车辆时，亦应仔细观察车辆情况，避免"开门杀"。

关联参见

《道路交通安全法实施条例》第63条

第三节　非机动车通行规定

第五十七条　【非机动车通行规则】 驾驶非机动车在道路上行驶应当遵守有关交通安全的规定。非机动车应当在非机动车道内行驶；在没有非机动车道的道路上，应当靠车行道的右侧行驶。

条文解读

非机动车通过有交通信号灯控制的交叉路口，应当按照下列规定通行：（1）转弯的非机动车让直行的车辆、行人优先通行。（2）遇有前方路口交通阻塞时，不得进入路口。（3）向左转弯时，靠路口中心点的右侧转弯。（4）遇有停止信号时，应当依次停在路口停止线以外。没有停止线的，停在路口以外。（5）向右转弯遇有同方向前车正在等候放行信号时，在本车道内能够转弯的，可以通行；不能转弯的，依次等候。

非机动车通过没有交通信号灯控制也没有交通警察指挥的交叉路口，除应当遵守上述第（1）至（3）项的规定外，还应当遵守下列规定：（1）有交通标志、标线控制的，让优先通行的一方先行；（2）没有交通标志、标线控制的，在路口外慢行或者停车瞭望，让右方道路的来车先行；（3）相对方向行驶的右转弯的非机动车让左转弯的车辆先行。

驾驶自行车、电动自行车、三轮车在路段上横过机动车道，应当下车推行，有人行横道或者行人过街设施的，应当从人行横道或者行人过街设施通过；没有人行横道、没有行人过街设施或者不便使用行人过街设施的，在确认安全后直行通过。因非机动车道被占用无法在本车道内行驶的非机动车，可以在受阻的路段借用相邻的机动车道行驶，并在驶过被占用路段后迅速驶回非机动车道。机动车遇此情况应当减速让行。

非机动车载物，应当遵守下列规定：（1）自行车、电动自行车、残疾人机动轮椅车载物，高度从地面起不得超过 1.5 米，宽度左右各不得超出车把 0.15 米，长度前端不得超出车轮，后端不得超出车身 0.3 米；（2）三轮车、人力车载物，高度从地面起不得超过 2 米，宽度左右各不得超出车身 0.2 米，长度不得超出车身 1 米；（3）畜力车载物，高度从地面起不得超过 2.5 米，宽度左右各不得超出车身 0.2 米，长度前端不得超出车辕，后端不得超出车身 1 米。

自行车载人的规定，由省、自治区、直辖市人民政府根据当地实际情况制定。

在道路上驾驶自行车、三轮车、电动自行车、残疾人机动轮椅车应当遵守下列规定：（1）驾驶自行车、三轮车必须年满 12 周岁；（2）驾驶电动自行车和残疾人机动轮椅车必须年满 16 周岁；（3）不得醉酒驾驶；（4）转弯前应当减速慢行，伸手示意，不得突然猛拐，超越前车时不得妨碍被超越的车辆行驶；（5）不得牵引、攀扶车辆或者被其他车辆牵引，不得双手离把或者手中持物；（6）不得扶身并行、互相追逐或者曲折竞驶；（7）不得在道路上骑独轮自行车或者2人以上骑行的自行车；（8）非下肢残疾的人不得驾驶残疾人机动轮椅车；（9）自行车、三轮车不得加装动力装置；（10）不得在道路上学习驾驶非机动车。

案例指引

09. 骑行电动车超速发生事故，是否应当承担责任？[①]

阮某驾驶二轮电动车沿赫高路自南向北行驶，行驶至赫高路25公里150米处，与王某驾驶的挖掘机发生碰撞，造成阮某受伤以及二轮电动车和挖掘机受损的道路交通事故。

王某在挖掘机发生故障后，未及时在路面采取防护措施、安放警示标志，对本起事故具有过错；事发时，阮某车速为每小时接近20公里，超过了非机动车最高时速15公里的规定，且未尽到谨慎驾驶义务，对本起事故发生同样具有过错。综合事故发生原因、现场情况、双方的过错等，法院酌定阮某与王某对本起交通事故负同等责任。对于阮某的各项损失合计259627.37元，医投保义务人即挖掘机所有人没有为肇事车辆购买交强险，其应当与王某在交强险责任限额内即198000元，承担连带赔偿责任。超出交强险范围的部分61627.37元由阮某承担60%责任，即36976.42元。

挖掘机等机动车应当购买交强险方能上路，机动车在道路上发生故障，需要停车排除故障时，驾驶人应当立即开启危险报警闪光灯，将机动车移至不妨碍交通的地方停放；难以移动的，应当持续开启危险报警闪光灯，并在来车方向设置警告标志等措施扩大示警距离，必要时迅速

---

① 参见《守规慎驾行天下 依法解给你我他——无为市法院发布机动车交通事故责任纠纷十个典型案例》（2022年1月21日发布），案例四：骑行电动车超速发生事故，载无为市人民法院网 http://www.wuhucourt.gov.cn/DocHtml/162/22/01/00134307.html，最后访问日期：2023年8月3日。

报警。

非机动车超速等违章行驶，也是发生交通事故的重要原因，容易给自己和家庭带来不必要的伤害和损失。

关联参见

《道路交通安全法》第 119 条；《道路交通安全法实施条例》第68—72 条

第五十八条 【非机动车行驶速度限制】残疾人机动轮椅车、电动自行车在非机动车道内行驶时，最高时速不得超过十五公里。

条文解读

残疾人机动轮椅车、电动自行车属于非机动车，但其具有双重性。一是相对于其他非机动车，其具有动力输出装置，行驶速度、最大外廓、空车质量等技术参数要高于其他非机动车，在此意义上，其属于强者，在非机动车道内行驶，其属于其他非机动车和行人的安全隐患。二是相对于机动车，从以上技术参数比较，其又属于弱者，如果规定在机动车道内行驶，则也违反公平原则。从既保护非机动车的安全，又要保护其他非机动车和行人的安全的角度考虑，本条规定，残疾人机动轮椅车、电动自行车只能在非机动车道内行驶，不得进入机动车道内行驶，而且行驶最高时速不得超过 15 公里。

关联参见

《道路交通安全法实施条例》第 70—72 条

第五十九条 【非机动车的停放】非机动车应当在规定地点停放。未设停放地点的，非机动车停放不得妨碍其他车辆和行人通行。

根据本条的规定，非机动车应当在规定地点停放。当然，从非机动车安全的角度出发，停车点的建设非常重要。如何在当前的经济条件下，建设非机动车的停车点？可以考虑采取以下措施：一是城镇市政等部门在适宜的地点划出单独的区域建设停车点，可以采取收费与免费不同的存续形式，如繁华商业区、旅游景区、政府机关等。二是相关部门单位建设自己的停车点，无论是露天还是厂棚形式，都可以便利本单位员工非机动车的停放。三是采用面向社会招标的形式，由政府拿出相应的场地吸引社会投资来建设非机动车停车场，给予其一定年限的使用经营权。四是社会基层组织，如居委会等因地制宜，在辖区内划出相应的场地，便于非机动车停放。考虑到目前很多场所还未设停车地点，而且非机动车的面积较小，对其他车辆和行人影响有限，非机动车在许多区域可以停放，如道路两旁、居民楼前等，但前提是停放不得妨碍其他车辆、行人通行。

第六十条　【畜力车使用规则】 驾驭畜力车，应当使用驯服的牲畜；驾驭畜力车横过道路时，驾驭人应当下车牵引牲畜；驾驭人离开车辆时，应当拴系牲畜。

畜力车 ➡ 本条规定的畜力车，主要是指以马、驴、牛、骡等以畜力作为驾驶动力的车辆。在道路上驾驭畜力车应当年满 16 周岁，并遵守下列规定：（1）不得醉酒驾驭。（2）不得并行，驾驭人不得离开车辆。（3）行经繁华路段、交叉路口、铁路道口、人行横道、急弯路、宽度不足 4 米的窄路或者窄桥、陡坡、隧道或者容易发生危险的路段，不得超车。驾驭两轮畜力车应当下车牵引牲畜。（4）不得使用未经驯服的牲畜驾车，随车幼畜须拴系。（5）停放车辆应当拉紧车闸，拴系牲畜。

关联参见

《道路交通安全法实施条例》第73条

第四节　行人和乘车人通行规定

第六十一条　【行人通行规则】行人应当在人行道内行走，没有人行道的靠路边行走。

条文解读

实践证明，《道路交通安全法》规定的行人通行规则有利于最大限度地保护行人的生命与安全，促进交通秩序的有序与畅通。特别是在没有划分机动车道、非机动车道和人行道的道路上，行人靠路边行走显得非常重要。综观世界各国的道路交通法律规定，都对此作出了详细的规定。因此，在一定意义上讲，该规则属于世界通行规则，具有普遍指导意义。同时，该规则也是所有交通规则中执行得最好的一项规则。根据本条的规定，在日常生活中，行人在道路上行走必须遵循在人行道内行走的基本规则，这也是行人路权的基本要求。从另一个角度而言，这也是对行人的最大保护，防止受到机动车和非机动车的侵害。当然，在没有人行道的道路上行走时，行人须靠路边行走。

关联参见

《道路交通安全法实施条例》第74条

第六十二条　【行人横过道路规则】行人通过路口或者横过道路，应当走人行横道或者过街设施；通过有交通信号灯的人行横道，应当按照交通信号灯指示通行；通过没有交通信号灯、人行横道的路口，或者在没有过街设施的路段横过道路，应当在确认安全后通过。

人行横道有两种情形：一是设有交通信号灯；二是没有交通信号灯。无论是何种情形，即使是行人违反信号灯的指示行走通过人行横道，过往的机动车、非机动车都要注意避让，因生命权是最重要的权利，不能因强调路权而忽视生命权。本条所称"过街设施"，主要是指过街天桥和地下通道。

此外，行人在人行横道内有优先通过的权利。走人行横道可以说明行人已经尽了安全通行的义务，此外，行人还须注意人行横道路口的信号灯，按照交通信号灯的指示通行。这样才能既有利于维护道路交通秩序，也有利于保障自己的人身安全。

23. 确认安全原则的内容是什么？

首先，不能斜穿，要直行通过。因为斜穿会延长行人在车行道的步行距离，增加了人车混行的时间，也影响行人观察来往车辆的视野。其次，要注意避让来往车辆，不要在车辆临近时突然横过道路。再次，行人横过道路要先看左边，再看右边，因为左边来车距离行人最近，待确保安全后再继续通行。如果行人不注意先左后右去观察情况通过道路，对于机动车驾驶人而言，则属于突然情况，不能迅速作出判断采取防止事故发生的措施。因车辆在不同速度下有不同的制动距离，行人如果在制动距离内突然横过道路，事故往往无法避免。最后，在确认安全后，行人需要迅速通过，不要在道路上延误通行时间。

《道路交通安全法实施条例》第 75 条、第 76 条

第六十三条 【行人禁止行为】行人不得跨越、倚坐道路隔离设施，不得扒车、强行拦车或者实施妨碍道路交通安全的其他行为。

条文解读

道路隔离设施 ➡ 主要包括隔离护栏、路间绿化带等用于将来往车辆隔开的设施。

其他妨碍道路交通安全的行为主要包括在道路上追逐、猛跑、抛物击车等行为。

根据《道路交通安全法实施条例》的规定，行人不得有下列行为：（1）在道路上使用滑板、旱冰鞋等滑行工具；（2）在车行道内坐卧、停留、嬉闹；（3）追车、抛物击车等妨碍道路交通安全的行为。此外，行人列队在道路上通行，每横列不得超过2人，但在已经实行交通管制的路段不受限制。

关联参见

《道路交通安全法实施条例》第74条、第76条

第六十四条 【特殊行人通行规则】学龄前儿童以及不能辨认或者不能控制自己行为的精神疾病患者、智力障碍者在道路上通行，应当由其监护人、监护人委托的人或者对其负有管理、保护职责的人带领。

盲人在道路上通行，应当使用盲杖或者采取其他导盲手段，车辆应当避让盲人。

条文解读

学龄前儿童的体力和智力尚处在生长发育阶段，其对客观世界的认识仅停留在表面现象的观察，其思考能力、认知能力以及判断能力还不足以对高度危险作业行为作出正确的理解。精神疾病患者、智力障碍者

在精神或者智力上存在缺陷，导致其不能辨认或者控制自己的行为，对外界的认识与其内心的判断也无法达成一致。因此，应当对这三类群体在道路上通行时予以特殊的照顾，即由其监护人或者其监护人委托的人带领，如父母、成年子女、幼儿园教师、保姆等。

盲人上道路通行，应当使用盲杖或者采取其他导盲手段。车辆应当避让盲人。考虑到盲人的身体缺陷，对其上道路通行的保护分为两方面：一是从其自身而言，其出行时应当使用盲杖或者采取其他导盲手段，如携带导盲犬出行等。这既是对其自身的保护，也是提醒他人注意保护。二是从道路上行驶的车辆而言，遇到盲人通过道路时，必须停车避让，无论其是否依照交通信号的指示通行。

关联参见

《民法典》第 1188—1201 条

第六十五条　【行人通过铁路道口规则】 行人通过铁路道口时，应当按照交通信号或者管理人员的指挥通行；没有交通信号和管理人员的，应当在确认无火车驶临后，迅速通过。

条文解读

行人通过铁路道口规则 ➡ 行人通过铁路道口需要遵守以下规则：一是应当遵守铁路道口信号和管理人员的管理。这主要分三种情形：（1）有铁路道口信号。这就要求行人通过铁路道口时，首先要注意观察铁路道口信号情况，判断是否有火车驶近，再决定自己是否通过铁路道口。（2）无铁路道口信号，但有管理人员指挥。在这种情况下，行人需要遵从管理人员的指挥，按照管理人员发出的指示决定是否通过铁路道口。（3）铁路道口信号与管理人员的指令不一致。此时，行人要遵从管理人员的指令行事。二是确认安全后通过。在许多情况下，铁路道口没有信号设施或者没有相应的管理人员，相应地带来了一定的安全隐患，而保障行人安全通过则显得尤为重要。此时，要求行人要有足够的安全防范意识，不要抱有随意的心态，因能否安全通过铁路道口关系自己的生命与安全。因此，要求行人通过没有信号设施和无人管理的铁路道口时，必须确认无火车驶临后，才能迅速通过。行人确认的方法主要是向铁路轨道两侧观望是否有火车驶临，以及距离的远近。

第六十六条　【乘车规则】乘车人不得携带易燃易爆等危险物品，不得向车外抛洒物品，不得有影响驾驶人安全驾驶的行为。

条文解读

易燃易爆等危险物品 ➡ 易燃易爆等危险物品，是指具有燃烧、爆炸、腐蚀、毒害、放射性等性质，在生产、储存、装卸、运输、使用过程中，能引起燃烧、爆炸、毒害等后果，致使人身伤亡、国家和人民群众的财产受到损毁的物品。易燃物品主要包括：（1）易燃固体：如硫黄；（2）易燃液体：如汽油、煤油、松节油、油漆等；（3）易燃气体：如液化石油气；（4）自燃物品：如黄磷、油纸、油布及其制品；（5）遇水燃烧物品：如金属钠、铝粉；（6）氧化剂和有机过氧化物；等等。易爆物品主要包括：民用爆炸物品、兵器工业的火药、炸药、弹药、火工产品、核能物资等。

对于影响驾驶人安全驾驶的行为，主要有以下几种，须予以注意：（1）有将身体探出车外的危险动作；（2）与驾驶人进行妨碍安全驾驶的交谈；（3）不待车辆停稳后上下车，或者乘坐公共交通车辆的，不依次上下车。

关联参见

《道路交通安全法实施条例》第77条

第五节　高速公路的特别规定

第六十七条　**【高速公路通行规则、时速限制】** 行人、非机动车、拖拉机、轮式专用机械车、铰接式客车、全挂拖斗车以及其他设计最高时速低于七十公里的机动车，不得进入高速公路。高速公路限速标志标明的最高时速不得超过一百二十公里。

条文解读

不得进入高速公路的车辆 ➡ 非机动车、拖拉机、轮式专用机械车、铰接式客车、全挂拖斗车以及其他设计最高时速低于 70 公里的机动车不得驶入高速公路。其中：轮式专用机械车，是指各种专用机械车辆。如压路机、推土机、铲土机、搅拌机和各种吊车等专用车辆。铰接式客车，是指由于车身较长，车体分为两部分，而连接前后车体是靠铰接方式的客车。全挂拖斗车，即全挂货运列车，是指用于运载货物，由牵引车与全挂车组成的列车。牵引车，是指汽车或者拖拉机等；全挂车是指用于运输货物和乘客，至少有两根轴，通过牵引杆与牵引车联结、通过牵引车牵引，才能正常使用的无动力车辆。

此外，根据《道路交通安全法实施条例》的规定，高速公路应当标明车道的行驶速度，最高车速不得超过每小时 120 公里，最低车速不得低于每小时 60 公里。在高速公路上行驶的小型载客汽车最高车速不得超过每小时 120 公里，其他机动车不得超过每小时 100 公里，摩托车不得超过每小时 80 公里。同方向有 2 条车道的，左侧车道的最低车速为每小时 100 公里；同方向有 3 条以上车道的，最左侧车道的最低车速为每小时 110 公里，中间车道的最低车速为每小时 90 公里。道路限速标志标明的车速与上述车道行驶车速的规定不一致的，按照道路限速标志标明的车速行驶。

机动车在高速公路上行驶，车速超过每小时 100 公里时，应当与同车道前车保持 100 米以上的距离。车速低于每小时 100 公里时，与同车道前车距离可以适当缩短，但最小距离不得少于 50 米。在高速公路上行驶的载货汽车车厢不得载人。两轮摩托车在高速公路行驶时不得载人。机动车从匝道驶入高速公路，应当开启左转向灯，在不妨碍已在高速公路内的机动车正常行驶的情况下驶入车道。机动车驶离高速公路时，应当开启右转向灯，驶入减速车道，降低车速后驶离。机动车通过施工作业路段时，应当注意警示标志，减速行驶。

机动车在高速公路上行驶，遇有雾、雨、雪、沙尘、冰雹等低能见度气象条件时，应当遵守下列规定：（1）能见度小于 200 米时，开启雾灯、近光灯、示廓灯和前后位灯，车速不得超过每小时 60 公里，与同车道前车保持 100 米以上的距离；（2）能见度小于 100 米时，开启雾灯、近光灯、示廓灯、前后位灯和危险报警闪光灯，车速不得超过每小时 40 公里，与同车道前车保持 50 米以上的距离；（3）能见度小于 50 米时，开启雾灯、近光灯、示廓灯、前后位灯和危险报警闪光灯，车速不得超过每小时 20 公里，并从最近的出口尽快驶离高速公路。遇有前述情形时，高速公路管理部门应当通过显示屏等方式发布速度限制、保持车距等提示信息。

机动车在高速公路上行驶，不得有下列行为：（1）倒车、逆行、穿越中央分隔带掉头或者在车道内停车；（2）在匝道、加速车道或者减速车道上超车；（3）骑、轧车行道分界线或者在路肩上行驶；（4）非紧急情况时在应急车道行驶或者停车；（5）试车或者学习驾驶机动车。

实务应用

24. 行人横穿高速公路被正常行驶的机动车撞死的，机动车驾驶人是否应当承担赔偿责任？

根据本法第 67 条的规定，行人、非机动车、拖拉机、轮式专用机械车、铰接式客车、全挂拖斗车以及其他设计最高时速低于 70 公里的机动车，不得进入高速公路。同时本法第 76 条第 1 款第 2 项规定，机动车与非机动车驾驶人、行人之间发生交通事故，非机动车驾驶人、行人没有过错的，由机动车一方承担赔偿责任；有证据证明非机动车驾驶人、行人有过错的，根据过错程度适当减轻机动车一方的赔偿责任；机动车一方没有过错的，承担不超过 10% 的赔偿责任。因此行人横穿高速公路被撞死的，没有过错的机动车一方需承担不超过 10% 的赔偿责任。

案例指引

10. 高速公路公司对禁止通行的农用车放行导致其发生交通事故，农用车所有人是否可以向高速公路公司追偿？[①]

2010 年 4 月 9 日，琚某雇用的司机陈某明驾车通过高速公路收费口进入高速公路。在北京市京承高速井京方向 101 公里处，武某涛驾驶王某中所有的"金杯"牌小客车（京 PVF×××）由北向南行驶，适有陈某明驾驶琚某所有的"时代"牌四轮农用车（河北 H78×××）由北向南行驶，小客车前部与四轮农用车后部相撞，造成两车损坏、武某涛死亡的重大交通事故。2010 年 5 月 27 日，北京市密云县交通大队认定：双方负此事故的同等责任。

北京市密云县人民法院经审理人为：高速公路服务合同的订立起始于驾车者驶入高速路入口，向高速公路公司提出在某一特定高速路段接受快速通行服务的要约，高速公路公司机打通行券交付驾车者以示在这一特定路段向驾车者提供高速通过的承诺。经过要约和承诺，双方缔结服务合同。《道路交通安全法》第 67 条规定，行人、非机动车、拖拉机、轮式专用机械车、铰接式客车、全挂拖斗车以及其他设计最高时速低于 70 公里的机动车，不得进入高速公路。高速公路限速标志标明的最高时速不得超过 120 公里。《道路交通安全法实施条例》第 78 条第 1 款规定，高速公路应当标明车道的行驶速度，最高车速不得超过每小时 120 公里，最低车速不得低于每小时 60 公里。本案中，道路交通事故认

[①] 参见《琚某诉北京市首都公路发展集团有限公司京沈高速公路分公司高速公路服务合同纠纷案——农用车上高速致追尾的责任追偿》，陈琼、李强：《农用车上高速致追尾的责任追偿》，载《人民司法·案例》2012 年第 10 期。

定书中明确表明陈某明驾驶的是四轮农用车。责任认定中亦显示，武某涛驾驶机动车未与前车保持安全距离，陈某明驾驶超载的机动车上高速公路未按规定车速行驶，均是此事故发生的原因。在为涉案事故车辆的实际控制人琚某帮忙过程中，陈某明与京沈高速分公司签订的服务合同，违反了上述法律规范强制性规定，该服务合同应为无效。由此产生的损失，应依据双方过错，各自承担相应的责任。陈某明作为司机，对上述规范应明知，但其仍然主动驶向高速公路收费口，向京沈高速分公司发出要约，希望驾驶农用车通过高速公路。由于其行为具有明知性和主动性，故对发生农用车在高速公路上行驶这一行为状态，相对京沈高速分公司具有更大的过错。作为事故发生时该农用车的实际控制人琚某，应承担由此造成的损失。京沈高速分公司对上述规范亦应明知。虽然上述法律规范均表明四轮农用车无权进入高速公路行驶，但上述规范均是以时速作为高速公路准入的界定标准，并非以车型、外观作为评判依据。涉案车辆虽为农用车，但在外观上不具有典型特征，而京沈高速分公司工作人员仅通过目测时速，存在难以区分该车是否属于准入范围的客观障碍。综上，本案原告需向武某涛第一顺序法定继承人承担的责任应由原告琚某承担主要责任，由被告京沈高速分公司承担次要责任。

综上所述，法院判决被告北京市首都公路发展集团有限公司京沈高速公路分公司给付原告琚某 79511.4 元。宣判后，原被告均未上诉，一审判决已生效。

关联参见

《道路交通安全法实施条例》第 78—84 条

第六十八条　【故障处理】机动车在高速公路上发生故障时，应当依照本法第五十二条的有关规定办理；但是，警告标志应当设置在故障车来车方向一百五十米以外，车上人员应当迅速转移到右侧路肩上或者应急车道内，并且迅速报警。

机动车在高速公路上发生故障或者交通事故，无法正常行驶的，应当由救援车、清障车拖曳、牵引。

条文解读

机动车在高速公路上发生故障或者事故被拖曳、牵引，应当符合以下条件：一是机动车在高速公路上发生故障或者交通事故；二是该机动车无法正常行驶，如经过简单维修可以继续行驶，或者发生的是轻微交通事故经双方协商已经得到解决的，则无须拖曳、牵引；三是对故障车或者事故车的拖曳、牵引应当由救援车、清障车实施，不得由其他机动车实施，因救援车或者清障车属于专门用于拖曳、牵引的车辆，其动力性、技术性和安全性是其他车辆无法代替的。

实务应用

25. 机动车在高速公路上发生故障时应该采取何种处置措施？

根据本条、本法第52条以及其他有关规定，机动车在高速公路上发生故障时应该采取如下处置措施：（1）机动车在高速公路上发生故障，需要停车排除故障时，驾驶人应当立即开启危险报警灯，开启右转向灯驶离行车道，停在应急车道内或者右侧路肩上。机动车修复后需返回行车道时，应当先在应急车道或者路肩上提高车速，并开启左转向灯。进入行车道时，不准妨碍其他车辆的正常行驶。（2）机动车因故障、事故等原因确实难以移动，不能离开行车道在应急车道内或者右侧路肩上停车时，驾驶员必须立即持续开启危险报警灯，夜间还须同时开启宽灯和尾灯，并在故障车来车方向150米以外设置故障车警告标志扩大示警距离。驾驶员和乘车人应当迅速转移到右侧路肩上或者应急车道内，并且迅速报警。

第六十九条　【不得在高速公路上拦截车辆】任何单位、个人不得在高速公路上拦截检查行驶的车辆，公安机关的人民警察依法执行紧急公务除外。

根据本条规定，除公安机关人民警察依法执行紧急公务外，禁止有关部门和个人在高速公路上拦车收费，检查车辆证件、货物、搭车，推销商品等，以维护高速公路交通秩序，保障交通安全。需要指出的是，不得检查的车辆只能是行驶的车辆，如果在高速公路进入口或者中间服务区，则执法机关可以拦截检查机动车，这主要是针对遇有严重超载、超速等交通违法行为的车辆，交通警察可以在属于高速公路的应急行车带、服务区、收费站检查。这里的人民警察，仅指公安机关的人民警察，不包括人民法院、人民检察院、司法行政机关等其他机关的警察。"执行紧急公务"，是指公安机关依据国家法律、法规，在执行追捕、堵截违法犯罪分子和重大违法犯罪嫌疑人员等任务时，拦截检查车辆，以及交通警察实施交通管理任务的行为。

第五章　交通事故处理

第七十条　【交通事故处理及报警】 在道路上发生交通事故，车辆驾驶人应当立即停车，保护现场；造成人身伤亡的，车辆驾驶人应当立即抢救受伤人员，并迅速报告执勤的交通警察或者公安机关交通管理部门。因抢救受伤人员变动现场的，应当标明位置。乘车人、过往车辆驾驶人、过往行人应当予以协助。

在道路上发生交通事故，未造成人身伤亡，当事人对事实及成因无争议的，可以即行撤离现场，恢复交通，自行协商处理损害赔偿事宜；不即行撤离现场的，应当迅速报告执勤的交通警察或者公安机关交通管理部门。

在道路上发生交通事故，仅造成轻微财产损失，并且基本事实清楚的，当事人应当先撤离现场再进行协商处理。

交通事故 ➡ 交通事故，是指车辆在道路上因过错或者意外造成的人身伤亡或者财产损失的事件。交通事故当事人是指与交通事故有直接关系的人员，包括车辆驾驶人、行人、乘车人以及其他道路使用者。道路交通事故现场，是指发生道路交通事故的地点及其有关的空间范围。

实务应用

26. 发生交通事故时，车辆驾驶人应当采取哪些措施？

在道路上发生交通事故，车辆驾驶人必须采取以下紧急处置措施：（1）立即停车。当发生交通事故时，机动车驾驶人应当首先采取制动措施停车，以避免交通事故损害的进一步扩大，也有利于交通事故的处理和现场证据的固定。（2）保护现场。当发生交通事故时，要注意保护好现场，以便查明造成交通事故的原因和分清双方的责任。现场的范围通常是指机动车采取制动措施时的地域至停车的地域，以及受害人行进、终止的位置。在实践中，保护现场最重要的方式就是不移动发生交通事故的车辆以及相关物品。除了抢救伤员不得已移动肇事车辆外，应尽量保持交通事故现场与交通事故有关物品的原貌。对于发生交通事故，未造成人员伤亡，当事人对事实及成因无争议的，应当按本条的规定即行撤离现场或者立即报告交通警察或者公安机关交通管理部门。（3）立即抢救伤员。机动车驾驶人如果发现是受害人受伤，则采取应急措施，如立即止血，防止流血过多。同时，要及时拦截过往车辆，将受伤人员送往医院。在紧急情况下，交通事故车辆也可以直接将伤员送往医院，但注意保护好现场和有关证据。（4）及时报案。交通事故发生后，机动车驾驶人应当及时报案，如自己通过电话报案或者亲自前往报案，以及请其他人及时向主管部门报案。报案时要注意讲清交通事故发生的时间、地点、车辆型号、号牌、伤亡程度和损失情况等，以便主管部门及时处理。

在道路上发生交通事故，未造成人身伤亡，可以有以下两种处理方式：（1）即行撤离现场，自行协商处理赔偿事宜。即行撤离现场需要满足以下两个条件：一是发生交通事故未造成人员伤亡。这是可以即行撤离现场的前提条件，如果造成了相应的人身伤亡，机动车驾驶人应当保护现场，立即抢救受伤人员，并迅速报告执勤的交通警察或者公安机关交通管理部门。二是当事人对事实无争议，即行撤离现场，自行解决赔偿问题。在这种情况下，不再经过公安机关交通管理部门处理。注意在撤离之前，双方应当记录交通事故的时间、地点、对方当事人的姓名和联系方式、机动车牌号、驾驶证号、保险凭证号、碰撞部位，并共同签名。（2）不撤离现场，由交通警察或者公安机关交通管理部门进行处理。如果双方当事人对交通事故的基本事实存在争议，或者认为应当由交通警察或者公安机关交通管理部门处理为宜，则可不撤离现场，迅速报告执勤的交通警察或者公安机关交通管理部门。这样规定的主要目的是尽快恢复交通，尽量减少交通事故车辆在道路上的停留而造成交通拥堵。在道路上发生交通事故，仅造成轻微财产损失，并且基本事实清楚的，当事人应当先撤离现场再进行协商。这种情形包括两个要件：一是仅造成轻微财产损失。造成人员伤亡或者造成的财产损失较大，则不能适用这一规定，应当分别情况按照前述规定处理。二是基本事实清楚。这类交通事故的成因和基本事实比较清楚，责任明确，不存在争议，被双方当事人所认可，如违章掉头、会车、超车等。如果违章情况比较复杂，双方当事人存在争议，则需要及时报案，等待公安机关交通管理部门及交通警察来处理。

此外，根据《道路交通安全法实施条例》的规定，机动车发生交通事故，造成道路、供电、通讯等设施损毁的，驾驶人应当报警等候处理，不得驶离。机动车可以移动的，应当将机动车移至不妨碍交通的地点。公安机关交通管理部门应当将事故有关情况通知有关部门。

11. 交通事故发生后，现场目击人员追赶逃逸者造成其死亡的，是否需要承担赔偿责任？[1]

张庆福、张殿凯诉朱振彪生命权纠纷案

（最高人民法院审判委员会讨论通过 2018 年 12 月 19 日发布）

关键词 民事/生命权/见义勇为

裁判要点

行为人非因法定职责、法定义务或约定义务，为保护国家、社会公共利益或者他人的人身、财产安全，实施阻止不法侵害者逃逸的行为，人民法院可以认定为见义勇为。

相关法条

《中华人民共和国侵权责任法》第 6 条[2]

《中华人民共和国道路交通安全法》第 70 条

基本案情

原告张庆福、张殿凯诉称：2017 年 1 月 9 日，被告朱振彪驾驶奥迪小轿车追赶骑摩托车的张永焕。后张永焕弃车在前面跑，被告朱振彪也下车在后面继续追赶，最终导致张永焕在迁曹线 90 公里 495 米处（滦南路段）撞上火车身亡。朱振彪在追赶过程中散布和传递了张永焕撞死人的失实信息；在张永焕用语言表示自杀并撞车实施自杀行为后，朱振彪仍然追赶，超过了必要限度；追赶过程中，朱振彪手持木凳、木棍，对张永焕的生命造成了威胁，并数次漫骂张永焕，对张永焕的死亡存在主观故意和明显过错，对张永焕死亡应承担赔偿责任。

被告朱振彪辩称：被告追赶交通肇事逃逸者张永焕的行为属于见义勇为行为，主观上无过错，客观上不具有违法性，该行为与张永焕死亡

---

[1] 最高人民法院指导案例 98 号。
[2] 现为《民法典》第 1165 条。

结果之间不存在因果关系，对张永焕的意外死亡不承担侵权责任。

法院经审理查明：2017年1月9日上午11时许，张永焕由南向北驾驶两轮摩托车行驶至古柳线青坨鹏盛水产门口，与张雨来无证驾驶同方向行驶的无牌照两轮摩托车追尾相撞，张永焕跌倒、张雨来倒地受伤、摩托车受损，后张永焕起身驾驶摩托车驶离现场。此事故经曹妃甸交警部门认定：张永焕负主要责任，张雨来负次要责任。

事发当时，被告朱振彪驾车经过肇事现场，发现肇事逃逸行为即驾车追赶。追赶过程中，朱振彪多次向柳赞边防派出所、曹妃甸公安局110指挥中心等公安部门电话报警。报警内容主要是：柳赞镇一道档北两辆摩托车相撞，有人受伤，另一方骑摩托车逃逸，报警人正在跟随逃逸人，请出警。朱振彪驾车追赶张永焕过程中不时喊"这个人把人怼了逃跑呢"等内容。张永焕驾驶摩托车行至滦南县胡各庄镇西梁各庄村内时，弃车从南门进入该村村民郑如深家，并从郑如深家过道屋拿走菜刀一把，从北门走出。朱振彪见张永焕拿刀，即从郑如深家中拿起一个木凳，继续追赶。后郑如深赶上朱振彪，将木凳讨回，朱振彪则拿一木棍继续追赶。追赶过程中，有朱振彪喊"你怼死人了往哪跑！警察马上就来了"，张永焕称"一会儿我就把自己砍了"，朱振彪说"你把刀扔了我就不追你了"之类的对话。

走出西梁各庄村后，张永焕跑上滦海公路，有向过往车辆冲撞的行为。在被李江波驾驶的面包车撞倒后，张永焕随即又站起来，在路上行走一段后，转向铁路方向的开阔地跑去。在此过程中，曹妃甸区交通局路政执法大队副大队长郑作亮等人加入，与朱振彪一起继续追赶，并警告路上车辆，小心慢行，这个人想往车上撞。

张永焕走到迁曹铁路时，翻过护栏，沿路堑而行，朱振彪亦翻过护栏继续跟随。朱振彪边追赶边劝阻张永焕说：被撞到的那个人没事儿，你也有家人，知道了会惦记你的，你自首就中了。2017年1月9日11时56分，张永焕自行走向两铁轨中间，51618次火车机车上的视频显示，朱振彪挥动上衣，向驶来的列车示警。2017年1月9日12时02

分，张永焕被由北向南行驶的 51618 次火车撞倒，后经检查被确认死亡。

在朱振彪跟随张永焕的整个过程中，两人始终保持一定的距离，未曾有过身体接触。朱振彪有劝张永焕投案的语言，也有责骂张永焕的言辞。

另查明，张雨来在与张永焕发生交通事故受伤后，当日先后被送到曹妃甸区医院、唐山市工人医院救治，于当日回家休养，至今未进行伤情鉴定。张永焕死亡后其第一顺序法定继承人有二人，即其父张庆福、其子张殿凯。

2017 年 10 月 11 日，大秦铁路股份有限公司大秦车务段滦南站作为甲方，与原告张殿凯作为乙方，双方签订《铁路交通事故处理协议》，协议内容 "2017 年 1 月 9 日 12 时 02 分，51618 次列车运行在曹北站至滦南站之间 90 公里 495 处，将擅自进入铁路线路的张永焕撞死，构成一般 B 类事故；死者张永焕负事故全部责任；铁路方在无过错情况下，赔偿原告张殿凯 4 万元。"

裁判结果

河北省滦南县人民法院于 2018 年 2 月 12 日作出（2017）冀 0224 民初 3480 号民事判决：驳回原告张庆福、张殿凯的诉讼请求。一审宣判后，原告张庆福、张殿凯不服，提出上诉。审理过程中，上诉人张庆福、张殿凯撤回上诉。河北省唐山市中级人民法院于 2018 年 2 月 28 日作出（2018）冀 02 民终 2730 号民事裁定：准许上诉人张庆福、张殿凯撤回上诉。一审判决已发生法律效力。

裁判理由

法院生效裁判认为：张庆福、张殿凯在本案二审审理期间提出撤回上诉的请求，不违反法律规定，准许撤回上诉。

本案焦点问题是被告朱振彪行为是否具有违法性；被告朱振彪对张永焕的死亡是否具有过错；被告朱振彪的行为与张永焕的死亡结果之间是否具备法律上的因果关系。

首先，案涉道路交通事故发生后张雨来受伤倒地昏迷，张永焕驾驶摩托车逃离。被告朱振彪作为现场目击人，及时向公安机关电话报警，并驱车、徒步追赶张永焕，敦促其投案，其行为本身不具有违法性。同时，根据《中华人民共和国道路交通安全法》第七十条规定，交通肇事发生后，车辆驾驶人应当立即停车、保护现场、抢救伤者，张永焕肇事逃逸的行为违法。被告朱振彪作为普通公民，挺身而出，制止正在发生的违法犯罪行为，属于见义勇为，应予以支持和鼓励。

其次，从被告朱振彪的行为过程看，其并没有侵害张永焕生命权的故意和过失。根据被告朱振彪的手机视频和机车行驶影像记录，双方始终未发生身体接触。在张永焕持刀声称自杀意图阻止他人追赶的情况下，朱振彪拿起木凳、木棍属于自我保护的行为。在张永焕声称撞车自杀，意图阻止他人追赶的情况下，朱振彪和路政人员进行了劝阻并提醒来往车辆。考虑到交通事故事发突然，当时张雨来处于倒地昏迷状态，在此情况下被告朱振彪未能准确判断张雨来伤情，在追赶过程中有时喊话传递的信息不准确或语言不文明，但不构成民事侵权责任过错，也不影响追赶行为的性质。在张永焕为逃避追赶，跨越铁路围栏、进入火车运行区间之后，被告朱振彪及时予以高声劝阻提醒，同时挥衣向火车司机示警，仍未能阻止张永焕死亡结果的发生。故该结果与朱振彪的追赶行为之间不具有法律上的因果关系。

综上，原告张庆福、张殿凯一审中提出的诉讼请求理据不足，不予支持。

关联参见

《道路交通安全法实施条例》第 86—88 条；《道路交通事故处理程序规定》第 5 条、第 9—12 条、第 18—24 条、第 27 条、第 73 条、第 100 条；《工伤保险条例》第 14 条

第七十一条　【交通事故逃逸的处理】车辆发生交通事故后逃逸的，事故现场目击人员和其他知情人员应当向公安机关交通管

理部门或者交通警察举报。举报属实的，公安机关交通管理部门应当给予奖励。

条文解读

事故现场目击人员 ➡ 主要是指交通事故发生时，事故现场过往的行人、附近的居民、过往的车辆上的驾驶人或者其他乘客等。

其他知情人员 ➡ 主要是指知悉事故发生情况的人员，如肇事车辆上的乘客以及事后得知相关情况的人员，如汽车修理厂的工人等。

关联参见

《刑法》第 133 条、第 233—235 条；《道路交通安全法实施条例》第 92 条；《道路交通事故处理程序规定》第 27—112 条；《最高人民法院关于审理交通肇事刑事案件具体应用法律若干问题的解释》第 1—8 条

第七十二条 【交警处理交通事故程序】公安机关交通管理部门接到交通事故报警后，应当立即派交通警察赶赴现场，先组织抢救受伤人员，并采取措施，尽快恢复交通。

交通警察应当对交通事故现场进行勘验、检查，收集证据；因收集证据的需要，可以扣留事故车辆，但是应当妥善保管，以备核查。

对当事人的生理、精神状况等专业性较强的检验，公安机关交通管理部门应当委托专门机构进行鉴定。鉴定结论应当由鉴定人签名。

条文解读

公安机关交通管理部门接到交通事故报警后，应当立即派交通警察赶赴现场，即出警。在执行中要注意两点：一是接到报案后，应当做好报案登记工作，详细记录下事故发生的时间、地点、伤亡情况、报案人

的姓名、单位、联系方式等，以便进一步核实，防止报假案影响公安机关的正常工作。二是确定事故发生后，立即组织警力及时出警，要求迅速、及时。在实践中，往往是由交通指挥中心确定案发地点后，调派距离现场最近的警察前往处理，如果属于重特大交通事故，则需要及时派遣技术人员等有关人员前往现场。公安机关交通管理部门及其交通警察到达现场后，核心任务是快速处理现场。如果没有发生人员伤亡，则采取措施，将事故车辆移至路边，尽快疏导交通。在执行中要注意方式方法，依法办理，防止矛盾激化。如果事故造成人员伤亡，要先组织抢救受伤人员，包括拦截过往车辆将受伤人员及时送往医疗机构抢救。同时还要采取措施，尽快恢复交通，主要是将事故车辆移至路边或者拖离现场。在执行该规定时，要注意相关证据的收集工作，包括现场取证、询问证人和有关当事人等。值得注意的是，投保交强险的机动车发生交通事故，因抢救受伤人员需要保险公司支付或者垫付抢救费用的，由公安机关交通管理部门通知保险公司。抢救受伤人员需要道路交通事故社会救助基金垫付费用的，由公安机关交通管理部门通知道路交通事故社会救助基金管理机构。

勘验、检查 ➡ 勘验、检查是指公安机关交通管理部门及其交通警察对于与交通事故有关的现场、车辆、物品、人身、尸体所进行的调查取证工作。勘验、检查的主要内容包括：现场勘验，尸体检验，物证、书证检验，人身检查等。

鉴定 ➡ 鉴定是指公安机关交通管理部门委托专门机构，就案件当事人的生理、精神状况等进行鉴别和判断的一种专业性较强的检验。鉴定对查明事实真相，分清责任，确定当事人的生理、精神状况具有重要作用。鉴定意见是证据的一种，鉴定意见是否科学准确，直接关系到能否正确认定案件事实。尤其是在复杂、疑难的交通事故案件中，涉及当事人的生理、精神状况，对其所作的鉴定将起到其他证据无法替代的作用。在一些交通事故案件中，当事人的生理、精神状况直接影响到事故起因的认定和责任的分担。由于公安机关交通管理部门是处理交通事故的主管机关，为了保证事故处理的公正、公平、公开，公安机关交通管理部门不得由自己的鉴定机构鉴定，而应当委托专门机构进行鉴定，特别是一些社会化的鉴定机构，毕竟这些鉴定机构处于第三者的位置，对鉴定意见具有超脱性和中立性，也容易被当事人所认可。值得注意的是，鉴定意见应当由鉴定人签名，以保证鉴定意见的证据能力。

实务应用

27. 当事人对检验、鉴定结论有异议的，应当如何处理？

公安机关交通管理部门应当在收到检验、鉴定报告之日起 2 日内，将检验、鉴定报告复印件送达当事人。当事人对检验、鉴定结论有异议的，可以在公安机关交通管理部门送达之日起 3 日内申请重新检验、鉴定，经县级公安机关交通管理部门负责人批准后，进行重新检验、鉴定。重新检验、鉴定应当另行委托检验、鉴定机构或者由原检验、鉴定机构另行指派鉴定人。公安机关交通管理部门应当在收到重新检验、鉴定报告之日起 2 日内，将重新检验、鉴定报告复印件送达当事人。重新检验、鉴定以 1 次为限。

案例指引

12. "无接触式"交通事故，驾驶人逃逸时责任如何认定？①

2020 年 4 月 28 日 18 时许，凤某驾驶变型拖拉机与王某驾驶的二轮电动车发生"无接触式"交通事故，造成王某受伤及电动车部分损坏的交通事故，但凤某未下车救助即行驶离。事发第二天，王某报警，因事故现场破坏，交警部门未能认定事故成因，也未进行责任划分。

由于交警部门对本起交通事故责任未作认定，双方当事人也均未提

---

① 参见《守规慎驾行天下 依法解纷给你我他——无为市法院发布机动车交通事故责任纠纷十个典型案例》（2022 年 1 月 20 日发布），案例八："无接触式"交通事故，驾驶人逃逸需担主责，载无为市人民法院网 http://www.wuhucourt.gov.cn/DocHtml/162/22/01/00134307.html，最后访问日期：2023 年 8 月 3 日。

交有效证据证明对方责任大于己方。虽然本案是无接触式交通事故，但凤某有逃逸情节，违反了法定义务，应当承担事故主要责任。

肇事逃逸是违法的，肇事司机对受伤人员的及时救助既是一种道德责任，更是一项法定义务。在道路上发生交通事故，车辆驾驶人应当立即停车，保护现场；造成人身伤亡的，车辆驾驶人应当立即抢救受伤人员，并迅速报告执勤的交通警察或者公安机关交通管理部门。因抢救受伤人员变动现场的，应当标明位置。乘车人、过往车辆驾驶人、过往行人应当予以协助。

关联参见

《道路交通安全法实施条例》第 89 条、第 90 条；《机动车交通事故责任强制保险条例》第 31 条；《道路交通事故处理程序规定》第 1—112 条

第七十三条　【交通事故认定书】公安机关交通管理部门应当根据交通事故现场勘验、检查、调查情况和有关的检验、鉴定结论，及时制作交通事故认定书，作为处理交通事故的证据。交通事故认定书应当载明交通事故的基本事实、成因和当事人的责任，并送达当事人。

条文解读

交通事故认定书 ➡ 交通事故认定书，是公安机关交通管理部门根据对现场的勘察、技术分析和有关的检验、鉴定结论，分析查明交通事故的基本事实、形成原因和当事人的责任，所出具的法律文书。其依据是现场勘验、检查、调查情况和有关的检验、鉴定结论，以及相关证据情况，目的是通过对上述材料的分析、判断，查明交通事故的基本事实和形成原因，作为最终处理交通事故、分清当事人造成交通事故后果的责任大小，以及人民法院处理交通事故损害赔偿案件、确定当事人民事

责任的重要证据。

基本事实，是指交通事故主要的基本情况，包括车辆在交通事故发生时的行驶状况；机动车驾驶人是否遵守交通规则；车辆的损毁状况；人员伤亡状况以及相关财产的损失；等等。

事故成因，是指当事人的违章行为与交通事故之间的因果关系，以及违章行为在交通事故中的作用，包括当事人行为与交通事故的因果关系和第三者的原因以及客观原因等。

当事人的责任，是指当事人对造成交通事故责任大小的承担，即事故的发生是由哪一方当事人造成的，以及双方各自责任的承担比例等。

根据《道路交通安全法实施条例》的规定，公安机关交通管理部门应当根据交通事故当事人的行为对发生交通事故所起的作用以及过错的严重程度，确定当事人的责任。发生交通事故后当事人逃逸的，逃逸的当事人承担全部责任。但是，有证据证明对方当事人也有过错的，可以减轻责任。当事人故意破坏、伪造现场、毁灭证据的，承担全部责任。公安机关交通管理部门对经过勘验、检查现场的交通事故应当在勘查现场之日起 10 日内制作交通事故认定书。对需要进行检验、鉴定的，应当在检验、鉴定结果确定之日起 5 日内制作交通事故认定书。公安机关交通管理部门制作交通事故认定书后，应当及时送达双方当事人，以便当事人及时知悉交通事故的基本事实、成因以及当事人的责任，来决定自己的下一步行为，如请求公安机关进行调解或者向人民法院提起诉讼。

实务应用

28. 交通事故认定书的制作有何具体要求？

根据《道路交通事故处理程序规定》的规定，公安机关交通管理部门应当自现场调查之日起 10 日内制作道路交通事故认定书。交通肇事逃逸案件在查获交通肇事车辆和驾驶人后 10 日内制作道路交通事故认定书。对需要进行检验、鉴定的，应当在检验、鉴定结论确定之日起

5日内制作道路交通事故认定书。发生死亡事故，公安机关交通管理部门应当在制作道路交通事故认定书前，召集各方当事人到场，公开调查取得证据。证人要求保密或者涉及国家秘密、商业秘密以及个人隐私的证据不得公开。当事人不到场的，公安机关交通管理部门应当予以记录。

道路交通事故认定书应当载明以下内容：（1）道路交通事故当事人、车辆、道路和交通环境等基本情况；（2）道路交通事故发生经过；（3）道路交通事故证据及事故形成原因的分析；（4）当事人导致道路交通事故的过错及责任或者意外原因；（5）作出道路交通事故认定的公安机关交通管理部门名称和日期。道路交通事故认定书应当由办案民警签名或者盖章，加盖公安机关交通管理部门道路交通事故处理专用章，分别送达当事人，并告知当事人向公安机关交通管理部门申请复核、调解和直接向人民法院提起民事诉讼的权利、期限。

29. 公安机关交通管理部门如何认定交通事故责任？

根据本法第76条的规定：（1）机动车之间发生交通事故的，由有过错的一方承担赔偿责任；双方都有过错的，按照各自过错的比例分担责任。（2）机动车与非机动车驾驶人、行人之间发生交通事故，非机动车驾驶人、行人没有过错的，由机动车一方承担赔偿责任；有证据证明非机动车驾驶人、行人有过错的，根据过错程度适当减轻机动车一方的赔偿责任；机动车一方没有过错的，承担不超过10%的赔偿责任。（3）交通事故的损失是由非机动车驾驶人、行人故意碰撞机动车造成的，机动车一方不承担赔偿责任。

《道路交通安全法实施条例》第91条和第92条进一步规定：（1）公安机关交通管理部门应当根据交通事故当事人的行为对发生交通事故所起的作用以及过错的严重程度，确定当事人的责任。（2）发生交通事故后当事人逃逸的，逃逸的当事人承担全部责任。但是，有证据证明对方当事人也有过错的，可以减轻责任。（3）当事人故意破坏、伪造现场、毁灭证据的，承担全部责任。《道路交通事故处理程序规定》对此进行了细化规定，即公安机关交通管理部门经过调查后，应当根据当事人的行为对发生交通事故所起的作用以及过错的严重程度，确定当事人的责任：（1）因一方当事人的过错导致交通事故的，承担全部责任；（2）因两方或者两方以上当事人的过错发生交通事故的，根据其行为对事故发生的作用以及过错的严重程度，分别承担主要责任、同等责任和次要责任；（3）各方均无导致交通事故的过错，属于交通意外事故的，各方均无责任；（4）一方当事人故意造成交通事故的，他方无责任。省级公安机关可以根据有关法律、法规制定具体的道路交通事故责任确定细则或者标准。

30. 当事人对道路交通事故认定有异议的，应当如何处理？

根据《道路交通事故处理程序规定》的规定，当事人对道路交通事故认定有异议的，可以自道路交通事故认定书送达之日起 3 日内提出书面复核申请。当事人逾期提交复核申请的，不予受理，并书面通知申请人。复核申请应当载明复核请求及其理由和主要证据。同一事故的复核以 1 次为限。复核申请人通过作出道路交通事故认定的公安机关交通管理部门提出复核申请的，作出道路交通事故认定的公安机关交通管理部门应当自收到复核申请之日起 2 日内将复核申请连同道路交通事故有关材料移送上一级公安机关交通管理部门。复核申请人直接向上一级公安机关交通管理部门提出复核申请的，上一级公安机关交通管理部门应当通知作出道路交通事故认定的公安机关交通管理部门自收到通知之日起 5 日内提交案卷材料。

上一级公安机关交通管理部门自受理复核申请之日起 30 日内，对相关内容进行审查，并作出复核结论。（1）上一级公安机关交通管理部门认为原道路交通事故认定事实清楚、证据确实充分、适用法律正确、责任划分公正、程序合法的，应当作出维持原道路交通事故认定的复核结论。（2）上一级公安机关交通管理部门认为调查及认定程序存在瑕疵，但不影响道路交通事故认定的，在责令原办案单位补正或者作出合理解释后，可以作出维持原道路交通事故认定的复核结论。（3）上一级公安机关交通管理部门认为原道路交通事故认定有下列情形之一的，应当作出责令原办案单位重新调查、认定的复核结论：①事实不清的；②主要证据不足的；③适用法律错误的；④责任划分不公正的；⑤调查及认定违反法定程序可能影响道路交通事故认定的。上一级公安机关交通管理部门应当在作出复核结论后 3 日内将复核结论送达各方当事人。公安机关交通管理部门认为必要的，应当召集各方当事人，当场宣布复核结论。

31. 交通事故认定书是不是民事侵权损害赔偿案件责任分配的唯一依据？

交通事故认定书是公安机关交通管理部门处理交通事故作出行政决定所依据的主要证据，虽然可以在民事诉讼中作为证据使用，但由于交通事故认定结论的依据是相应行政法规，运用的归责原则具有特殊性，与民事诉讼中关于侵权行为认定的法律依据、归责原则有所区别。交通事故责任不完全等同于民事法律赔偿责任，因此，交通事故认定书不能作为民事侵权损害赔偿案件责任分配的唯一依据。行为人在侵权行为中的过错程度，应当结合案件实际情况，根据民事诉讼的归责原则进行综合认定。

关联参见

《道路交通安全法实施条例》第 91—93 条；《道路交通事故处理程序规定》第 59 条、第 60 条、第 62—79 条、第 98 条、第 102 条

第七十四条 【交通事故的调解或起诉】对交通事故损害赔偿的争议，当事人可以请求公安机关交通管理部门调解，也可以直接向人民法院提起民事诉讼。

经公安机关交通管理部门调解，当事人未达成协议或者调解书生效后不履行的，当事人可以向人民法院提起民事诉讼。

交通事故调解 ➡ 交通事故调解，是指在处理交通事故过程中，公安机关交通管理部门依据当事人的申请，在当事人的参与下，就当事人之间存在争议的交通事故损害赔偿进行协商，以促成争议解决的方式。在调解过程中，应当注意以下几点：（1）事实清楚，即在查清事实，分清是非责任的情况下进行调解。如果没有做好这些工作，可能会造成对一方当事人权益的损害。（2）调解必须双方自愿。调解必须基于当事人的自愿，这与当事人处分原则是相一致的。如果只是一方当事人的请求，则缺乏调解的基础。考虑到为了全面落实调解自愿原则，保护当事人的合法权益，在实践中，公安机关交通管理部门在送达当事人事故成因报告书时，应当告知当事人有请求调解的权利。（3）调解必须坚持合法性原则，调解协议的内容不得违反法律规定。在实践中，把握合法性原则应注意两点：一是调解协议的内容不得违反法律、行政法规的禁止性规定；二是调解协议的内容不得损害国家、社会公共利益和他人的合法权益。

32. 交通事故调解的程序有哪些？

根据《道路交通安全法实施条例》的规定，当事人对交通事故损害赔偿有争议，各方当事人一致请求公安机关交通管理部门调解的，应当在收到交通事故认定书之日起10日内提出书面调解申请。对交通事故致死的，调解从办理丧葬事宜结束之日起开始；对交通事故致伤的，调解从治疗终结或者定残之日起开始；对交通事故造成财产损失的，调解从确定损失之日起开始。公安机关交通管理部门调解交通事故损害赔偿争议的期限为10日。调解交通事故损害赔偿争议，按照下列程序实施：（1）告知道路交通事故各方当事人的权利、义务。（2）听取当事人各方的请求。（3）根据道路交通事故认定书认定的事实以及本法第76条的规定，确定当事人承担的损害赔偿责任。（4）计算损害赔偿的数额，确定各方当事人各自承担的比例，人身损害赔偿的标准按照《最高人民法院关于审理人身损害赔偿案件适用法律若干问题的解释》规定执行，财产损失的修复费用、折价赔偿费用按照实际价值或者评估机构的评估结论计算。（5）确定赔偿履行方式及期限。经调解达成协议的，公安机关交通管理部门应当制作道路交通事故损害赔偿调解书，由各方当事人签字，分别送达各方当事人。经调解各方当事人未达成协议的，公安机关交通管理部门应当终止调解，制作道路交通事故损害赔偿调解终结书送达各方当事人。公安机关交通管理部门调解期间，当事人向人民法院提起民事诉讼或退出调解的，调解终止。

33. 事故责任人不履行调解协议，受害人能否请求法院强制其履行？

交通事故损害赔偿调解协议是争议双方当事人在第三人的主持下对已有纠纷的解决，是一种替代性的纠纷解决方式，它适用的是当事人之间基于法定事由——交通事故中的侵权行为而产生的权利、义务关系。因此，损害赔偿调解协议区别于一般的民事合同，如果一方当事人不履行，对方当事人不能请求法院判决其履行，也不能追究其违约责任。一方不履行调解协议或者对调解协议有异议，当事人可以向人民法院提起民事诉讼，通过诉讼途径解决交通事故中的损害赔偿争议。

关联参见

《道路交通安全法实施条例》第94—96条；《道路交通事故处理程序规定》第84—95条；《最高人民法院关于审理人身损害赔偿案件适用法律若干问题的解释》第1—23条

第七十五条　【受伤人员的抢救及费用承担】 医疗机构对交通事故中的受伤人员应当及时抢救，不得因抢救费用未及时支付而拖延救治。肇事车辆参加机动车第三者责任强制保险的，由保险公司在责任限额范围内支付抢救费用；抢救费用超过责任限额的，未参加机动车第三者责任强制保险或者肇事后逃逸的，由道路交通事故社会救助基金先行垫付部分或者全部抢救费用，道路交通事故社会救助基金管理机构有权向交通事故责任人追偿。

条文解读

先行垫付部分或者全部抢救费用 ➡ 先行垫付部分或者全部抢救费用，主要是指道路交通事故社会救助基金对已参加交强险的，如抢救费用超过责任限额，则先行垫付超过限额的部分；未参加交强险或者肇事后逃逸的，先行垫付全部抢救费用。在垫付抢救费用后，交通事故社会救助基金管理机构有权向交通事故责任人追偿。

交通事故社会救助基金管理机构的追偿权相当于《保险法》意义上的代位求偿权。而代位求偿权是一种转移的请求权，主要是指在财产保险中，保险人在补偿被保险人的损失后，如果第三人对保险标的的损失根据法律或合同的规定应承担赔偿责任，被保险人应将对该第三人享有的赔偿请求权转移给保险人，由保险人代位行使。保险人所取得的这项权利，即为代位求偿权。

关联参见

《民法典》第 1216 条；《机动车交通事故责任强制保险条例》第 21 条、第 41 条、第 45 条；《道路交通安全法实施条例》第 90 条；《道路交通事故处理程序规定》第 19—23 条

第七十六条　【交通事故赔偿责任】 机动车发生交通事故造成人身伤亡、财产损失的，由保险公司在机动车第三者责任强制保险责任限额范围内予以赔偿；不足的部分，按照下列规定承担赔偿责任：

（一）机动车之间发生交通事故的，由有过错的一方承担赔偿责任；双方都有过错的，按照各自过错的比例分担责任。

（二）机动车与非机动车驾驶人、行人之间发生交通事故，非机动车驾驶人、行人没有过错的，由机动车一方承担赔偿责任；有证据证明非机动车驾驶人、行人有过错的，根据过错程度适当减轻机动车一方的赔偿责任；机动车一方没有过错的，承担不超过百分之十的赔偿责任。

交通事故的损失是由非机动车驾驶人、行人故意碰撞机动车造成的，机动车一方不承担赔偿责任。

条文解读

人身伤亡 ➡ 人身伤亡，是指机动车发生交通事故所造成的他人的身体受到伤害或人的生命终止。

财产损失 ➡ 财产损失，是指由于交通事故所造成的物质损失，包括车辆修理费用、抢救费用、人身伤亡善后处理费用等。

责任限额 ➡ 责任限额，又称保险合同的保险金额，是指保险合同当事人确定并在保险单上载明的保险人于保险事故发生时应当赔偿或者给付保险金的最高限额。根据本条的规定，对于机动车发生交通事故，造成人员伤亡、财产损失的，首先由保险公司在肇事机动车投保的交强险的责任限额范围内进行理赔。根据《机动车交通事故责任强制保险条例》的规定，被保险机动车发生道路交通事故造成本车人员、被保险人以外的受害人人身伤亡、财产损失的，由保险公司依法在交强险责任限额范围内予以赔偿。这样理赔有利于交通事故的赔偿工作迅捷、明确；有利于保证交通事故受害人及时得到救助；有利于保护机动车驾驶人的合法权益。

实践中，需注意以下问题：（1）《最高人民法院关于购买人使用分期付款购买的车辆从事运输因交通事故造成他人财产损失保留车辆所有权的出卖方不应承担民事责任的批复》指出，采用分期付款方式购车，出卖方在购买方付清全部车款前保留车辆所有权的，购买方以自己的名义与他人订立货物运输合同并使用该车运输时，因交通事故造成他人财产损失的，出卖方不承担民事责任。（2）《最高人民法院关于连环购车未办理过户手续，原车主是否对机动车发生交通事故致人损害承担责任的请示的批复》指出，连环购车未办理过户手续，因车辆已经交付，原车主既不能支配该车的营运，也不能从该车的营运中获得利益，故原车主不应对机动车发生交通事故致人损害承担责任。但是，连环购车未办理过户手续的行为，违反有关行政管理法规的，应受其规定的调整。（3）在道路上学习驾驶，应当按照公安机关交通管理部门指定的路线、时间进行。在道路上学习机动车驾驶技能应当使用教练车，在教练员随车指导下进行，与教学无关的人员不得乘坐教练车。学员在学习驾驶中有道路交通安全违法行为或者造成交通事故的，由教练员承担责任。

实务应用

34. 交通事故人身损害赔偿项目有哪些？具体标准是什么？

根据《最高人民法院关于审理人身损害赔偿案件适用法律若干问题的解释》的规定，交通事故人身损害赔偿项目和具体标准如下：（1）医疗费。医疗费根据医疗机构出具的医药费、住院费等收款凭证，结合病历和诊断证明等相关证据确定。医疗费的赔偿数额，按照一审法庭辩论终结前实际发生的数额确定。器官功能恢复训练所必要的康复费、适当的整容费以及其他后续治疗费，赔偿权利人可以待实际发生后另行起诉。但根据医疗证明或者鉴定结论确定必然发生的费用，可以与已经发生的医疗费一并予以赔偿。（2）误工费。误工费根据受害人的误工时间和收入状况确定。误工时间根据受害人接受治疗的医疗机构出具的证明确定。受害人因伤致残持续误工的，误工时间可以计算至定残日前一天。受害人有固定收入的，误工费按照实际减少的收入计算。受害人无固定收入的，按照其最近3年的平均收入计算；受害人不能举证证明其最近3年的平均收入状况的，可以参照受诉法院所在地相同或者相近行业上一年度职工的平均工资计算。（3）护理费。护理费根据护理人员的收入状况和护理人数、护理期限确定。护理人员有收入的，参照误工费的规定计算；护理人员没有收入或者雇佣护工的，参照当地护工从事同等级别护理的劳务报酬标准计算。护理人员原则上为 1 人，但医疗机构或者鉴定机构有明确意见的，可以参照确定护理人员人数。护理期限应计算至受害人恢复生活自理能力时止。受害人因残疾不能恢复生活自理能力的，可以根据其年龄、健康状况等因素确定合理的护理期限，但最长不超过 20 年。受害人定残后的护理，应当根据其护理依赖程度并结合配制残疾辅助器具的情况确定护理级别。（4）交通费。交通费根据受害人及其必要的陪护人员因就医或者转院治疗实际发生的费用计算。交通费应当以正式票据为凭；有关凭据应当与就医地点、时间、人数、次数相符合。（5）住院伙食补助费。住院伙食补助费可以参照当地国家机关一般工作人员的出差伙食补助标准予以确定。受害人确有必要到外地治疗，因客观原因不能住院，受害人本人及其陪护人员实际发生的住宿费和伙食费，其合理部分应予赔偿。（6）营养费。营养费根据受害人伤残情况参照医疗机构的意见确定。（7）残疾赔偿金。残疾赔偿金根据受害人丧失劳动能力程度或者伤残等级，按照受诉法院所在地上一年度城镇居民人均可支配收入标准，自定残之日起按 20 年计算。但 60 周岁以上的，年龄每增加一岁减少一年；75 周岁以上的，按 5 年计算。受害人因伤致残但实际收入没有减少，或者伤残等级较轻但造成职业妨害严重影响其劳动就业的，可以对残疾赔偿金作相应调整。（8）残疾辅助器具费。残疾辅助器具费按照普通适用器具的合理费用标准计算。伤情有特殊需要的，可以参照辅助器具配制机构的意见确定相应的合理费用标准。辅助器具的更换周期和赔偿期限参照配制机构的意见确定。（9）丧葬费。丧葬费按照受诉法院所在地上一年度职工月平均工资标准，以 6 个月总额计算。（10）死亡赔偿金。死亡赔偿金按照受诉法院所在地上一年度城镇居民人均可支配收入标准，按 20 年计算。但 60 周岁以上的，年龄每增加一岁减少一年；75 周岁以上的，按 5 年计算。（11）被扶养人生活费。被扶养人生活费计入残疾赔偿金或者死亡赔偿金。被扶养人生活费根据扶养人丧失劳动能力程度，按照受诉法院所在地上一年度城镇居民人均消费支出标准计算。被扶养人为未成年人的，计算至 18 周岁；被扶养人无劳动能力又无其他生活来源的，计算 20 年。但 60 周岁以上的，年龄每增加一岁减少一年；75 周岁以上的，按 5 年计算。

35. 被盗机动车发生交通事故造成损害的，由谁承担损害赔偿责任？

根据《民法典》第 1215 条的规定，盗窃、抢劫或者抢夺的机动车发生交通事故造成损害的，由盗窃人、抢劫人或者抢夺人承担赔偿责任。盗窃人、抢劫人或者抢夺人与机动车使用人不是同一人，发生交通事故造成损害，属于该机动车一方责任的，由盗窃人、抢劫人或者抢夺人与机动车使用人承担连带责任。保险人在交强险责任限额范围内垫付抢救费用的，有权向交通事故责任人追偿。

36. 当事人起诉时尚未进行交通事故伤残评定的，对其主张的残疾赔偿金请求应当如何处理？

《最高人民法院关于审理人身损害赔偿案件适用法律若干问题的解释》第 12 条规定："残疾赔偿金根据受害人丧失劳动能力程度或者伤残等级，按照受诉法院所在地上一年度城镇居民人均可支配收入标准，自定残之日起按二十年计算。但六十周岁以上的，年龄每增加一岁减少一年；七十五周岁以上的，按五年计算。受害人因伤致残但实际收入没有减少，或者伤残等级较轻但造成职业妨害严重影响其劳动就业的，可以对残疾赔偿金作相应调整。"据此，受害人的残疾赔偿金原则上根据受害人丧失劳动能力程度或者伤残等级确定，而对劳动能力减少的程度，通常由鉴定机构鉴定。因此，对当事人在案件审理阶段医疗终结，符合评残条件但尚未评残的，当事人能举证证明伤残是交通事故造成的，人民法院可根据当事人的请求委托有关机构进行评定确定伤残等级，并根据上述规定计算相应的残疾赔偿金。如当事人造成伤残与道路交通损害无因果关系的，驳回当事人有关残疾赔偿金的诉讼请求。

37. 交通事故中的财产损失是否包括被损车辆停运的损失？

根据《民法典》第237条、第238条的规定，造成不动产或者动产毁损的，权利人可以依法请求修理、重作、更换或者恢复原状。侵害物权，造成权利人损害的，权利人可以依法请求损害赔偿，也可以依法请求承担其他民事责任。因此，在交通事故损害赔偿案件中，如果受害人以被损车辆正用于货物运输或者旅客运输经营活动，要求赔偿被损车辆修复期间的停运损失的，交通事故责任者应当予以赔偿。

38. 单位的司机肇事致人死亡后逃逸，司机所在单位能否以"先刑后民"作为不同意赔偿的抗辩理由？

司机与其所在单位形成雇佣关系，司机是在执行其所在单位的职务过程中肇事的，其单位作为雇主应对司机肇事造成的损害承担赔偿责任。根据《民法典》第1192条的规定，个人之间形成劳务关系，提供劳务一方因劳务造成他人损害的，由接受劳务一方承担侵权责任。接受劳务一方承担侵权责任后，可以向有故意或者重大过失的提供劳务一方追偿。提供劳务一方因劳务受到损害的，根据双方各自的过错承担相应的责任。提供劳务期间，因第三人的行为造成提供劳务一方损害的，提供劳务一方有权请求第三人承担侵权责任，也有权请求接受劳务一方给予补偿。接受劳务一方补偿后，可以向第三人追偿。该条专门规定了雇员侵权的雇主责任，该责任适用无过错责任的归责原则，属于特殊侵权行为的民事赔偿责任，雇员因故意或者重大过失致人损害的，应当与雇主承担连带赔偿责任，雇主在先行承担赔偿责任后，对雇员享有追偿权。因此，受害人的近亲属有权请求肇事司机所在的单位先行承担赔偿责任，该责任的承担不以对肇事司机的刑事责任追究为前提。因此，司机所在单位以"先刑后民"作抗辩的理由不成立，人民法院不应予以支持。

13. 交通事故的受害人没有过错，其体质状况对损害后果的影响是否属于可以减轻侵权人责任的法定情形？①

荣宝英诉王阳、永诚财产保险股份有限公司
江阴支公司机动车交通事故责任纠纷案

（最高人民法院审判委员会讨论通过　2014年1月26日发布）

关键词　民事　交通事故　过错责任

裁判要点

交通事故的受害人没有过错，其体质状况对损害后果的影响不属于可以减轻侵权人责任的法定情形。

相关法条

《中华人民共和国侵权责任法》第二十六条②

《中华人民共和国道路交通安全法》第七十六条第一款第（二）项

基本案情

原告荣宝英诉称：被告王阳驾驶轿车与其发生刮擦，致其受伤。该事故经江苏省无锡市公安局交通巡逻警察支队滨湖大队（简称滨湖交警大队）认定：王阳负事故的全部责任，荣宝英无责。原告要求下述两被告赔偿医疗费用30006元、住院伙食补助费414元、营养费1620元、残疾赔偿金27658.05元、护理费5000元、交通费800元、精神损害抚慰金10500元，并承担本案诉讼费用及鉴定费用。

被告永诚财产保险股份有限公司江阴支公司（简称永诚保险公司）辩称：对于事故经过及责任认定没有异议，其愿意在交强险限额范围内予以赔偿；对于医疗费用30006元、住院伙食补助费414元没有异议；因鉴定意见结论中载明"损伤参与度评定为75%，其个人体质的因素占

---

① 最高人民法院指导案例24号。

② 现为《民法典》第1173条，下同。

25%"，故确定残疾赔偿金应当乘以损伤参与度系数 0.75，认可 20743.54 元；对于营养费认可 1350 元，护理费认可 3300 元，交通费认可 400 元，鉴定费用不予承担。

被告王阳辩称：对于事故经过及责任认定没有异议，原告的损失应当由永诚保险公司在交强险限额范围内优先予以赔偿；鉴定费用请求法院依法判决，其余各项费用同意保险公司意见；其已向原告赔偿 20000 元。

法院经审理查明：2012 年 2 月 10 日 14 时 45 分许，王阳驾驶号牌为苏 MT1888 的轿车，沿江苏省无锡市滨湖区蠡湖大道由北往南行驶至蠡湖大道大通路口人行横道线时，碰擦行人荣宝英致其受伤。2 月 11 日，滨湖交警大队作出《道路交通事故认定书》，认定王阳负事故的全部责任，荣宝英无责。事故发生当天，荣宝英即被送往医院治疗，发生医疗费用 30006 元，王阳垫付 20000 元。荣宝英治疗恢复期间，以每月 2200 元聘请一名家政服务人员。号牌苏 MT1888 轿车在永诚保险公司投保了机动车交通事故责任强制保险，保险期间为 2011 年 8 月 17 日 0 时起至 2012 年 8 月 16 日 24 时止。原、被告一致确认荣宝英的医疗费用为 30006 元、住院伙食补助费为 414 元、精神损害抚慰金为 10500 元。

荣宝英申请并经无锡市中西医结合医院司法鉴定所鉴定，结论为：1. 荣宝英左桡骨远端骨折的伤残等级评定为十级；左下肢损伤的伤残等级评定为九级。损伤参与度评定为 75%，其个人体质的因素占 25%。2. 荣宝英的误工期评定为 150 日，护理期评定为 60 日，营养期评定为 90 日。一审法院据此确认残疾赔偿金 27658.05 元扣减 25% 为 20743.54 元。

裁判结果

江苏省无锡市滨湖区人民法院于 2013 年 2 月 8 日作出（2012）锡滨民初字第 1138 号判决：一、被告永诚保险公司于本判决生效后十日内赔偿荣宝英医疗费用、住院伙食补助费、营养费、残疾赔偿金、护理费、交通费、精神损害抚慰金共计 45343.54 元。二、被告王阳于本判决生效后十日内赔偿荣宝英医疗费用、住院伙食补助费、营养费、鉴定费共计 4040 元。三、驳回原告荣宝英的其他诉讼请求。宣判后，荣宝英向江苏省无锡市中级人民法院提出上诉。无锡市中级人民法院经审理于 2013 年 6 月 21 日以原审适用法律错误为由作出（2013）锡民终字第 497 号民事判决：一、撤销无锡市滨湖区人民法院（2012）锡滨民初字第 1138 号民事判决。二、被告永成保险公司于本判决生效后十日内赔偿荣宝英 52258.05 元。三、被告王阳于本判决生效后十日内赔偿荣宝英 4040 元。四、驳回原告荣宝英的其他诉讼请求。

裁判理由

法院生效裁判认为：《中华人民共和国侵权责任法》第二十六条规定："被侵权人对损害的发生也有过错的，可以减轻侵权人的责任。"《中华人民共和国道路交通安全法》第七十六条第一款第（二）项规定，机动车与非机动车驾驶人、行人之间发生交通事故，非机动车驾驶人、行人没有过错的，由机动车一方承担赔偿责任；有证据证明非机动车驾驶人、行人有过错的，根据过错程度适当减轻机动车一方的赔偿责任。因此，交通事故中在计算残疾赔偿金是否应当扣减时应当根据受害人对损失的发生或扩大是否存在过错进行分析。本案中，虽然原告荣宝英的个人体质状况对损害后果的发生具有一定的影响，但这不是侵权责任法等法律规定的过错，荣宝英不应因个人体质状况对交通事故导致的伤残存在一定影响而自负相应责任，原审判决以伤残等级鉴定结论中将荣宝英个人体质状况"损伤参与度评定为 75%"为由，在计算残疾赔偿金时作相应扣减属适用法律错误，应予纠正。

从交通事故受害人发生损伤及造成损害后果的因果关系看，本起交通事故的引发系肇事者王阳驾驶机动车穿越人行横道线时，未尽到安全注意义务碰擦行人荣宝英所致；本起交通事故造成的损害后果系受害人荣宝英被机动车碰撞、跌倒发生骨折所致，事故责任认定荣宝英对本起事故不负责任，其对事故的发生及损害后果的造成均无过错。虽然荣宝英年事已高，但其年老骨质疏松仅是事故造成后果的客观因素，并无法律上的因果关系。因此，受害人荣宝英对于损害的发生或者扩大没有过错，不存在减轻或者免除加害人赔偿责任的法定情形。同时，机动车应当遵守文明行车、礼让行人的一般交通规则和社会公德。本案所涉事故发生在人行横道线上，正常行走的荣宝英对将被机动车碰撞这一事件无法预见，而王阳驾驶机动车在路经人行横道线时未依法减速慢行、避让行人，导致事故发生。因此，依法应当由机动车一方承担事故引发的全部赔偿责任。

根据我国道路交通安全法的相关规定，机动车发生交通事故造成人身伤亡、财产损失的，由保险公司在机动车第三者责任强制保险责任限额范围内予以赔偿。而我国交强险立法并未规定在确定交强险责任时应依据受害人体质状况对损害后果的影响作相应扣减，保险公司的免责事由也仅限于受害人故意造成交通事故的情形，即便是投保机动车无责，保险公司也应在交强险无责限额内予以赔偿。因此，对于受害人符合法律规定的赔偿项目和标准的损失，均属交强险的赔偿范围，参照"损伤参与度"确定损害赔偿责任和交强险责任均没有法律依据。

14. 家庭成员是否能够成为机动车第三者责任险的受偿主体？①

2016 年 8 月，袁某春驾驶轿车在其住所附近的路口处与王某芬（系袁某春的母亲）驾驶的自行车发生碰撞，致王某芬受伤。经公安机关鉴定，袁某春负事故主要责任，王某芬负事故次要责任。太平洋财险承保了事故车辆的交强险和 50 万元不计免赔商业第三者责任险。后王某芬诉至法院起诉袁某春及太平洋财险。要求被告在交强险和商业第三者责任保险范围内赔偿原告各项损失。太平洋财险同意在交强险范围内赔偿，但不愿承担王某芬的第三者责任保险赔偿责任。保险公司认为原告王某芬与事故车辆的驾驶员袁某春系母子关系，王某芬系袁某春的家庭成员，袁某春在投保时与保险公司签订了《机动车第三者责任保险条

---

① 参见《王某芬诉袁某春、太平洋财险某中心支公司机动车交通事故责任案》，载国家法官学院、最高人民法院司法案例研究院编：《中国法院 2021 年度案例·道路交通纠纷》，中国法制出版社 2021 年版，第 1—4 页。

款》，在"责任免除"条款中规定了保险公司对被保险人、被保机动车本车驾驶人及其家庭成员的人身伤亡、所有或代管的财产的损失均不负责赔偿。

受害人王某芬系肇事者袁某春的母亲，太平财险某中心支公司是否应在第三者责任保险限额内承担对受害人王某芬的赔偿责任。

法院经审理认为：公民的人身权利受法律保护。被告太平洋财险某中心支公司承保事故车辆交强险和商业险，根据事故责任的认定，对应被保险人的责任，应当按交强险和商业险的合同定，先在交强险责任限额内承担赔偿责任，再在交强险责任限额外，商业险责任限额内承担70%的赔偿责任。故原告主张赔偿交通事故损失，应予支持。

对于被告太平洋财险某中心支公司的定损数额辩解，法院进行了调查，结合事故现场照片和证人证言，对该辩称不予采信。根据原、被告主张和辩解，审理查明认定的事实，结合本地区城镇居民的平均生活和平均收入标准，并参照司法鉴定意见对原告主张的各项事故损失具体认定判决如下：医疗费41097.83元、误工费12个月×1500元/月＝18000元、营养费180天×15元/天＝2700元、住院伙食补助费20天×30元/天＝600元、护理费200天×80元/天＝16000元、残疾赔偿金43622元/年×20×0.21＝183212.4元、精神抚慰金8000元、交通费1800元、财损费1300元，计272710.23元；由太平洋财险某中心支公司在交强险内赔偿原告121300元，在商业险内赔偿105987.16元，计227287.16元，并从中返还袁某春垫付款33397.83元。

太平洋财险某中心支公司不服一审判决，提起上诉。本案在二审审理过程中，经二审法院主持调解，当事人自愿达成如下调解协议：（1）太平洋财保某支公司自愿于2019年3月29日之前赔偿王某芬因案涉交通事故造成的各项损失合计210000元，其中王某芬一方赔偿176603元，代王某芬向袁某春返还33397元。（2）一审案件受理费4763元，鉴定费2350元，合计7113元，由王某芬负担1113元，太平洋财保某支公司负担6000元（该6000元款项亦应按照上述第一项约定的期限向王某芬一方支付）；二审案件审理费 4763 元，依法减半收取 2381.5 元，由太平洋财保某支公司负担；（3）上述款项履行完毕后，各方当事人均无纠葛，任何一方不得因案涉交通事故向对方再行主张权利，该交通事故所引发纠纷全部解决，本案案结事了。

15. 骑电动车发生车祸死亡，意外险到底该不该赔？[①]

2021 年 12 月 1 日，山西某地男子庚某骑着电动车在当地某交叉路口左转弯时，与由东向西直行的小轿车发生碰撞，两车发生不同程度的损害，庚某倒地，受伤严重。经当地交管部门认定，庚某承担事故主要责任。当地交管部门对庚某驾驶的二轮电动车进行了司法鉴定，认定现场勘验受检二轮电动车装备有两个车轮，电力驱动，无人力脚踏骑行装置，不具有脚踏骑行能力，该二轮电动车为电动两轮轻便摩托车，属于机动车范畴。

当日，庚某被送往医院进行救治，庚某先后进行了开颅血肿清除、硬膜外血肿清除、颅骨缺损修补、腰椎穿刺等手术。2022 年 2 月 17 日，庚某出院，出院后，庚某一直在家按照医嘱休养。2022 年 6 月 14 日，庚某因多器官衰竭在家中去世。

此前，庚某曾于 2021 年 10 月 21 日为自己投保了某保险公司的个人人身意外伤害保险，保险期间为 365 天，身故保险金受益人为法定。其中主险为个人人身意外伤害保险，保险金额为 200000 元，附加险为个人人身意外伤害保险附加意外伤害生活津贴保险，保险金额为 10800 元。

庚某去世后，庚某的妻子及儿子作为庚某的法定继承人向某保险公司提出理赔申请。保险公司出具《拒赔告知书》，认为被保险人庚某自事故发生之日起至其身故已超出保险合同中约定的 180 日，且根据交警

---

① 参见刘静：《骑电动车发生车祸死亡，意外险到底该不该赔？》，载北京法院网 ht-tps：//bjgy. bjcourt. gov. cn/article/detail/2023/02/id/7142555. shtml，最后访问日期：2023 年 8 月 3 日。

事故责任认定书记载，事故发生时庚某未取得机动车驾驶证，属于保险合同责任免除条款"被保险人酒后驾车、无有效驾驶证驾驶或驾驶无有效行驶证的机动车期间"约定的情形。本次索赔不属于保单保险责任，无法赔付。

庚某的妻子、儿子认为拒绝理赔的理由并无任何事实和法律依据，起诉至保险公司所在地法院要求保险公司赔付。庭审中，庚某的妻子、儿子提交了庚某购买电动车的凭证，凭证上载明为某品牌电动自行车。

东城法院经审理认为，本案的争议焦点是庚某的死亡是否属于保险责任的范围。

关于庚某发生交通事故是否属于保险责任免除范围，法院认为，保险条款中关于被保险人酒后驾车、无有效驾驶证驾驶或驾驶无有效行驶证的机动车期间属于责任免除范围的设定，系基于《道路交通安全法》关于驾驶机动车的禁止性规定。虽然庚某发生交通事故后，交管部门对庚某驾驶的车辆进行了鉴定，通过鉴定认为其驾驶的电动车属于机动车的范畴，但庚某购买的凭证写明系电动自行车，其作为自然人，不具备区别电动车是否属于机动车的知识储备与专业鉴别能力。根据鉴定意见，庚某驾驶的电动车应属于超标车辆，但在相关法律、法规未明确规定超标车辆属于机动车、有关部门也未将超标车辆作为机动车进行管理的情形下，普通自然人将其认定为自行车具备认知的现实基础。交管部门采信鉴定意见为了对交通事故的责任进行划分，而本案中，庚某并无明知自身无驾驶资格仍驾驶机动车上路的故意。

关于180日的时间约定，庚某死亡的直接原因虽为多器官衰竭，但导致多器官衰竭的原因是因交通事故所引发的身体多项并发症，多器官衰竭是交通事故发生后身体损伤的自然延长及合理延续的结果，故可确定为死亡的近因。现保险人无证据证明有介入影响庚某死亡的发生、造成因果关系中断的其他因素。因此，尽管其发生交通事故受伤到死亡超过180日，但其发生交通事故与死亡结果有直接的因果关系，系其死亡结果的近因，将其死亡纳入保险责任范围与上述条款的设立目的并未相抵触，现保险公司忽视近因原则，以被保险人发生意外事故至其死亡日期超过 180 日为由拒赔，类似情形下，极易导致被保险人在遭受意外伤害后无法获得救治甚至被二次伤害等道德风险，亦有违《保险法》的立法目的。

东城法院一审判决保险公司进行赔付，向庾某的妻子及儿子支付意外身故保险金 200000 元，支付意外伤害住院津贴 4680 元。保险公司不服判决，已提起上诉。

关联参见

《民法典》第 176—182 条、第 1208—1216 条；《机动车交通事故责任强制保险条例》第 21 条、第 22 条、第 42 条；《道路交通安全法实施条例》第 90 条；《道路交通事故处理程序规定》第 60 条；《最高人民法院关于审理道路交通事故损害赔偿案件适用法律若干问题的解释》第 1—21 条；《最高人民法院关于人身损害赔偿案件适用法律若干问题的解释》第 1—24 条；《最高人民法院关于确定民事侵权精神损害赔偿责任若干问题的解释》第 1—6 条

第七十七条　【道路外交通事故处理】 车辆在道路以外通行时发生的事故，公安机关交通管理部门接到报案的，参照本法有关规定办理。

条文解读

道路外交通事故处理 ⊙ 车辆在道路以外通行时发生的事故是指在公路、城市道路、单位管辖范围允许社会机动车通行的道路，包括广场、公共停车场等用于公众通行的场所之外的地方，机动车、非机动车因通行发生的人身伤亡或者财产损失，如在农田作业、居民小区、工厂等地发生的事件。值得注意的是，这里的"事故"，仅限于车辆在道路以外通行时发生的交通事故，如果发生机动车被人为损坏或被盗、被抢等治安案件或刑事案件，则不属于本法调整的范围。

关联参见

本法第 119 条第 1 款；《道路交通安全法实施条例》第 97 条；《道路交通事故处理程序规定》第 110 条

第六章　执法监督

第七十八条　【交警管理及考核上岗】 公安机关交通管理部门应当加强对交通警察的管理，提高交通警察的素质和管理道路交通的水平。

公安机关交通管理部门应当对交通警察进行法制和交通安全管理业务培训、考核。交通警察经考核不合格的，不得上岗执行职务。

条文解读

公安机关交通管理部门对交通警察培训的内容包括两大部分：一是法制培训。包括道路交通安全法律和其他相关法律、法规和规章的培训。二是交通安全管理业务培训。能够做到对车辆、驾驶员、行人和道路实施统一管理，协调好人、车、路在交通过程中的相互关系，组织、引导车辆、行人各行其道，有秩序地行进，最终目的是获得最少的停车次数、最短的运行时间、最大的交通量、最低的事故率。对这种培训还有一个要求，即要进行培训后的考核，检查培训的效果。对于交通警察经考核不合格的，本条第 2 款明确规定其不得上岗执行职务，以保证交通警察的执法素质。

关联参见

《道路交通安全法实施条例》第 101 条；《道路交通事故处理程序规定》第 5 条、第 108 条

第七十九条 【依法履行法定职责】公安机关交通管理部门及其交通警察实施道路交通安全管理，应当依据法定的职权和程序，简化办事手续，做到公正、严格、文明、高效。

条文解读

公正原则 ➡ 公正原则是指排除可能造成行政主体偏见的因素，使之公平地对待行政相对人或者相对人各方的原则。行政法制的发展，已经不再把对行政行为的公正要求停留在对执法者的希望和期待上，而是深化为行政执法主体的具体义务和行政相对人的具体权利，具体做法是排除行政执法主体可能造成偏见的各种因素，如行政主体对有关情况了解不充分，行政人员与行政相对人有利害关系，行政人员与行政行为的结果有直接的利益关系，行政人员有先入为主的倾向，行政行为的方式不统一，等等。

严格原则 ➡ 严格原则要求公安机关交通管理部门及其交通警察实行道路交通安全管理要严格按照法律规定的标准和尺度进行。

文明原则 ➡ 文明原则指执法者的行为举止要符合规范，体现其精神风貌和执法素质。

高效原则 ➡ 高效原则指行政行为应当尽量用最短的时间、最少的人力、财力和物力取得最理想的结果。

第八十条 【执行职务要求】交通警察执行职务时，应当按照规定着装，佩带人民警察标志，持有人民警察证件，保持警容严整，举止端庄，指挥规范。

条文解读

表明身份制度 ➡ 表明身份制度是交通警察执行职务具体程序中的组成部分。这是行政主体及其工作人员在进行行为之始，向相对人表示履行职权证明的制度。这一制度既是为了防止假冒、诈骗，也是为了防止行政机关超越职权、滥用职权，在法律上具有非常重要的意义。表明执法人员的身份和资格，以证明其行为属于公务行为而不是个人行为，具有合法性和正当性，当事人有义务主动积极地接受检查、监督。同时，执法身份证件也用以确定行政执法的范围和职权。如果执法人员虽然持有执法身份证件，但在进行执法活动时没有出示，当事人即可视为是个人行为而拒绝接受。交通警察担负着重要职责，其必须按照规定着装，佩带人民警察标志，持有人民警察证件，表明其执法身份，并保持警容严整，举止端庄，指挥规范，反映人民警察的精神风貌和履行职责的能力及执法水平。

第八十一条　【收费标准】 依照本法发放牌证等收取工本费，应当严格执行国务院价格主管部门核定的收费标准，并全部上缴国库。

条文解读

证照收费属于一种行政收费。行政收费应当遵循一定的原则，这些原则主要包括：一是特别支出由特别收入满足的原则。不是特别支出的事项，就不能设定收费。二是取之有度、用之得当的原则。创设行政收费时要统筹考虑，既要考虑特别支出，又要考虑当事人的负担，并要避免重叠或者对同一事项多头收费。三是公开原则。收费标准是公开的，对这些标准必须遵守。按照本条规定，公安机关交通管理部门、农业（农业机械）主管部门等必须按照物价部门核定的收费标准收取费用。四是收支分离原则。收费与支出为两个过程。收费机关不能直接支出所收费用。这是遏制乱收费，促进廉政建设的有效措施。因此，公安机关交通管理部门、农业（农业机械）主管部门等颁发证照所收取的费用必须全部上缴国库。

第八十二条　【处罚和收缴分离原则】 公安机关交通管理部

门依法实施罚款的行政处罚，应当依照有关法律、行政法规的规定，实施罚款决定与罚款收缴分离；收缴的罚款以及依法没收的违法所得，应当全部上缴国库。

条文解读

本条规定的罚款属于行政处罚中的罚款，行政处罚中的罚款主要有两点：一是行政处罚的决定机关和收缴罚没款的单位分离。当然也有例外情况，即对于 20 元以下的罚款，不当场收缴以后将难以执行，以及在边远、水上、交通不便地区，当事人去指定缴款处交纳罚款确有困难，要求当场收缴的，行政机关可以当场收缴。行政机关工作人员当场收缴的罚款，必须在 2 日内交付指定的银行。二是罚没收入必须全部上缴财政，财政部门不得以任何形式向原处罚单位返还罚款。本条同样规定，公安机关交通管理部门依法实施罚款的行政处罚应当依照有关法律、行政法规的规定，实施罚款决定与罚款收缴分离；收缴的罚款以及依法没收的违法所得，必须全部上缴国库。

关联参见

《行政处罚法》第 67 条；《道路交通事故处理程序规定》第 81—83 条

第八十三条　【回避制度】 交通警察调查处理道路交通安全违法行为和交通事故，有下列情形之一的，应当回避：

（一）是本案的当事人或者当事人的近亲属；

（二）本人或者其近亲属与本案有利害关系；

（三）与本案当事人有其他关系，可能影响案件的公正处理。

条文解读

回避 ➡ 回避是指与案件有关的交通警察不参加、不介入和不过问有关交通安全违法行为和交通事故的调查处理工作。为了保护行政管理相对人的合法权益，客观公正地处理交通安全违法行为和处理交通事故，在调查处理时真正做到不徇私、不护短，有必要规定回避制度。参与调查处理交通安全违法行为和处理交通事故的交通警察有本条规定情形之一的，应当回避。这是法律提出的要求。有关人员可以自行回避，也可以经本机关决定回避，还可以由当事人申请其回避。

关联参见

《道路交通事故处理程序规定》第 105 条；《公安机关办理行政案件程序规定》第 17—25 条

第八十四条 【执法监督】 公安机关交通管理部门及其交通警察的行政执法活动，应当接受行政监察机关依法实施的监督。

公安机关督察部门应当对公安机关交通管理部门及其交通警察执行法律、法规和遵守纪律的情况依法进行监督。

上级公安机关交通管理部门应当对下级公安机关交通管理部门的执法活动进行监督。

条文解读

本条规定的无论是行政监察机关对交通管理部门的监督，还是公安机关监督部门对交通管理部门的监督，或者是上级交通管理部门对下级交通管理部门的监督，都属于政府内部监督。政府内部监督是指行政系统内的各级政府及其所属的各个工作部门之间对行政行为的实施所进行的监察和督促。政府内部监督是行政法制监督的重要组成部分，有其特殊地位，无论在监督的适用范围上，还是在监督手段的灵活运用上，都有其他监督形式无法比拟的优起条件。政府内部监督包括层级监督和专门监督。

关联参见

《道路交通安全法实施条例》第 101 条

第八十五条 【举报、投诉制度】公安机关交通管理部门及其交通警察执行职务，应当自觉接受社会和公民的监督。

任何单位和个人都有权对公安机关交通管理部门及其交通警察不严格执法以及违法违纪行为进行检举、控告。收到检举、控告的机关，应当依据职责及时查处。

条文解读

监督主要包括权力机关的监督、司法机关的监督、行政监督和社会监督。本法第 84 条规定了行政监督，本条规定的则是社会监督。《道路交通安全法实施条例》第 98 条明确规定，公安机关交通管理部门应当公开办事制度、办事程序，建立警风警纪监督员制度，自觉接受社会和群众的监督。社会监督主体具有多样性的特点，控告人和检举人可以是任何单位和个人，采取的是最普遍最直接的社会监督形式，并将单位和个人的控告权、检举权在法律上直接明确地作出规定。此外，收到检举、控告的机关应当按照职责分工及时查处；对人民群众的控告、检举应当高度重视，形成一整套的工作程序和工作制度，不得推诿和拖延。只有如此，才能使单位、个人的控告、检举发挥应有的作用。各有关机关应设立受理控告、检举的机构，配备一定数量的工作人员，建立值班制度、登记制度、交接制度、立卷归档制度、反馈制度、保密制度和奖励制度等。控告、检举属实的，依法处理。

需要指出的是，收到控告或者检举的机关和负责查处的机关应当为控告人、检举人保密。对公安机关交通管理部门及其交通警察不严格执法以及违法违纪行为的检举、控告，体现了人民群众参与国家管理的积极性和主动性。不管是出于何种动机，为防止被检举人或者被控告人的打击报复，都应当对检举人、控告人进行保护，采取有力的保护措施。收到控告、检举的有关机关和负责查处的有关机关应当负责保密，严禁将控告人、检举人的姓名、工作单位、家庭住址等情况泄露给被检举、控告的单位或者个人。对控告、检举材料也应当严密保管，防止在传递过程中泄露有关情况。

关联参见

《道路交通安全法实施条例》第 98 条、第 100 条

第八十六条 **【交警执法保障】**任何单位不得给公安机关交通管理部门下达或者变相下达罚款指标；公安机关交通管理部门不得以罚款数额作为考核交通警察的标准。

公安机关交通管理部门及其交通警察对超越法律、法规规定的指令，有权拒绝执行，并同时向上级机关报告。

条文解读

根据本条规定，任何单位不得给公安机关交通管理部门下达或者变相下达罚款指标，公安机关交通管理部门也不得以罚款数额作为内部考核的标准。所谓"变相下达罚款指标"，是指有些单位虽然不明确规定公安机关交通管理部门必须达到的罚款数额，但是提倡多罚款或者是以罚款的多少作为考查公安机关交通管理部门及其领导人政绩的标准等。这些都是法律所禁止的行为。

本条还规定了交通警察应当如何正确处理超越法律、法规的指令。公安机关交通管理部门及其交通警察的职责和权限是由国家法律、法规明确规定的，必须在法律、法规规定的范围内履行职责和行使权力，不能超越法律、法规规定滥用职权。这里规定的"指令"，一般是指行政指令，是国家行政机关或者行政首长对所属下级机关及人员发布的命令和指示。在一些地方，有的领导机关或者领导人出于

个人私利或者是对法律的无知，向公安机关交通管理部门及其交通警察下达超越法律、法规规定的指令，要求其办理职责范围以外的事项，如设卡收费等，这种做法破坏了各部门分工负责的制度，不利于严格执法，有可能损害群众的利益。因此，公安机关交通管理部门及其交通警察对超越法律、法规的指令，不论其是哪个部门、哪个领导下达的，都有权拒绝执行，同时向其上级机关报告有关情况，以得到上级机关的支持。这里规定的"上级机关"，主要是指公安机关交通管理部门的上级机关。

关联参见

《行政处罚法》第 3 条、第 4 条

第七章　法　律　责　任

第八十七条　　**【交通管理部门的职权】**公安机关交通管理部门及其交通警察对道路交通安全违法行为，应当及时纠正。

公安机关交通管理部门及其交通警察应当依据事实和本法的有关规定对道路交通安全违法行为予以处罚。对于情节轻微，未影响道路通行的，指出违法行为，给予口头警告后放行。

条文解读

公安机关交通管理部门及其交通警察对于道路交通违法行为，应当及时纠正，不得拖延，并要求违法的行为人改正自己的违法行为，按照规定进行道路交通活动。值得注意的是，本条第 1 款强调的及时纠正，是教育与处罚原则的重要体现。

行政处罚法定原则 ➡ 行政处罚法定原则是依法行政在行政处罚方面的具体体现。这一原则有三方面内容：（1）行政处罚必须依据法律、法规或者规章的规定。法无明文规定不为过，法无明文规定不处罚。公安机关交通管理部门及其交通警察行政执法的依据是本法及相关法律。

（2）行政处罚必须由依法取得行政处罚权的行政机关、法定授权的组织以及行政机关依法委托的组织实施。公安机关交通管理部门就是本法规定的行政处罚机关。（3）行政处罚必须遵守法定程序。《行政处罚法》明确规定，没有法定依据或者不遵守法定程序的，行政处罚无效。此外，根据本条第2款的规定，对于情节轻微，未影响道路通行的，公安机关交通管理部门及其交通警察可以指出其违法行为，给予口头警告后放行。这样规定的主要目的是更好地保证道路的畅通，并使错罚相当。

关联参见

《行政处罚法》第4条；《道路交通安全违法行为处理程序规定》第3条、第7条、第42—52条

第八十八条　【处罚种类】对道路交通安全违法行为的处罚种类包括：警告、罚款、暂扣或者吊销机动车驾驶证、拘留。

条文解读

警告 ◐ 警告是指对违法者予以告诫和谴责，申明其行为已经构成违法，要求其以后不再重犯。这是针对违法者声誉的一种处罚。警告是以影响行为人的声誉为内容的处罚，它不涉及行为人的财产权利、行为能力和人身自由，因而与其他种类的行政处罚相区别。警告一般适用于情节比较轻微的违法行为，惩罚的程度比较轻。

罚款 ◐ 罚款是强制违法行为人在一定期限内向国家缴纳一定数量货币而使其遭受一定经济利益损失的处罚形式。罚款要求违法者缴纳的钱款应当是其合法收入，而对违法所得的收入则应适用没收这种处罚。罚款是制裁手段而不是执行措施，因而与执行罚相区别。罚款的目的是制裁违法行为人，告诫其以后不再重犯，而执行罚的目的在于迫使行为人履行义务，使不履行义务的人承担新的持续不断的给付义务，从而促使其履行义务。罚款是适用最广泛的处罚形式，主要适用于以牟取非法

经济利益为目的的行政违法行为，或者适用于通过剥夺违法者财产来补偿因违法行为造成的经济损失。

暂扣或者吊销机动车驾驶证 ➡ 暂扣或者吊销机动车驾驶证是公安机关交通管理部门限制或者剥夺违法者原有的资格的处罚。暂扣与吊销也有区别。暂扣是指中止违法的持证者从事某种活动的权利或者资格，待其改正违法行为或者经过一段期限后，再发还资格证，恢复其某种权利或者资格。吊销则是禁止违法者继续从事某种活动，剥夺其某种权利或者撤销对其某种资格的确认。暂扣或者吊销驾驶证是一种比较严厉的行政处罚，应当慎重对待。

行政拘留 ➡ 行政拘留，是指公安机关限制违反治安管理秩序的行为人短期人身自由的处罚。拘留在性质上属于人身罚。行政拘留与刑事拘留不同，前者是公安机关对行政违法行为人所作的行政制裁，后者是公安机关对该逮捕的现行犯或者重大犯罪嫌疑犯实施的临时剥夺其人身自由的刑事强制措施。行政拘留也不同于司法拘留。司法拘留是人民法院对妨害诉讼程序的行为人所实施的临时剥夺其人身自由的司法强制措施。行政拘留是行政处罚中最严厉的处罚方式，主要是对严重违反治安管理秩序的行为人适用，并且只适用于自然人而不能够适用于法人或者其他组织。

关联参见

《道路交通事故处理程序规定》第 81 条、第 82 条；《道路交通安全违法行为处理程序规定》第 6 条、第 31 条、第 32 条、第 50 条、第 51 条

第八十九条 【对违法行人、乘车人、非机动车驾驶人的处罚】行人、乘车人、非机动车驾驶人违反道路交通安全法律、法规关于道路通行规定的，处警告或者五元以上五十元以下罚款；非机动车驾驶人拒绝接受罚款处罚的，可以扣留其非机动车。

依照本条规定，行人、乘车人、非机动车驾驶人违反道路交通安全法律、法规关于道路通行的规定，首先由公安机关交通管理部门给予警告或者罚款，罚款的幅度是 5 元以上 50 元以下。具体给予警告或者罚款的处罚，以及给予罚款处罚的幅度，由公安机关交通管理部门根据违法的情节等情况决定。对拒绝接受罚款处罚的非机动车驾驶人，公安机关交通管理部门可以扣留其非机动车。

实务应用

39. 行人、乘车人以及非机动车驾驶人的哪些行为是违反通行规定的？

根据目前的法律、法规规定，行人违反道路通行的违法行为主要有：在机动车或者非机动车道内行走；不遵守交通信号的指挥；在没有交通信号控制的人行横道不顾车辆追逐、猛跑；穿越、倚坐道路护栏；不遵守铁路道口有关规定；在道路上扒车、追车，强行拦车或者抛物击车；等等。乘车人违反道路通行的违法行为主要有：携带禁止上车的危险物品乘坐公共汽车、电车、出租汽车和长途汽车；在货运机动车上站立或者坐在车厢栏板上；乘坐机动车违章跳车或者将身体伸出车外；在行车道上招呼出租车；等等。非机动车驾驶人的道路通行违法行为主要有：违反右侧通行的原则；驾驶需要登记而没有登记的非机动车上道路行驶；驾驶安全机件不全或者无效的非机动车上道路行驶；醉酒后驾驶非机动车在道路上通行；违反非机动车的装载规定上道路通行；违反会车规定；违反转弯和超车规定；驾驶三轮车并行，驾驶人力车并行、滑行或者曲线行进；使用未经驯服的牲畜驾车；等等。根据《道路交通安全法》对具有动力装置的两类非机动车实施 15 公里限速的规定，非机动车的超速行驶也将成为一种受处罚的行为。

关联参见

《道路交通安全违法行为处理程序规定》第 5 条、第 6 条

第九十条　【对违法机动车驾驶人的处罚】机动车驾驶人违反道路交通安全法律、法规关于道路通行规定的，处警告或者二十元以上二百元以下罚款。本法另有规定的，依照规定处罚。

条文解读

依照本条规定，机动车驾驶人违反道路交通安全法律、法规关于道路通行的规定，由公安机关交通管理部门根据违法的具体情况处警告或者罚款。罚款的幅度是 20 元以上 200 元以下，具体数额由公安机关交通管理部门确定。另外，本条的处罚规定属于概括性规定，对于机动车驾驶人违反道路交通安全法律、法规关于道路通行的规定，有的本法另有规定。如本法第 56 条规定，机动车应当在规定地点停放；在道路上临时停车的，不得妨碍其他车辆和行人通行。本法第 93 条第 1 款则规定："对违反道路交通安全法律、法规关于机动车停放、临时停车规定的，可以指出违法行为，并予以口头警告，令其立即驶离。机动车驾驶人不在现场或者虽在现场但拒绝立即驶离，妨碍其他车辆、行人通行的，处二十元以上二百元以下罚款，并可以将该机动车拖移至不妨碍交通的地点或者公安机关交通管理部门指定的地点停放。公安机关交通管理部门拖车不得向当事人收取费用，并应当及时告知当事人停放地点。"对本法另有规定的，依照规定处罚。

关联参见

本法第 46 条、第 47 条、第 56 条、第 93 条；《道路交通安全法实施条例》第 104 条

第九十一条 【饮酒、醉酒驾车处罚】饮酒后驾驶机动车的，处暂扣六个月机动车驾驶证，并处一千元以上二千元以下罚款。因饮酒后驾驶机动车被处罚，再次饮酒后驾驶机动车的，处十日以下拘留，并处一千元以上二千元以下罚款，吊销机动车驾驶证。

醉酒驾驶机动车的，由公安机关交通管理部门约束至酒醒，吊销机动车驾驶证，依法追究刑事责任；五年内不得重新取得机动车驾驶证。

饮酒后驾驶营运机动车的，处十五日拘留，并处五千元罚款，吊销机动车驾驶证，五年内不得重新取得机动车驾驶证。

醉酒驾驶营运机动车的，由公安机关交通管理部门约束至酒醒，吊销机动车驾驶证，依法追究刑事责任；十年内不得重新取得机动车驾驶证，重新取得机动车驾驶证后，不得驾驶营运机动车。

饮酒后或者醉酒驾驶机动车发生重大交通事故，构成犯罪的，依法追究刑事责任，并由公安机关交通管理部门吊销机动车驾驶证，终生不得重新取得机动车驾驶证。

条文解读

饮酒后驾驶 ➡ 饮酒后驾驶，是指机动车驾驶人饮用白酒、啤酒、果酒、汽酒等含有酒精的饮料后，在酒精作用期间驾驶机动车的。交通警察在执法过程中，凡是发现驾驶人有酒精反应的，均可以按照酒后驾驶机动车进行处罚。

醉酒后驾驶 ➡ 醉酒后驾驶，是指机动车驾驶人饮酒过量，已经处于酒精中毒的状态，神志和控制能力受到严重影响的条件下驾驶机动车。

根据《道路交通安全法实施条例》第 105 条的规定，机动车驾驶人有饮酒、醉酒、服用国家管制的精神药品或者麻醉药品嫌疑的，应当接受测试、检验。实践中，一般对存在以下四种情况进行体内酒精、国家管制的精神药品、麻醉药品含量检验：（1）对酒精呼吸测试的酒精含量有异议的；（2）经呼吸测试超过醉酒临界值的；（3）酒后驾驶车辆发生交通事故的；（4）涉嫌服用国家管制的精神药品、麻醉药品后驾驶机动车的。检验违法行为人体内酒精、国家管制的精神药品、麻醉药品含量的，应当按照下列程序实施：（1）由交通警察将违法行为人带到医疗机构进行抽血或者提取尿液；（2）对酒后行为失控的，可以使用约束带或者警绳等约束性警械；（3）公安机关交通管理部门应当将抽取的血液或者提取的尿液及时送交有检验资格的机构进行检测，并将检测结果书面告知违法行为人。检验违法行为人体内酒精、国家管制的精神药品、麻醉药品含量的，应当通知其家属。但无法通知的除外。

本条第3、4款中的营运机动车包括了营运客车和营运货车，其中营运客车包括公共汽车、电车、小公共汽车、长途客运汽车以及出租车等。需要特别说明的是，本法在本条的前两款中专门设定了对醉酒机动车驾驶人的行政强制措施，即可以对醉酒司机实施约束直至酒醒。需要说明的是，这里的"约束"虽然具有强制性，但应当属于《人民警察法》规定的"保护性约束"措施，不得对当事人造成任何伤害，而且这种约束只能实施到当事人酒醒。

根据本法的规定，对机动车驾驶员处以吊销机动车驾驶证的，应当书面告知机动车驾驶员有要求举行听证的权利；机动车驾驶员要求听证的，应当依照《行政处罚法》的有关规定，组织听证。

实务应用

40. 酒精含量的检测方法包括哪几种？

车辆驾驶人员饮酒后或者醉酒后驾车时的酒精含量检验应进行呼气酒精含量检验或者血液酒精含量检验。对不具备呼气或者血液酒精含量检验条件的，应进行唾液酒精定性检测或者人体平衡试验评价驾驶能力。

（1）呼气酒精含量检验。呼气酒精含量检验采用呼出气体酒精含量检测仪进行。检验结果应记录并签字。呼出气体酒精含量检测仪的技术指标和性能应符合 GB/T 21254 规定。呼气酒精含量检验的具体操作步骤，按照呼出气体酒精含量检测仪的操作要求进行。

（2）血液酒精含量检验。对需要检验血液中酒精含量的，应及时抽取血样。抽取血样应由专业人员按要求进行，不应采用醇类药品对皮肤进行消毒；抽出血样中应添加抗凝剂，防止血液凝固；装血样的容器应洁净、干燥，按检验规范封装，低温保存，及时送检。检验结果应当出具书面报告。血液酒精含量检验方法按照 GA/T 105 或者 GA/T 842 规定执行。

（3）唾液酒精检测。唾液酒精检测采用唾液酒精检测试纸条进行定性检测。检测结果应记录并签字。唾液酒精检测试纸条的技术指标、性能应符合 GA/T 843 的规定。唾液酒精检测的具体操作步骤按照唾液酒精检测试纸条的操作要求进行。

（4）人体平衡试验。人体平衡试验采用步行回转试验或者单腿直立试验，评价驾驶能力。

41. 饮酒驾车、醉酒驾车的衡量标准是什么？

根据《车辆驾驶人员血液、呼气酒精含量阈值与检验》（GB 19522—2010）的规定，车辆驾驶人员血液中的酒精含量大于或者等于 20 毫克/100 毫升，小于 80 毫克/100 毫升的驾驶行为属于饮酒后驾车；车辆驾驶人员血液中的酒精含量大于或者等于 80 毫克/100 毫升的驾驶行为属于醉酒后驾车。此处的酒精含量是指车辆驾驶人员血液中的酒精浓度。

案例指引

16. 危险驾驶罪中"追逐竞驶"和"情节恶劣"如何认定？[①]

张某某、金某危险驾驶案

（最高人民法院审判委员会讨论通过　2014 年 12 月 18 日发布）

关键词　刑事　危险驾驶罪　追逐竞驶　情节恶劣

----

① 最高人民法院指导案例 32 号。

裁判要点

1. 机动车驾驶人员出于竞技、追求刺激、斗气或者其他动机，在道路上曲折穿行、快速追赶行驶的，属于《中华人民共和国刑法》第一百三十三条之一规定的"追逐竞驶"。

2. 追逐竞驶虽未造成人员伤亡或财产损失，但综合考虑超过限速、闯红灯、强行超车、抗拒交通执法等严重违反道路交通安全法的行为，足以威胁他人生命、财产安全的，属于危险驾驶罪中"情节恶劣"的情形。

相关法条

《中华人民共和国刑法》第一百三十三条之一

基本案情

2012年2月3日20时20分许，被告人张某某、金某相约驾驶摩托车出去享受大功率摩托车的刺激感，约定"陆家浜路、河南南路路口是目的地，谁先到谁就等谁"。随后，由张某某驾驶无牌的本田大功率二轮摩托车（经过改装），金某驾驶套牌的雅马哈大功率二轮摩托车（经过改装），从上海市浦东新区乐园路99号车行出发，行至杨高路、巨峰路路口掉头沿杨高路由北向南行驶，经南浦大桥到陆家浜路下桥，后沿河南南路经复兴东路隧道、张杨路回到张某某住所。全程28.5公里，沿途经过多个公交站点、居民小区、学校和大型超市。在行驶途中，二被告人驾车在密集车流中反复并线、曲折穿插、多次闯红灯、大幅度超速行驶。当行驶至陆家浜路、河南南路路口时，张某某、金某遇执勤民警检查，遂驾车沿河南南路经复兴东路隧道、张杨路逃离。其中，在杨高南路浦建路立交（限速60km/h）张某某行驶速度115km/h、金某行驶速度98km/h；在南浦大桥桥面（限速60km/h）张某某行驶速度108km/h、金某行驶速度108km/h；在南浦大桥陆家浜路引桥下匝道（限速40km/h）张某某行驶速度大于59km/h、金某行驶速度大于68km/h；在复兴东路隧道（限速60km/h）张某某行驶速度102km/h、金某行驶速度99km/h。

2012年2月5日21时许，被告人张某某被抓获到案后，如实供述上述事实，并向公安机关提供被告人金某的手机号码。金某接公安机关电话通知后于2月6日21时许主动投案，并如实供述上述事实。

裁判结果

上海市浦东新区人民法院于2013年1月21日作出（2012）浦刑初字第4245号刑事判决：被告人张某某犯危险驾驶罪，判处拘役四个月，缓刑四个月，并处罚金人民币四千元；被告人金某犯危险驾驶罪，判处拘役三个月，缓刑三个月，并处罚金人民币三千元。宣判后，二被告人均未上诉，判决已发生法律效力。

裁判理由

法院生效裁判认为：根据《中华人民共和国刑法》第一百三十三条之一第一款规定，"在道路上驾驶机动车追逐竞驶，情节恶劣的"构成危险驾驶罪。刑法规定的"追逐竞驶"，一般指行为人出于竞技、追求刺激、斗气或者其他动机，二人或二人以上分别驾驶机动车，违反道路交通安全规定，在道路上快速追赶行驶的行为。本案中，从主观驾驶心态上看，二被告人张某某、金某到案后先后供述"心里面想找点享乐和刺激""在道路上穿插、超车、得到心理满足"；在面临红灯时，"刹车不舒服、逢车必超""前方有车就变道曲折行驶再超越"。二被告人上述供述与相关视听资料相互印证，可以反映出其追求刺激、炫耀驾驶技能的竞技心理。从客观行为上看，二被告人驾驶超标大功率的改装摩托车，为追求速度，多次随意变道、闯红灯、大幅超速等严重违章。从行驶路线看，二被告人共同自浦东新区乐园路99号出发，至陆家浜路、河南南路路口接人，约定了竞相行驶的起点和终点。综上，可以认定二被告人的行为属于危险驾驶罪中的"追逐竞驶"。

关于本案被告人的行为是否属于"情节恶劣"，应从其追逐竞驶行为的具体表现、危害程度、造成的危害后果等方面，综合分析其对道路交通秩序、不特定多人生命、财产安全威胁的程度是否"恶劣"。本案中，二被告人追逐竞驶行为，虽未造成人员伤亡和财产损失，但从以下情形分析，属于危险驾驶罪中的"情节恶劣"：第一，从驾驶的车辆看，二被告人驾驶的系无牌和套牌的大功率改装摩托车；第二，从行驶速度看，总体驾驶速度很快，多处路段超速达50%以上；第三，从驾驶方式看，反复并线、穿插前车、多次闯红灯行驶；第四，从对待执法的态度看，二被告人在民警盘查时驾车逃离；第五，从行驶路段看，途经的杨高路、张杨路、南浦大桥、复兴东路隧道等均系城市主干道，沿途还有多处学校、公交和地铁站点、居民小区、大型超市等路段，交通流量较大，行驶距离较长，在高速驾驶的刺激心态下和躲避民警盘查的紧张心态下，极易引发重大恶性交通事故。上述行为，给公共交通安全造成一定危险，足以威胁他人生命、财产安全，故可以认定二被告人追逐竞驶的行为属于危险驾驶罪中的"情节恶劣"。

被告人张某某到案后如实供述所犯罪行，依法可以从轻处罚。被告人金某投案自首，依法亦可以从轻处罚。鉴于二被告人在庭审中均已认识到行为的违法性及社会危害性，保证不再实施危险驾驶行为，并多次表示认罪悔罪，且其行为尚未造成他人人身、财产损害后果，故依法作出如上判决。

关联参见

《刑法》第133条之一；《道路交通安全法实施条例》第104条、第105条；《道路交通事故处理程序规定》第81条、第82条；《道路交通安全违法行为处理程序规定》第25条、第34—36条

第九十二条 【超载行为处罚】公路客运车辆载客超过额定乘员的，处二百元以上五百元以下罚款；超过额定乘员百分之二十或者违反规定载货的，处五百元以上二千元以下罚款。

货运机动车超过核定载质量的，处二百元以上五百元以下罚款；超过核定载质量百分之三十或者违反规定载客的，处五百元以上二千元以下罚款。

有前两款行为的，由公安机关交通管理部门扣留机动车至违法

状态消除。

　运输单位的车辆有本条第一款、第二款规定的情形，经处罚不改的，对直接负责的主管人员处二千元以上五千元以下罚款。

条文解读

　本条是对超载、严重超载或者违反规定载货、载客的公路客运车辆和货运机动车规定的有关处罚和强制措施。在这里，被处罚的对象分为两类：一是超载的公路客运车辆，这里的"车辆"应当专指机动车，因为只有专门的客运汽车才能从事公路客运业务。公路客运车辆不包括在城市内作为公共交通工具的公共汽车、电车等。这里的额定乘员，是指机动车行驶证上载明的乘员人数。对于公路客运车辆违反规定载货的，按照严重超载处罚。二是货运机动车超载或者违反规定载客。交通警察判断货运机动车是否超载，要看机动车的装载是否超过了机动车行驶证载明的载质量，如果超过的数量达到核定载质量的30%，即构成严重超载。对货运机动车违反规定载客的，按照严重超载处罚，这是因为货运机动车如果在载货的同时载客，则构成客货混装，客货混装会严重影响乘车人安全，是一种比较严重的交通安全违法行为。但是货运机动车并非一概不得载人，需要搭载作业、装运或者押运人员时，应当按照规定设置安全措施。

关联参见

　《道路交通安全法实施条例》第106条、第107条；《公路安全保护条例》第64—67条；《道路交通安全违法行为处理程序规定》第27—30条

　第九十三条　【对违法汽车的处理及拖车规则】对违反道路交通安全法律、法规关于机动车停放、临时停车规定的，可以指出违法行为，并予以口头警告，令其立即驶离。

机动车驾驶人不在现场或者虽在现场但拒绝立即驶离，妨碍其他车辆、行人通行的，处二十元以上二百元以下罚款，并可以将该机动车拖移至不妨碍交通的地点或者公安机关交通管理部门指定的地点停放。公安机关交通管理部门拖车不得向当事人收取费用，并应当及时告知当事人停放地点。

因采取不正确的方法拖车造成机动车损坏的，应当依法承担补偿责任。

条文解读

根据《道路交通安全违法行为处理程序规定》的规定，违反机动车停放、临时停车规定，驾驶人不在现场或者虽在现场但拒绝立即驶离，妨碍其他车辆、行人通行的，公安机关交通管理部门及其交通警察可以将机动车拖移至不妨碍交通的地点或者指定的地点。公安机关交通管理部门应当公开拖车查询电话，并通过标志牌或者其他方式告知当事人。当事人可以通过电话查询接受处理的地点、期限和被拖移机动车的停放地点。拖移机动车应当按照下列程序实施：（1）因违反机动车停放、临时停车规定，驾驶人不在现场，妨碍其他车辆、行人通行时拖移机动车的，公安机关交通管理部门应当通过拍照等方式记录违法事实；（2）将违反停车规定的机动车拖移至指定的地点；（3）违法行为人接受处理后，应当及时退还机动车。公安机关交通管理部门不得将车辆拖移至停车收费价格明显高于当地平均停车收费水平的停车场停放。

关联参见

《道路交通安全违法行为处理程序规定》第33条、第34条

第九十四条　【对机动车安检机构的管理】 机动车安全技术检验机构实施机动车安全技术检验超过国务院价格主管部门核定的

收费标准收取费用的，退还多收取的费用，并由价格主管部门依照《中华人民共和国价格法》的有关规定给予处罚。

机动车安全技术检验机构不按照机动车国家安全技术标准进行检验，出具虚假检验结果的，由公安机关交通管理部门处所收检验费用五倍以上十倍以下罚款，并依法撤销其检验资格；构成犯罪的，依法追究刑事责任。

条文解读

对登记后上道路行驶的机动车，应当依照法律、行政法规的规定，根据车辆用途、载客载货数量、使用年限等不同情况，定期进行安全技术检验；对符合机动车国家安全技术标准的，公安机关交通管理部门应当发给检验合格标志。对提供机动车行驶证和交强险保险单的，机动车安全技术检验机构应当予以检验，任何单位不得附加其他条件。对机动车的安全技术检验实行社会化。具体办法由国务院规定。机动车安全技术检验实行社会化的地方，任何单位不得要求机动车到指定的场所进行维修、保养。机动车安全技术检验机构对机动车检验收取费用，必须严格执行国务院价格主管部门核定的收费标准。

关联参见

本法第 13 条；《刑法》第 229 条

第九十五条 【未悬挂号牌、未放置标志、未携带证件、未合理安放号牌的处理】上道路行驶的机动车未悬挂机动车号牌，未放置检验合格标志、保险标志，或者未随车携带行驶证、驾驶证的，公安机关交通管理部门应当扣留机动车，通知当事人提供相应的牌证、标志或者补办相应手续，并可以依照本法第九十条的规定予以处罚。当事人提供相应的牌证、标志或者补办相应手续的，应当及时退还机动车。

故意遮挡、污损或者不按规定安装机动车号牌的，依照本法第九十条的规定予以处罚。

条文解读

依照《道路交通安全法实施条例》的规定，依法被扣留的机动车，驾驶人或者所有人、管理人 30 日内没有提供被扣留机动车的合法证明，没有补办相应手续，或者不前来接受处理，经公安机关交通管理部门通知并且经公告 3 个月仍不前来接受处理的，由公安机关交通管理部门将该机动车送交有资格的拍卖机构拍卖，所得价款上缴国库；非法拼装的机动车予以拆除；达到报废标准的机动车予以报废；机动车涉及其他违法犯罪行为的，移交有关部门处理。

关联参见

本法第 11 条；《道路交通安全法实施条例》第 107 条；《道路交通安全违法行为处理程序规定》第 27—30 条

第九十六条　【对伪造、变造行为的处罚】伪造、变造或者使用伪造、变造的机动车登记证书、号牌、行驶证、驾驶证的，由公安机关交通管理部门予以收缴，扣留该机动车，处十五日以下拘留，并处二千元以上五千元以下罚款；构成犯罪的，依法追究刑事责任。

伪造、变造或者使用伪造、变造的检验合格标志、保险标志的，由公安机关交通管理部门予以收缴，扣留该机动车，处十日以下拘留，并处一千元以上三千元以下罚款；构成犯罪的，依法追究刑事责任。

使用其他车辆的机动车登记证书、号牌、行驶证、检验合格标志、保险标志的，由公安机关交通管理部门予以收缴，扣留该机动车，处二千元以上五千元以下罚款。

当事人提供相应的合法证明或者补办相应手续的，应当及时退还机动车。

条文解读

根据本条规定，行为人的上述行为构成犯罪的，依法追究刑事责任。我国《刑法》没有对上述三种行为作出明确的规定，但基于机动车牌照是国家行政机关对机动车管理的重要组成部分，使用伪造车牌的行为实际上是侵犯国家权力的行为。因此在司法实践中，一般是按照《刑法》第280条第1款的规定，以伪造、变造、买卖国家机关公文、证件、印章罪定罪处罚。

关联参见

《刑法》第280条、第281条、第375条；本法第16条；《道路交通安全法实施条例》第107条；《机动车交通事故责任强制保险条例》第40条；《道路交通安全违法行为处理程序规定》第27—30条、第39条

第九十七条　【对非法安装警报器、标志灯具的处罚】 非法安装警报器、标志灯具的，由公安机关交通管理部门强制拆除，予以收缴，并处二百元以上二千元以下罚款。

条文解读

公安机关交通管理部门在对非法安装警报器、标志灯具的行为给予处罚时，应当注意两点：一是对非法安装的警报器、标志灯具强制拆除时，必须予以收缴，不能让其流散在社会上。二是对非法安装的警报器、标志灯具强制拆除、收缴后，还要同时予以罚款，因为本条规定的是并处罚款。

关联参见

本法第 15 条；《道路交通安全违法行为处理程序规定》第 24 条、第 37 条

第九十八条　【对未投保交强险的处罚】 机动车所有人、管理人未按照国家规定投保机动车第三者责任强制保险的，由公安机关交通管理部门扣留车辆至依照规定投保后，并处依照规定投保最低责任限额应缴纳的保险费的二倍罚款。

依照前款缴纳的罚款全部纳入道路交通事故社会救助基金。具体办法由国务院规定。

条文解读

根据《机动车交通事故责任强制保险条例》的规定，机动车所有人、管理人未按照规定投保交强险的，由公安机关交通管理部门扣留机动车，通知机动车所有人、管理人依照规定投保，处依照规定投保最低责任限额应缴纳的保险费的 2 倍罚款。机动车所有人、管理人依照规定补办交强险的，应当及时退还机动车。上道路行驶的机动车未放置保险标志的，公安机关交通管理部门应当扣留机动车，通知当事人提供保险标志或者补办相应手续，可以处警告或者 20 元以上 200 元以下罚款。当事人提供保险标志或者补办相应手续的，应当及时退还机动车。

关联参见

本法第 17 条；《道路交通安全法实施条例》第 107 条；《机动车交通事故责任强制保险条例》第 3 条、第 38 条；《道路交通安全违法行为处理程序规定》第 27—30 条

第九十九条 【其他违法行为的处罚】有下列行为之一的，由公安机关交通管理部门处二百元以上二千元以下罚款：

（一）未取得机动车驾驶证、机动车驾驶证被吊销或者机动车驾驶证被暂扣期间驾驶机动车的；

（二）将机动车交由未取得机动车驾驶证或者机动车驾驶证被吊销、暂扣的人驾驶的；

（三）造成交通事故后逃逸，尚不构成犯罪的；

（四）机动车行驶超过规定时速百分之五十的；

（五）强迫机动车驾驶人违反道路交通安全法律、法规和机动车安全驾驶要求驾驶机动车，造成交通事故，尚不构成犯罪的；

（六）违反交通管制的规定强行通行，不听劝阻的；

（七）故意损毁、移动、涂改交通设施，造成危害后果，尚不构成犯罪的；

（八）非法拦截、扣留机动车辆，不听劝阻，造成交通严重阻塞或者较大财产损失的。

行为人有前款第二项、第四项情形之一的，可以并处吊销机动车驾驶证；有第一项、第三项、第五项至第八项情形之一的，可以并处十五日以下拘留。

条文解读

1. "未取得机动车驾驶证"，是指无证驾驶的违法行为人由于本人没有申请、不符合驾驶许可条件、考试不合格等原因，没有取得公安机关交通管理部门发放的机动车驾驶证。实践中，以下两种情形也属于"未取得机动车驾驶证"：（1）违法行为人在驾驶机动车时持有的机动车驾驶证的准驾车型与实际驾驶的车型不符的。比如，持有小轿车驾驶证的人驾驶大型客车的，相对于大型客车而言，该驾驶人是未取得该种机动车驾驶证。（2）无证驾驶违法行为人持有的是境外机动车驾驶证的。因为根据本法第19条第3款的规定，境外的机动车驾驶证不能直接在我国使用，持有境外机动车驾驶证的人，要经公安机关交通管理部门考核合格并发给我国的机动车驾驶证后，才能在我国驾驶机动车。此外，应当注意以下两种情形不适用本条第1款第1项的规定：（1）使用伪造、变造的机动车驾驶证的。此种情形虽然实质上属于"未取得机动车驾驶证"，但由于本法第96条对该违法行为及其处罚另有专门规定，因此应当适用该条规定。（2）机动车驾驶人有机动车驾驶证而未随身携带的。该行为虽然也属于道路交通安全违法行为，但并不构成本项规定的无证驾驶违法行为，不适用本规定，而应当适用本法第95条的规定。这里规定的"驾驶机动车"，是指驾驶机动车上道路行驶。如果上述无机动车驾驶证的人不在本法第119条规定的"道路"上驾驶机动车，比如在驾驶学校练习驾驶技术，则不构成本项规定的无证驾驶违法行为。

2. "将机动车交由未取得机动车驾驶证或者机动车驾驶证被吊销、暂扣的人驾驶"。本条第1款第2项未明确规定违法行为的主体，从违法行为本身分析，应当主要是指机动车所有人或者管理人。这里规定的"交由"，即"交给"的意思，包括以出借、出租等多种方式将机动车交给未取得机动车驾驶证或者机动车驾驶证被吊销、暂扣的人驾驶的情形。该行为的主观状态可以是故意，也可以是过失，因为本项规定实际上要求行为人在将机动车交由他人驾驶时，应当查明其是否持有相应的机动车驾驶证，如果未经查明而将机动车交给未取得机动车驾驶证或者机动车驾驶证被吊销、暂扣的人驾驶，即可构成本项规定的违法行为。当然，无论是故意还是过失，行为人在主观上都是有过错的。

3. "造成交通事故后逃逸，尚不构成犯罪"中的"交通事故"，根据本法第119条第5项规定，是指车辆在道路上因过错或者意外造成的人身伤亡或者财产损失的事件。因为造成交通事故的车辆，包括机动车和非机动车，所以本项违法行为的主体应当是机动车或者非机动车驾驶人。所谓"逃逸"，是指行为人在造成交通事故后逃离事故现场、逃避法律追究的行为。行为人之所以逃逸，主要是行为人通常有主观过错，对造成的交通事故负有一定责任。所谓"尚不构成犯罪"，是指不构成我国《刑法》分则规定的犯罪，主要是指不构成交通肇事犯罪。根据《刑法》关于交通肇事罪的规定，不构成犯罪的情形主要是：（1）虽造成交通事故，但属于意外事件，行为人并没有违反交通运输管理法规或者没有主观过错的；（2）行为人虽违反交通运输管理法规或者有主观过错，但造成的交通事故不属于重大事故，未致人重伤、死亡或者公私财产没有遭受重大损失的。如果行为人构成犯罪，应当依法追究刑事责任，不适用本项规定。根据本项规定，无论行为人出于何种原因在交通事故后逃逸，只要有逃逸行为，即可构成本项规定的违法行为。

4. "机动车行驶超过规定时速百分之五十"中的"规定时速"，是指法律、法规、规章规定的或者道路限速标志标明的机动车行驶的最高时速。如本法第 67 条规定，高速公路限速标志标明的最高时速不得超过 120 公里。所谓超过规定时速 50%，即指机动车的行驶时速达到规定最高时速的一半以上。比如，假定某高速路段规定或标明的最高时速为 120 公里，那么超过规定时速 50% 即为时速超过 180 公里。

5. "强迫机动车驾驶人违反道路交通安全法律、法规和机动车安全驾驶要求驾驶机动车，造成交通事故，尚不构成犯罪"。本条第 1 款第 5 项对违法行为主体未作明确规定，可以理解为一般主体，包括机动车所有人、管理人、乘车人等。所谓"强迫"，是指行为人以暴力或者以暴力相威胁以及其他强迫手段，强制机动车驾驶人违反道路交通安全法律、法规和机动车安全驾驶要求驾驶机动车。根据本法第 22 条第 3 款的规定，任何人不得强迫、指使、纵容驾驶人违反道路交通安全法律、法规和机动车安全驾驶要求驾驶机动车。因此，"强迫""指使""纵容"他人违规驾驶机动车都是本法禁止的违法行为。本条在这里只对其中的"强迫"违法行为作处罚规定，主要是考虑"强迫"行为违背他人意志，性质较为严重，应当给予较重的处罚。如果行为人有"指使""纵容"行为，但没有实施"强迫"行为，即机动车驾驶人在自己意志并未受强迫的情况下违反道路交通安全法律、法规和机动车安全驾驶要求驾驶机动车的，不构成本项规定的违法行为。这里规定的"机动车驾驶人违反道路交通安全法律、法规和机动车安全驾驶要求驾驶机动车"，是指各种违反道路交通安全的违法行为，其行为的表现形式多种多样，如超载行驶、超限行驶、超速行驶、酒后开车、不按规则避让等。所谓"造成交通事故"，是指车辆造成人身伤亡或者财产损失的事件。根据本项规定，违法行为人的强迫行为、机动车驾驶人的违规驾驶行为、造成交通事故后果三者之间存在直接因果关系，即行为人的强迫行为是因，机动车驾驶人违规行驶是果；机动车驾驶人违规驾驶是因，造成交通事故是果。因此，如果行为人实施了"强迫"行为，但机动车驾驶人并没有服从，没有违反道路交通安全法律、法规和机动车安全驾驶要求驾驶机动车，在这种情况下，行为人的强迫行为并不构成本项规定的违法行为；或者尽管机动车驾驶人在行为人的强迫下违规驾驶机动车，但并未造成交通事故，也不构成本项规定的交通违法行为。本项规定的"尚不构成犯罪"，与本款第 3 项规定的"尚不构成犯罪"的含义基本相同，主要是指尚不构成交通肇事犯罪。此外，结合《最高人民法院关于审理交通肇事刑事案件具体应用法律若干问题的解释》的规定，单位主管人员、机动车所有人或者机动车承包人强令他人违章驾驶造成重大交通事故，构成犯罪的，以交通肇事罪定罪处罚。

6. "违反交通管制的规定强行通行，不听劝阻"中的"交通管制"，是有特定含义的交通管理措施，是指出于抢险救灾、维护社会秩序等紧急情况或者特殊情况的需要，依照法律、法规、规章的规定而对道路交通实行的一种强制性管理措施。"违反交通管制的规定"，是指违反法律、法规、规章等关于交通管制问题的规定，比如违反本法第 40 条的规定。如果行为人只是违反一般性的限制通行、禁行等限制性交通措施的规定，不属于本项违反交通管制的规定。这里的"强行通行"，是指明知实行了道路交通管制，不准车辆通行，而仍违反规定强行通行；"不听劝阻"是指不服从实行交通管制现场人员的劝告、阻拦，是该违法行为的构成要件，行为人虽然违反交通管制规定强行通行，但听从劝阻，服从管制现场通行指挥的，也不构成本项道路交通安全违法行为，不适用本条规定的处罚。

7. "故意损毁、移动、涂改交通设施，造成危害后果，尚不构成犯罪"中的"交通设施"，是指道路主管部门为了道路交通的安全、畅通等目的而设置的各种设施的总称，主要包括路灯、警示灯、警示标志、交通信号灯、交通标志、交通标线、道路中间的隔离设施、道路两侧的防护设施等。车辆等交通工具不属于本项规定的交通设施。"损毁"，是指行为人实施的行为使交通设施的物质形态受到损坏或者毁灭，如损坏交通信号灯等；"移动"是指行为人实施的行为使交通设施的物理位置发生变动，如挪动安全防护栏等；"涂改"主要是指对交通标志、交通标线等有文字、符号、图线方面内容的交通设施进行涂划、改动，使原有文字、符号、图线等内容、外形或者颜色、功能发生变化。损毁、移动、涂改交通设施是本项违法行为的三种行为表现，即这三种以外的其他行为，比如盗窃、哄抢交通设施行为，不属于本项规定的违法行为，不适用本条处罚。本项规定的"故意"，是指行为人在实施损毁、移动、涂改交通设施的违法行为时，其主观形态是故意的，即明知自己的行为会使交通设施受到损毁、移动、涂改，而希望或者放任这种结果发生。如果行为人因过失或紧急避险而造成交通设施受到损毁、移动、涂改的后果，不构成本项规定的道路交通违法行为。所谓"造成危害后果"，是指行为人损毁、移动、涂改交通设施的行为，造成道路交通事故、交通堵塞、误导机动车行错道路等实际危害后果。造成危害后果是构成本项违法行为的要件，没有造成危害后果的，不构成本项违法行为。所谓"尚不构成犯罪"，是指损毁、移动、涂改交通设施的行为虽然造成危害后果，但依照《刑法》分则的具体规定并未构成犯罪，或者《刑法》对该行为虽规定为犯罪，但属于情节显著轻微危害不大、不认为是犯罪的情形。从我国《刑法》的规定来看，对故意损毁、移动、涂改交通设施的行为，可能构成的犯罪主要是第117条规定的"破坏交通设施罪"

和第 275 条规定的"故意毁坏财物罪"。因此,"尚不构成犯罪"主要也是指尚不构成破坏交通设施罪和故意毁坏财物罪。对于构成犯罪的,应当依法追究刑事责任。

8. "非法拦截、扣留机动车辆,不听劝阻,造成交通严重阻塞或者较大财产损失"中的"非法拦截、扣留机动车辆",是指行为人无法定职权而擅自拦截、扣留机动车辆的行为。"不听劝阻",主要是指不听公安机关交通管理部门等有关执法人员的劝阻。对于行为人虽然实施了非法拦截、扣留机动车辆的行为,但能够听从交通管理等有关执法人员的劝阻,对自己的行为及时加以改正的,则不构成本项违法行为。这里规定的"交通严重阻塞",是指行为人在道路上非法拦截、扣留机动车辆,导致交通阻塞,使道路在较长时间内不能正常通行。"较大财产损失",主要是指行为人非法拦截、扣留机动车辆的行为使被非法拦截、扣留的车辆不能如期完成预定任务,产生货物腐烂、违约赔偿等较大财产损失后果。造成"交通严重阻塞"和"较大财产损失"的后果,是本项违法行为的构成条件,对于行为人虽然实施了非法拦截、扣留机动车的行为,但没有造成严重交通阻塞或者较大财产损失的后果的,不构成本项规定的违法行为。

关联参见

《道路交通安全法实施条例》第 104 条;《道路交通安全违法行为处理程序规定》第 31 条、第 32 条、第 39 条;《最高人民法院关于审理交通肇事刑事案件具体应用法律若干问题的解释》第 1—8 条

第一百条 【驾驶拼装及应报废机动车的处理】驾驶拼装的机动车或者已达到报废标准的机动车上道路行驶的,公安机关交通管理部门应当予以收缴,强制报废。

对驾驶前款所列机动车上道路行驶的驾驶人,处二百元以上二千元以下罚款,并吊销机动车驾驶证。

出售已达到报废标准的机动车的，没收违法所得，处销售金额等额的罚款，对该机动车依照本条第一款的规定处理。

条文解读

"拼装的机动车"，是指没有制造、组装机动车许可证的企业或个人，擅自非法拼凑、组装的机动车。拼装的机动车既没有整车出厂合格证明或进口机动车的进口凭证，通常也达不到机动车国家安全技术标准，公安机关交通管理部门对该机动车也不予审查登记。"已达报废标准的机动车"，是指按照国家强制报废标准应当报废的机动车。机动车在行驶过程中，安全技术状况会发生变化，达到一定年限或者行驶一定里程后，其安全技术系数会降低，不能保证正常安全行驶，这时就应当报废。因此，本法第 14 条规定，国家实行机动车强制报废制度，根据机动车安全技术状况和不同用途，规定不同的报废标准；应当报废的机动车必须及时办理注销登记；达到报废标准的机动车不得上道路行驶。这里规定的"上道路行驶"，是指在本法第 119 条第 1 项规定的"道路"上行驶。"上道路行驶"是构成本条所规制违法行为的要件，如果拼装的机动车或者已达到报废标准的机动车不上道路行驶，比如行为人只是爱好收集旧汽车等，不适用本规定。对于构成违法行为的，公安机关交通管理部门应当收缴拼装的机动车或者已达到报废标准的机动车，并且强制报废。这里规定的"应当予以收缴"，是指公安机关交通管理部门对上道路行驶的拼装的机动车或者已达到报废标准的机动车，一经发现，必须予以收缴。"强制报废"，是指对已达到报废标准的机动车或者拼装的机动车，注销机动车登记或者同时进行解体。

关联参见

本法第 14 条；《道路交通安全违法行为处理程序规定》第 25—32 条、第 38 条

第一百零一条 【交通事故刑事责任及终生禁驾规定】违反道路交通安全法律、法规的规定，发生重大交通事故，构成犯罪的，依法追究刑事责任，并由公安机关交通管理部门吊销机动车驾驶证。

造成交通事故后逃逸的，由公安机关交通管理部门吊销机动车驾驶证，且终生不得重新取得机动车驾驶证。

条文解读

交通肇事罪 ➡ 交通肇事罪，是指违反交通运输管理法规，因而发生重大交通事故，致人重伤、死亡或者使公私财产遭受重大损失的行为。本罪具有以下特征：（1）本罪在客观方面表现为违反交通运输法律、法规的规定，因而发生重大交通事故，致人重伤、死亡或者使公私财产遭受重大损失的行为。（2）本罪的主体是从事道路交通运输的人员及其他人员。（3）本罪在主观上是过失，即应当预见自己违反道路交通安全法律、法规的行为可能发生重大交通事故，因为疏忽大意而没有预见或者已经预见而轻信能够避免，以致发生这种结果。因逃逸致人死亡，是指行为人在交通肇事后为逃避法律追究而逃跑，致使被害人因得不到救助而死亡的情形。交通肇事后，单位主管人员、机动车所有人、承包人或者乘车人指使肇事人逃逸，致使被害人因得不到救助而死亡的，以交通肇事罪论处。但是，行为人在交通肇事后为逃避法律追究，将被害人带离事故现场后隐藏或者遗弃，致使被害人无法得到救助而死亡或者残废的，应当以故意杀人罪、故意伤害罪论处。

关联参见

《刑法》第133条；《道路交通事故处理程序规定》第82条；《道路交通安全违法行为处理程序规定》第6条、第13条、第51条；《最高人民法院关于审理交通肇事刑事案件具体应用法律若干问题的解释》第1—9条

第一百零二条 【对专业运输单位的管理】对六个月内发生二次以上特大交通事故负有主要责任或者全部责任的专业运输单位，由公安机关交通管理部门责令消除安全隐患，未消除安全隐患的机动车，禁止上道路行驶。

条文解读

"专业运输单位"，主要是指依照有关法律、法规、规章的规定，取得道路运输管理部门批准的专门从事道路客运、货运等运输业务的单位。本条中的"六个月"，是指2次以上特大交通事故发生的最长间隔时间，以日计算，少于或等于6个月的，属于6个月内。

关联参见

《道路交通事故处理程序规定》第83条

第一百零三条 【机动车的生产和销售管理】国家机动车产品主管部门未按照机动车国家安全技术标准严格审查，许可不合格机动车型投入生产的，对负有责任的主管人员和其他直接责任人员给予降级或者撤职的行政处分。

机动车生产企业经国家机动车产品主管部门许可生产的机动车型，不执行机动车国家安全技术标准或者不严格进行机动车成品质量检验，致使质量不合格的机动车出厂销售的，由质量技术监督部门依照《中华人民共和国产品质量法》的有关规定给予处罚。

擅自生产、销售未经国家机动车产品主管部门许可生产的机动车型的，没收非法生产、销售的机动车成品及配件，可以并处非法产品价值三倍以上五倍以下罚款；有营业执照的，由工商行政管理部门吊销营业执照，没有营业执照的，予以查封。

生产、销售拼装的机动车或者生产、销售擅自改装的机动车的，依照本条第三款的规定处罚。

有本条第二款、第三款、第四款所列违法行为，生产或者销售不符合机动车国家安全技术标准的机动车，构成犯罪的，依法追究刑事责任。

机动车属于特殊的产品。依照本条第 2 款的规定，机动车生产企业经国家机动车产品主管部门许可生产的机动车型，不执行机动车国家安全技术标准或者不严格进行机动车成品质量检验，致使质量不合格的机动车出厂销售的，由质量技术监督部门依照《产品质量法》的有关规定给予处罚。如根据《产品质量法》第 49 条的规定，生产、销售不符合保障人体健康和人身、财产安全的国家标准、行业标准的产品的，责令停止生产、销售，没收违法生产、销售的产品，并处违法生产、销售产品（包括已售出和未售出的产品）货值金额等值以上 3 倍以下的罚款；有违法所得的，并处没收违法所得；情节严重的，吊销营业执照；构成犯罪的，依法追究刑事责任。

本法第 10 条；《刑法》第 146 条

第一百零四条　【擅自挖掘、占用道路的处理】未经批准，擅自挖掘道路、占用道路施工或者从事其他影响道路交通安全活动的，由道路主管部门责令停止违法行为，并恢复原状，可以依法给予罚款；致使通行的人员、车辆及其他财产遭受损失的，依法承担赔偿责任。

有前款行为，影响道路交通安全活动的，公安机关交通管理部门可以责令停止违法行为，迅速恢复交通。

"从事其他影响道路交通安全活动"，是指从事挖掘道路、占用道路施工以外的其他影响道路交通安全的活动。这里规定的"道路主管部门"，是指根据法律、法规规定主管有关道路工作的部门，主要有主管公路的交通主管部门、主管城市道路的城市建设部门等，这些主管部门是本条违法行为的处罚机关。所谓的"责令停止违法行为"，是指道路主管部门责令违法行为人立即停止其影响道路交通安全的活动。"恢复原状"，是指道路主管部门责令违法行为人采取有效措施，排除对道路交通安全的影响，至少恢复到原来状态，如修复已经挖掘的道路、清除在道路上堆放的施工材料等。"可以依法给予罚款"包含三层意思：（1）处罚种类只有罚款，不能给予罚款以外的其他处罚；（2）罚款的数额应当依照有关法律、法规规定；（3）可以给予罚款处罚，也可以不处罚，是否处罚由处罚机关根据实际情况决定。所谓"致使通行的人员、车辆及其他财产遭受损失"，是指违法行为给通行的人员、车辆造成人身伤害或者财产损失，且要求违法行为与造成的损失之间存在直接的因果关系，如果两者之间没有直接因果关系，则不承担赔偿责任。

关联参见

本法第 32 条

第一百零五条 **【道路施工、管理单位未履行职责的责任】**
道路施工作业或者道路出现损毁，未及时设置警示标志、未采取防护措施，或者应当设置交通信号灯、交通标志、交通标线而没有设置或者应当及时变更交通信号灯、交通标志、交通标线而没有及时变更，致使通行的人员、车辆及其他财产遭受损失的，负有相关职责的单位应当依法承担赔偿责任。

条文解读

本条规定的"致使通行的人员、车辆及其他财产遭受损失"，是指因负有道路相关职责的单位有本条规定的四种职务不作为行为，致使通行人员和通行车辆遭受人身伤亡和财产损失，并且要求通行的人员和车辆遭受的损失与本条所规定的四种职务不作为行为之间存在因果关系，如果两者之间不存在因果关系，通行的人员、车辆及其他财产遭受损失完全是由于本人通行或者驾驶不慎引起，或者由于其他不可抗力因素引起，不属于本条规定的应当依法承担赔偿责任的范围。本条规定的"负有相关职责的单位"，是指依照法律、法规、规章规定以及各级政府确定的具体职能分工，对道路施工、养护、修复、设置交通信号等交通设施等工作负有其中一项或几项职责的单位。

关联参见

本法第 29—32 条

第一百零六条 【对妨碍交通标志行为的管理】在道路两侧及隔离带上种植树木、其他植物或者设置广告牌、管线等，遮挡路灯、交通信号灯、交通标志，妨碍安全视距的，由公安机关交通管理部门责令行为人排除妨碍；拒不执行的，处二百元以上二千元以下罚款，并强制排除妨碍，所需费用由行为人负担。

条文解读

"安全视距"，是指某一道路上各种通行主体不同安全视距中最长的安全视距，具体距离应当根据有关规定确定。根据本条规定，行为人有种植树木、设置广告牌等行为，不论是擅自进行还是经有关部门批准进行，只要造成"遮挡路灯、交通信号灯、交通标志"或者"妨碍安全视距"的不良影响状态之一的，即构成本条违法行为；否则不构成本条违法行为。此外还需注意，擅自在道路两侧及隔离带上种植树木、设置广告牌等行为，除可能构成本条违法行为外，还可能构成其他有关法律、法规规定的违法行为。

关联参见

本法第 28 条;《行政强制法》第 50—52 条;《道路交通安全违法行为处理程序规定》第 40 条、第 41 条

第一百零七条 【当场处罚】对道路交通违法行为人予以警告、二百元以下罚款,交通警察可以当场作出行政处罚决定,并出具行政处罚决定书。

行政处罚决定书应当载明当事人的违法事实、行政处罚的依据、处罚内容、时间、地点以及处罚机关名称,并由执法人员签名或者盖章。

条文解读

"道路交通违法行为人",是指违反道路交通安全法规,应当受到行政处罚的行为人。"出具行政处罚决定书",是指交通警察依法对道路交通安全违法行为人作出当场处罚决定的,应当填写有预定格式、编有号码的行政处罚决定书,并将该行政处罚决定书当场交付被处罚当事人。需要注意的是,本条对当场处罚的有关程序未作规定的事项,如违法事实应当确凿并有法定依据、执法人员应当向当事人出示执法身份证件等,应当依照《行政处罚法》的相关规定执行。

关联参见

《道路交通安全法实施条例》第 108—110 条;《道路交通安全违法行为处理程序规定》第 42—45 条、第 49 条、第 50 条、第 52 条、第 76 条

第一百零八条 【罚款的缴纳】当事人应当自收到罚款的行政处罚决定书之日起十五日内,到指定的银行缴纳罚款。

对行人、乘车人和非机动车驾驶人的罚款，当事人无异议的，可以当场予以收缴罚款。

罚款应当开具省、自治区、直辖市财政部门统一制发的罚款收据；不出具财政部门统一制发的罚款收据的，当事人有权拒绝缴纳罚款。

条文解读

实施罚款的执法机关及其工作人员有出具罚款收据的义务，这是防止乱罚款的有力措施，即罚款应当开具省、自治区、直辖市财政部门统一制发的罚款收据；不出具财政部门统一制发的罚款收据的，当事人有权拒绝缴纳罚款。这是从道路交通安全的角度专门作出的规定。《行政处罚法》也有这样的要求。该法第70条规定，行政机关及其执法人员当场收缴罚款的，必须向当事人出具国务院财政部门或者省、自治区、直辖市财政部门统一制发的专用票据；不出具财政部门统一制发的专用票据的，当事人有权拒绝缴纳罚款。

关联参见

《行政处罚法》第70条；《道路交通安全违法行为处理程序规定》第59条

第一百零九条　【逾期不缴纳罚款的处理】当事人逾期不履行行政处罚决定的，作出行政处罚决定的行政机关可以采取下列措施：

（一）到期不缴纳罚款的，每日按罚款数额的百分之三加处罚款；

（二）申请人民法院强制执行。

条文解读

行政强制执行 ▶ 行政强制执行，是指公民、法人或者其他组织不履行行政机关依法所作的行政处理决定中规定的义务，有关国家机关依法强制其履行义务或者达到与履行义务相同状态的行为。我国行政强制执行的基本制度是以申请人民法院强制执行为原则，以行政机关强制执行为例外。

实务应用

***42.* 当事人逾期没有缴纳罚款的，公安机关交通管理部门如何进行处理？**

对于道路交通安全违法行为作出的行政罚款，当事人逾期仍然没有向指定的银行缴纳罚款的，银行应当及时通知作出行政处罚的公安机关交通管理部门，由作出行政处罚决定的公安机关交通管理部门根据不同情况进行处理：（1）当事人已经申请行政复议或者提起行政诉讼的，通知银行收回行政处罚决定书副本，同时在收缴罚款的银行办理收缴通知注销事项；（2）当事人逾期缴纳罚款的，可以适用加处罚款；（3）当事人既未申请行政复议也没有提起行政诉讼，又不按行政处罚决定书缴纳罚款的，公安机关交通管理部门依法申请人民法院强制执行。

关联参见

《行政强制法》第53—60条；《道路交通安全违法行为处理程序规定》第60条

第一百一十条　【扣留机动车驾驶证的规则】 执行职务的交通警察认为应当对道路交通违法行为人给予暂扣或者吊销机动车驾驶证处罚的，可以先予扣留机动车驾驶证，并在二十四小时内将案件移交公安机关交通管理部门处理。

道路交通违法行为人应当在十五日内到公安机关交通管理部门接受处理。无正当理由逾期未接受处理的，吊销机动车驾驶证。

公安机关交通管理部门暂扣或者吊销机动车驾驶证的，应当出具行政处罚决定书。

执行职务，是指正在上岗执行维护道路交通秩序的职务，如果身为交通警察，但不是在执行职务，或者不在自己的职务管辖范围内，则不能实施暂扣或吊销违法行为人驾驶证的处罚。

《道路交通事故处理程序规定》第 82 条、第 83 条；《道路交通安全违法行为处理程序规定》第 61 条

第一百一十一条 【有权作出拘留裁决的机关】对违反本法规定予以拘留的行政处罚，由县、市公安局、公安分局或者相当于县一级的公安机关裁决。

根据本法规定，可以予以拘留处罚的主要有以下几种情形：（1）醉酒后驾驶机动车的；（2）未取得机动车驾驶证、机动车驾驶证被吊销或者机动车驾驶证被暂扣期间驾驶机动车的；（3）造成交通事故后逃逸，尚不构成犯罪的；（4）强迫机动车驾驶人违反道路交通安全法律法规和机动车安全驾驶要求驾驶机动车，造成交通事故，尚不构成犯罪的；（5）违反交通管制的规定强行通行，不听劝阻的；（6）故意损毁、移动、涂改交通设施，造成危害后果，尚不构成犯罪的；（7）非法拦截、扣留机动车辆，不听劝阻，造成交通严重阻塞或者较大财产损失的。关于拘留处罚的程序，应当依照《行政处罚法》《治安管理处罚法》等相关法律的规定执行。

第一百一十二条　【扣留车辆的规则】公安机关交通管理部门扣留机动车、非机动车，应当当场出具凭证，并告知当事人在规定期限内到公安机关交通管理部门接受处理。

公安机关交通管理部门对被扣留的车辆应当妥善保管，不得使用。

逾期不来接受处理，并且经公告三个月仍不来接受处理的，对扣留的车辆依法处理。

条文解读

行政强制措施 ➡ 公安机关交通管理部门扣留机动车、非机动车属于行政强制措施。行政强制措施是行政机关为了预防、制止或者控制危害社会行为的发生，依法采取的对有关对象的人身、财产和行为自由加以暂时性限制，使其保持一定状态的手段。行政机关实施行政强制措施也应当遵循一定的程序。本条第1款规定，公安机关交通管理部门扣留机动车、非机动车，应当遵守的程序是：（1）当场出具凭证。（2）告知当事人在规定期限内到公安机关交通管理部门接受处理。这是法定程序，公安机关交通管理部门必须遵守。

实务应用

43. 在何种情况下，公安机关交通管理部门可以扣留车辆？

扣留机动车、非机动车是公安机关交通管理部门依法拥有的职权。根据《道路交通安全法》的规定，在下列情况下，公安机关交通管理部门可以扣留车辆：（1）非机动车驾驶人违反道路交通安全法律、法规关于道路通行规定，处5元以上50元以下罚款，非机动车驾驶人拒绝接受罚款处罚的；（2）公路客运车辆载客超过额定乘员20%以上或者违反规定载货的；（3）货运机动车超过核定载质量30%以上或者违反规定载客的；（4）上道路行驶的机动车未悬挂机动车号牌，未放置检验合格标志、保险标志，或者未随车携带行驶证、驾驶证的；（5）伪造、变造或者使用伪造、变造的机动车登记证书、号牌、行驶证、检验合格标志、保险标志、驾驶证或者使用其他机动车号牌、行驶证、检验合格标志、保险标志、机动车登记证的；（6）机动车所有人、管理人未按照国家规定投保机动车第三者责任保险的。

关联参见

《道路交通事故处理程序规定》第58条、第82条

第一百一十三条　【暂扣、吊销的期限】暂扣机动车驾驶证的期限从处罚决定生效之日起计算；处罚决定生效前先予扣留机动车驾驶证的，扣留一日折抵暂扣期限一日。

吊销机动车驾驶证后重新申请领取机动车驾驶证的期限，按照机动车驾驶证管理规定办理。

条文解读

依照本条第2款的规定，吊销机动车驾驶证后重新申请领取机动车驾驶证的期限，按照机动车驾驶证管理规定办理，如根据《机动车驾驶证申领和使用规定》的有关规定，吊销机动车驾驶证未满2年的、造成交通事故后逃逸被吊销机动车驾驶证的均不得申请机动车驾驶证。

实务应用

44. **哪些情形下，交通警察可以依法扣留机动车驾驶证？**

有下列情形之一的，依法扣留机动车驾驶证：（1）饮酒后驾驶机动车的；（2）将机动车交由未取得机动车驾驶证或者机动车驾驶证被吊销、暂扣的人驾驶的；（3）机动车行驶超过规定时速50%的；（4）驾驶有拼装或者达到报废标准嫌疑的机动车上道路行驶的；（5）在一个记分周期内累积记分达到12分的。

45. 对非本辖区驾驶证进行暂扣或吊销的，应如何处罚？

公安机关交通管理部门对非本辖区机动车驾驶人给予暂扣、吊销机动车驾驶证处罚的，应当在作出处罚决定之日起 15 日内，将机动车驾驶证转至核发地公安机关交通管理部门。违法行为人申请不将暂扣的机动车驾驶证转至核发地公安机关交通管理部门的，应当准许，并在行政处罚决定书上注明。

关联参见

《机动车驾驶证申领和使用规定》第 15 条；《道路交通事故处理程序规定》第 82 条

第一百一十四条　【根据技术监控记录进行的处罚】 公安机关交通管理部门根据交通技术监控记录资料，可以对违法的机动车所有人或者管理人依法予以处罚。对能够确定驾驶人的，可以依照本法的规定依法予以处罚。

条文解读

为了加强交通管理，加大对行为人的监控力度，近些年公安机关交通管理部门依照规定设置了相应的交通监控装置。这些监控装置可以留下记录行为人违法行为的资料，这些记录资料准确记录了其违法状况。公安机关交通管理部门根据交通监控记录资料，可以对违法的机动车所有人或者管理人依法予以处罚。对能够确定驾驶人的，可以依照本法的规定依法予以处罚。如未悬挂机动车号牌，依照本法第 95 条的规定处罚。非法安装警报器、标志灯具的，依照本法第 97 条的规定，由公安机关交通管理部门强制拆除，予以收缴，并处 200 元以上 2000 元以下罚款。

46. **对于监控设施拍摄的违法行为，应由何地的公安交通管理机关管辖？**

交通技术监控资料记录的违法行为可以由违法行为发生地、发现地或者机动车登记地的公安机关交通管理部门管辖。违法行为人或者机动车所有人、管理人对交通技术监控资料记录的违法行为事实有异议的，应当向违法行为发生地公安机关交通管理部门提出，由违法行为发生地公安机关交通管理部门依法处理。

47. **哪些情形下，被拍照的违法行为可以被撤销？**

交通技术监控设备记录或者录入道路交通违法信息管理系统的违法行为信息，有下列情形之一并经核实的，应当予以消除：（1）警车、消防车、救护车、工程救险车执行紧急任务的；（2）机动车被盗抢期间发生的；（3）有证据证明救助危难或者紧急避险造成的；（4）现场已被交通警察处理的；（5）因交通信号指示不一致造成的；（6）证据不充分的；（7）记录的机动车号牌信息错误的；（8）因使用伪造、变造或者其他机动车号牌发生违法行为造成合法机动车被记录的；（9）其他应当消除的情形。

关联参见

《道路交通安全违法行为处理程序规定》第 15—22 条、第 52 条

第一百一十五条 【**对交警及交管部门违法行为的处理**】交通警察有下列行为之一的，依法给予行政处分：

（一）为不符合法定条件的机动车发放机动车登记证书、号牌、行驶证、检验合格标志的；

（二）批准不符合法定条件的机动车安装、使用警车、消防车、救护车、工程救险车的警报器、标志灯具，喷涂标志图案的；

（三）为不符合驾驶许可条件、未经考试或者考试不合格人员发放机动车驾驶证的；

（四）不执行罚款决定与罚款收缴分离制度或者不按规定将依法收取的费用、收缴的罚款及没收的违法所得全部上缴国库的；

（五）举办或者参与举办驾驶学校或者驾驶培训班、机动车修理厂或者收费停车场等经营活动的；

（六）利用职务上的便利收受他人财物或者谋取其他利益的；

（七）违法扣留车辆、机动车行驶证、驾驶证、车辆号牌的；

（八）使用依法扣留的车辆的；

（九）当场收取罚款不开具罚款收据或者不如实填写罚款额的；

（十）徇私舞弊，不公正处理交通事故的；

（十一）故意刁难，拖延办理机动车牌证的；

（十二）非执行紧急任务时使用警报器、标志灯具的；

（十三）违反规定拦截、检查正常行驶的车辆的；

（十四）非执行紧急公务时拦截搭乘机动车的；

（十五）不履行法定职责的。

公安机关交通管理部门有前款所列行为之一的，对直接负责的主管人员和其他直接责任人员给予相应的行政处分。

条文解读

利用职务上的便利，是指利用本人职务范围内的权力，即利用自己职务上主管、分管或者具体承担道路交通安全管理有关工作的职责所形成的便利条件。利用职务上的便利收受他人财物或者谋取其他利益未构成犯罪的，依照本条规定予以行政处分。

第一百一十六条 【对违规交警的处分】依照本法第一百一十五条的规定，给予交通警察行政处分的，在作出行政处分决定前，可以停止其执行职务；必要时，可以予以禁闭。

依照本法第一百一十五条的规定，交通警察受到降级或者撤职行政处分的，可以予以辞退。

交通警察受到开除处分或者被辞退的，应当取消警衔；受到撤职以下行政处分的交通警察，应当降低警衔。

第一百一十七条 【对构成犯罪的交警追究刑事责任】交通警察利用职权非法占有公共财物，索取、收受贿赂，或者滥用职权、玩忽职守，构成犯罪的，依法追究刑事责任。

条文解读

贪污罪，是指国家工作人员利用职务上的便利，侵吞、窃取、骗取或者以其他手段非法占有公共财物的行为。

受贿罪，是指国家工作人员利用职务上的便利，索取他人财物或者非法收受他人财物，为他人谋取利益的行为。

滥用职权罪，是指国家机关工作人员滥用职权，致使公共财产、国家和人民利益遭受重大损失的行为。

玩忽职守罪，是指国家机关工作人员玩忽职守，致使公共财产、国家和人民利益遭受重大损失的行为。

关联参见

《刑法》第 382 条、第 385 条、第 397 条

第一百一十八条 【公安交管部门、交警违法赔偿责任】公安机关交通管理部门及其交通警察有本法第一百一十五条所列行为之一，给当事人造成损失的，应当依法承担赔偿责任。

条文解读

公安机关交通管理部门赔偿的范围通常是因违法进行罚款、暂扣或

吊销有关证照、扣留车辆以及行政拘留等行政处罚和行政强制措施给当事人造成的损失。根据有关法律规定，当事人提出赔偿请求的途径主要有以下几种：（1）直接向作出具体决定的有关公安机关交通管理部门提出，公安机关交通管理部门经核查后认为请求合理的，应当对本部门及其交通警察因违法行为造成当事人的损失予以赔偿。（2）在依法向有关行政机关提起行政复议的同时，提出赔偿请求，行政复议机关对符合《国家赔偿法》规定应当给予赔偿的，在作出撤销、变更原行政决定或者确认原行政决定为违法的同时，决定原作出行政决定的公安机关交通管理部门给予赔偿。（3）在依法向人民法院提起行政诉讼时，提出赔偿请求，也可以在行政机关不予赔偿时单独就损害赔偿问题向人民法院提起诉讼。人民法院可以判决原行政机关予以赔偿。此外，赔偿机关赔偿损失后，应当责令有故意或者重大过失的工作人员承担部分或全部赔偿费用，即有关的公安机关交通管理部门对当事人进行赔偿后，应当责令对违法行为负有直接责任的交通警察承担部分或者全部赔偿费用。

实务应用

48. 公安机关交通管理部门及其交通警察有本法第 115 条所列行为之一，给当事人造成损失的，当事人享有何种权利？

公安机关交通管理部门及其交通警察承担赔偿责任包括两种情况：（1）公安机关交通管理部门及其交通警察违法行使职权时，受害人有依法取得国家赔偿的权利。公安机关交通管理部门属于国家机关，交通警察是国家机关工作人员。根据《国家赔偿法》的规定，国家机关和国家机关工作人员违法行使职权侵犯公民、法人和其他组织的合法权益造成损害时，受害人有依照《国家赔偿法》取得国家赔偿的权利。受害的公民、法人、其他组织及有权要求赔偿的人，在要求赔偿时，应当先向赔偿义务机关提出，也可以在申请行政复议和提起行政诉讼时一并提出。根据《国家赔偿法》等有关法律的规定，公安机关交通管理部门赔偿的范围通常是因违法进行罚款、暂扣或吊销有关证照、扣留车辆以及行政拘留等行政处罚和行政强制措施给当事人造成的损失。（2）公安机关交通管理部门及其交通警察实施与行使职权无关的个人行为，给当事人造成损害的，应当承担的民事赔偿责任。《国家赔偿法》规定，对行政机关工作人员与行使职权无关的个人行为，国家不承担赔偿责任。因此，交通警察虽有本法第115条所列的某种行为，而且这种行为给当事人造成了损失，但这种行为属于与该交通警察行使职权无关的个人行为时，当事人无权要求国家赔偿。此时，当事人应当依照《民法典》的有关规定，要求交通警察予以赔偿。

关联参见

《国家赔偿法》第3—16条、第32—36条

第八章　附　　则

第一百一十九条　【本法用语含义】 本法中下列用语的含义：

（一）"道路"，是指公路、城市道路和虽在单位管辖范围但允许社会机动车通行的地方，包括广场、公共停车场等用于公众通行的场所。

（二）"车辆"，是指机动车和非机动车。

（三）"机动车"，是指以动力装置驱动或者牵引，上道路行驶的供人员乘用或者用于运送物品以及进行工程专项作业的轮式车辆。

（四）"非机动车"，是指以人力或者畜力驱动，上道路行驶的交通工具，以及虽有动力装置驱动但设计最高时速、空车质量、外形尺寸符合有关国家标准的残疾人机动轮椅车、电动自行车等交通工具。

（五）"交通事故"，是指车辆在道路上因过错或者意外造成的人身伤亡或者财产损失的事件。

第一百二十条　【军警机动车管理】 中国人民解放军和中国人民武装警察部队在编机动车牌证、在编机动车检验以及机动车驾驶人考核工作，由中国人民解放军、中国人民武装警察部队有关部门负责。

中国人民解放军和中国人民武装警察部队的车辆与社会车辆具有明显不同，其具有管理上的特殊性。因此本条规定了中国人民解放军和中国人民武装警察部队机动车管理的有关内容。

第一百二十一条 【拖拉机管理】对上道路行驶的拖拉机，由农业（农业机械）主管部门行使本法第八条、第九条、第十三条、第十九条、第二十三条规定的公安机关交通管理部门的管理职权。

农业（农业机械）主管部门依照前款规定行使职权，应当遵守本法有关规定，并接受公安机关交通管理部门的监督；对违反规定的，依照本法有关规定追究法律责任。

本法施行前由农业（农业机械）主管部门发放的机动车牌证，在本法施行后继续有效。

条文解读

需要注意的是，任何车辆，包括拖拉机上道路行驶，都要服从交通警察的指挥和管理，对于违反道路交通安全法律、法规的，公安机关交通管理部门及其交通警察依法予以处罚。

关联参见

本法第 8 条、第 9 条、第 13 条、第 19 条、第 23 条；《道路交通安全法实施条例》第 112 条；《拖拉机和联合收割机驾驶证管理规定》第 1—34 条

第一百二十二条 【境外车辆入境管理】国家对入境的境外机动车的道路交通安全实施统一管理。

本法的管辖范围属于属地管辖，凡是在我国境内的车辆驾驶人、行人、乘车人及车辆安全均适用本法，而不论机动车是属境内抑或境外，本法第 2 条亦有相同规定。

49. 入境机动车如何申领中华人民共和国机动车临时专用号牌和机动车临时行驶证？

根据《临时入境机动车和驾驶人管理规定》的规定，外国机动车临时入境行驶，应当向入境地或者始发地所在的直辖市或者设区的市公安机关交通管理部门申领临时入境机动车号牌和行驶证。申请临时入境机动车号牌、行驶证的，应当用中文填写《临时入境机动车号牌、行驶证申请表》，交验机动车，并提交相关证明、凭证。公安机关交通管理部门应当在收到申请材料之日起 3 日内审查提交的证明、凭证，查验机动车。符合规定的，核发临时入境机动车号牌和行驶证。

本法第 2 条；《道路交通安全法实施条例》第 113 条；《道路交通事故处理程序规定》第 96—102 条

第一百二十三条　【授权制定执行具体标准】省、自治区、直辖市人民代表大会常务委员会可以根据本地区的实际情况，在本法规定的罚款幅度内，规定具体的执行标准。

罚款属于行政处罚的一种，罚款的设定属于行政处罚的设定。行政处罚的设定，是指有权设定行政处罚的国家机关自行创制行政处罚的活动。这是一项立法性权力，涉及对公民、法人和其他组织的人身权和财产权的限制或者相关义务的设定。行政处罚的设定机关，应当是国家的权力机关，即全国人大及其常委会。由全国人大及其常委会行使国家立法权，包括通过制定法律来设定任何形式的行政处罚，是宪法赋予的权力，也是控制和规范行政处罚权的必然要求。但是，所有的行政处罚都由全国人大及其常委会直接予以设定，是不现实的。《行政处罚法》明确授权，除全国人大及其常委会外，还有四个层次的国家机关可以设定部分行政处罚，即国务院和国务院部、委以及经国务院授权的具有行政处罚权的直属机构；省、自治区、直辖市人大及其常委会和人民政府；省、自治区、直辖市政府所在地的市人大及其常委会和人民政府；经国务院批准的较大的市人大及其常委会和人民政府。罚款属于比较轻度的行政处罚，因此，本法规定它的具体执行标准可以授权省、自治区、直辖市常委会根据本地区的实际情况，在本法规定的罚款幅度内予以确定。

第一百二十四条　【生效日期】本法自 2004 年 5 月 1 日起施行。

条文解读

本条明确规定本法自 2004 年 5 月 1 日起施行，即本法自 2004 年 5 月 1 日起产生法律效力。按照法律不溯及既往的原则，对本法生效前发生的道路交通活动，应适用当时的规定。对于实践中违章行为发生在本法实施前，而接受处理是在本法实施后如何适用法律的问题，这涉及从轻兼从旧原则的理解，从保护当事人的合法权益出发，对于上述情形，程序上适用本法，而实体处理采取旧法，即违法时的法律、法规较为合适。因本法从程序上更为注重对当事人权益的保护，而旧法对违章行为的处罚要轻于本法。

关联法规

中华人民共和国民法典（节录）

· 2020 年 5 月 28 日第十三届全国人民代表大会第三次会议通过
· 2020 年 5 月 28 日中华人民共和国主席令第 45 号公布
· 自 2021 年 1 月 1 日起施行

······

第七编　侵 权 责 任

······

第五章　机动车交通事故责任

第一千二百零八条　【机动车交通事故责任的法律适用】机动车发生交通事故造成损害的，依照道路交通安全法律和本法的有关规定承担赔偿责任。

第一千二百零九条　【租赁、借用机动车交通事故责任】因租赁、借用等情形机动车所有人、管理人与使用人不是同一人时，发生交通事故造成损害，属于该机动车一方责任的，由机动车使用人承担赔偿责任；机动车所有人、管理人对损害的发生有过错的，承担相应的赔偿责任。

第一千二百一十条　【转让并交付但未办理登记的机动车侵权责任】当事人之间已经以买卖或者其他方式转让并交付机动车但是未办理登记，发生交通事故造成损害，属于该机动车一方责任的，由受让人承担赔偿责任。

第一千二百一十一条　【挂靠机动车交通事故责任】以挂靠形式

从事道路运输经营活动的机动车，发生交通事故造成损害，属于该机动车一方责任的，由挂靠人和被挂靠人承担连带责任。

第一千二百一十二条 【擅自驾驶他人机动车交通事故责任】 未经允许驾驶他人机动车，发生交通事故造成损害，属于该机动车一方责任的，由机动车使用人承担赔偿责任；机动车所有人、管理人对损害的发生有过错的，承担相应的赔偿责任，但是本章另有规定的除外。

第一千二百一十三条 【交通事故侵权救济来源的支付顺序】 机动车发生交通事故造成损害，属于该机动车一方责任的，先由承保机动车强制保险的保险人在强制保险责任限额范围内予以赔偿；不足部分，由承保机动车商业保险的保险人按照保险合同的约定予以赔偿；仍然不足或者没有投保机动车商业保险的，由侵权人赔偿。

第一千二百一十四条 【拼装车、报废车交通事故责任】 以买卖或者其他方式转让拼装或者已经达到报废标准的机动车，发生交通事故造成损害的，由转让人和受让人承担连带责任。

第一千二百一十五条 【盗抢机动车交通事故责任】 盗窃、抢劫或者抢夺的机动车发生交通事故造成损害的，由盗窃人、抢劫人或者抢夺人承担赔偿责任。盗窃人、抢劫人或者抢夺人与机动车使用人不是同一人，发生交通事故造成损害，属于该机动车一方责任的，由盗窃人、抢劫人或者抢夺人与机动车使用人承担连带责任。

保险人在机动车强制保险责任限额范围内垫付抢救费用的，有权向交通事故责任人追偿。

第一千二百一十六条 【驾驶人逃逸责任承担规则】 机动车驾驶人发生交通事故后逃逸，该机动车参加强制保险的，由保险人在机动车强制保险责任限额范围内予以赔偿；机动车不明、该机动车未参加强制保险或者抢救费用超过机动车强制保险责任限额，需要支付被侵权人人身伤亡的抢救、丧葬等费用的，由道路交通事故社会救助基金垫付。道路交通事故社会救助基金垫付后，其管理机构有权向交通事故责任人追偿。

第一千二百一十七条　　【好意同乘规则】非营运机动车发生交通事故造成无偿搭乘人损害，属于该机动车一方责任的，应当减轻其赔偿责任，但是机动车使用人有故意或者重大过失的除外。

......

中华人民共和国刑法（节录）

· 1979 年 7 月 1 日第五届全国人民代表大会第二次会议通过
· 1997 年 3 月 14 日第八届全国人民代表大会第五次会议修订
· 根据 1998 年 12 月 29 日第九届全国人民代表大会常务委员会第六次会议通过的《全国人民代表大会常务委员会关于惩治骗购外汇、逃汇和非法买卖外汇犯罪的决定》、1999 年 12 月 25 日第九届全国人民代表大会常务委员会第十三次会议通过的《中华人民共和国刑法修正案》、2001 年 8 月 31 日第九届全国人民代表大会常务委员会第二十三次会议通过的《中华人民共和国刑法修正案（二）》、2001 年 12 月 29 日第九届全国人民代表大会常务委员会第二十五次会议通过的《中华人民共和国刑法修正案（三）》、2002 年 12 月 28 日第九届全国人民代表大会常务委员会第三十一次会议通过的《中华人民共和国刑法修正案（四）》、2005 年 2 月 28 日第十届全国人民代表大会常务委员会第十四次会议通过的《中华人民共和国刑法修正案（五）》、2006 年 6 月 29 日第十届全国人民代表大会常务委员会第二十二次会议通过的《中华人民共和国刑法修正案（六）》、2009 年 2 月 28 日第十一届全国人民代表大会常务委员会第七次会议通过的《中华人民共和国刑法修正案（七）》、2009 年 8 月 27 日第十一届全国人民代表大会常务委员会第十次会议通过的《全国人民代表大会常务委员会关于修改部分法律的决定》、2011 年 2 月 25 日第十一届全国人民代表大会常务委员会第十九次会议通过的《中华人民共和国刑法修正案（八）》、2015 年 8 月 29 日第十二届全国人民代表大会常务委员会第十六次会议通过的《中华人民共和国刑法修正案（九）》、2017 年 11 月 4 日第十二届全国人民代表大会常务委员会第三十次会议通过的《中华人民共和国刑法修正案（十）》和 2020 年 12 月 26 日第十三届全国人民代表大会常务委员会第二十四次会议通过的《中华人民共和国刑法修正案（十一）》修正①

……

第一百三十三条　违反交通运输管理法规，因而发生重大事故，致人重伤、死亡或者使公私财产遭受重大损失的，处三年以下有期徒刑或者拘役；交通运输肇事后逃逸或者有其他特别恶劣情节的，处三年以上七年以下有期徒刑；因逃逸致人死亡的，处七年以上有期徒刑。

第一百三十三条之一　在道路上驾驶机动车，有下列情形之一的，处拘役，并处罚金：

（一）追逐竞驶，情节恶劣的；

（二）醉酒驾驶机动车的；

（三）从事校车业务或者旅客运输，严重超过额定乘员载客，或者严重超过规定时速行驶的；

（四）违反危险化学品安全管理规定运输危险化学品，危及公共安全的。

机动车所有人、管理人对前款第三项、第四项行为负有直接责任的，依照前款的规定处罚。

有前两款行为，同时构成其他犯罪的，依照处罚较重的规定定罪处罚。

第一百三十三条之二　对行驶中的公共交通工具的驾驶人员使用暴

---

①　刑法、历次刑法修正案、涉及修改刑法的决定的施行日期，分别依据各法律所规定的施行日期确定。

力或者抢控驾驶操纵装置，干扰公共交通工具正常行驶，危及公共安全的，处一年以下有期徒刑、拘役或者管制，并处或者单处罚金。

前款规定的驾驶人员在行驶的公共交通工具上擅离职守，与他人互殴或者殴打他人，危及公共安全的，依照前款的规定处罚。

有前两款行为，同时构成其他犯罪的，依照处罚较重的规定定罪处罚。

……

中华人民共和国道路交通安全法实施条例

· 2004 年 4 月 30 日中华人民共和国国务院令第 405 号公布
· 根据 2017 年 10 月 7 日《国务院关于修改部分行政法规的决定》修订

第一章　总　　则

第一条　根据《中华人民共和国道路交通安全法》（以下简称道路交通安全法）的规定，制定本条例。

第二条　中华人民共和国境内的车辆驾驶人、行人、乘车人以及与道路交通活动有关的单位和个人，应当遵守道路交通安全法和本条例。

第三条　县级以上地方各级人民政府应当建立、健全道路交通安全工作协调机制，组织有关部门对城市建设项目进行交通影响评价，制定道路交通安全管理规划，确定管理目标，制定实施方案。

第二章　车辆和驾驶人

第一节　机　动　车

第四条　机动车的登记，分为注册登记、变更登记、转移登记、抵押登记和注销登记。

第五条　初次申领机动车号牌、行驶证的，应当向机动车所有人住所地的公安机关交通管理部门申请注册登记。

申请机动车注册登记，应当交验机动车，并提交以下证明、凭证：

（一）机动车所有人的身份证明；

（二）购车发票等机动车来历证明；

（三）机动车整车出厂合格证明或者进口机动车进口凭证；

（四）车辆购置税完税证明或者免税凭证；

（五）机动车第三者责任强制保险凭证；

（六）法律、行政法规规定应当在机动车注册登记时提交的其他证明、凭证。

不属于国务院机动车产品主管部门规定免予安全技术检验的车型的，还应当提供机动车安全技术检验合格证明。

第六条　已注册登记的机动车有下列情形之一的，机动车所有人应当向登记该机动车的公安机关交通管理部门申请变更登记：

（一）改变机动车车身颜色的；

（二）更换发动机的；

（三）更换车身或者车架的；

（四）因质量有问题，制造厂更换整车的；

（五）营运机动车改为非营运机动车或者非营运机动车改为营运机动车的；

（六）机动车所有人的住所迁出或者迁入公安机关交通管理部门管辖区域的。

申请机动车变更登记，应当提交下列证明、凭证，属于前款第（一）项、第（二）项、第（三）项、第（四）项、第（五）项情形之一的，还应当交验机动车；属于前款第（二）项、第（三）项情形之一的，还应当同时提交机动车安全技术检验合格证明：

（一）机动车所有人的身份证明；

（二）机动车登记证书；

（三）机动车行驶证。

机动车所有人的住所在公安机关交通管理部门管辖区域内迁移、机动车所有人的姓名（单位名称）或者联系方式变更的，应当向登记该机动车的公安机关交通管理部门备案。

第七条　已注册登记的机动车所有权发生转移的，应当及时办理转移登记。

申请机动车转移登记，当事人应当向登记该机动车的公安机关交通管理部门交验机动车，并提交以下证明、凭证：

（一）当事人的身份证明；

（二）机动车所有权转移的证明、凭证；

（三）机动车登记证书；

（四）机动车行驶证。

第八条　机动车所有人将机动车作为抵押物抵押的，机动车所有人应当向登记该机动车的公安机关交通管理部门申请抵押登记。

第九条　已注册登记的机动车达到国家规定的强制报废标准的，公安机关交通管理部门应当在报废期满的2个月前通知机动车所有人办理注销登记。机动车所有人应当在报废期满前将机动车交售给机动车回收企业，由机动车回收企业将报废的机动车登记证书、号牌、行驶证交公安机关交通管理部门注销。机动车所有人逾期不办理注销登记的，公安机关交通管理部门应当公告该机动车登记证书、号牌、行驶证作废。

因机动车灭失申请注销登记的，机动车所有人应当向公安机关交通管理部门提交本人身份证明，交回机动车登记证书。

第十条　办理机动车登记的申请人提交的证明、凭证齐全、有效的，公安机关交通管理部门应当当场办理登记手续。

人民法院、人民检察院以及行政执法部门依法查封、扣押的机动车，公安机关交通管理部门不予办理机动车登记。

第十一条　机动车登记证书、号牌、行驶证丢失或者损毁，机动车所有人申请补发的，应当向公安机关交通管理部门提交本人身份证明和申请材料。公安机关交通管理部门经与机动车登记档案核实后，在收到申请之日起 15 日内补发。

第十二条　税务部门、保险机构可以在公安机关交通管理部门的办公场所集中办理与机动车有关的税费缴纳、保险合同订立等事项。

第十三条　机动车号牌应当悬挂在车前、车后指定位置，保持清晰、完整。重型、中型载货汽车及其挂车、拖拉机及其挂车的车身或者车厢后部应当喷涂放大的牌号，字样应当端正并保持清晰。

机动车检验合格标志、保险标志应当粘贴在机动车前窗右上角。

机动车喷涂、粘贴标识或者车身广告的，不得影响安全驾驶。

第十四条　用于公路营运的载客汽车、重型载货汽车、半挂牵引车应当安装、使用符合国家标准的行驶记录仪。交通警察可以对机动车行驶速度、连续驾驶时间以及其他行驶状态信息进行检查。安装行驶记录仪可以分步实施，实施步骤由国务院机动车产品主管部门会同有关部门规定。

第十五条　机动车安全技术检验由机动车安全技术检验机构实施。机动车安全技术检验机构应当按照国家机动车安全技术检验标准对机动车进行检验，对检验结果承担法律责任。

质量技术监督部门负责对机动车安全技术检验机构实行计量认证管理，对机动车安全技术检验设备进行检定，对执行国家机动车安全技术检验标准的情况进行监督。

机动车安全技术检验项目由国务院公安部门会同国务院质量技术监督部门规定。

第十六条　机动车应当从注册登记之日起，按照下列期限进行安全技术检验：

（一）营运载客汽车 5 年以内每年检验 1 次；超过 5 年的，每 6 个月检验 1 次；

（二）载货汽车和大型、中型非营运载客汽车 10 年以内每年检验 1 次；超过 10 年的，每 6 个月检验 1 次；

（三）小型、微型非营运载客汽车6年以内每2年检验1次；超过6年的，每年检验1次；超过15年的，每6个月检验1次；

（四）摩托车4年以内每2年检验1次；超过4年的，每年检验1次；

（五）拖拉机和其他机动车每年检验1次。

营运机动车在规定检验期限内经安全技术检验合格的，不再重复进行安全技术检验。

第十七条　已注册登记的机动车进行安全技术检验时，机动车行驶证记载的登记内容与该机动车的有关情况不符，或者未按照规定提供机动车第三者责任强制保险凭证的，不予通过检验。

第十八条　警车、消防车、救护车、工程救险车标志图案的喷涂以及警报器、标志灯具的安装、使用规定，由国务院公安部门制定。

第二节　机动车驾驶人

第十九条　符合国务院公安部门规定的驾驶许可条件的人，可以向公安机关交通管理部门申请机动车驾驶证。

机动车驾驶证由国务院公安部门规定式样并监制。

第二十条　学习机动车驾驶，应当先学习道路交通安全法律、法规和相关知识，考试合格后，再学习机动车驾驶技能。

在道路上学习驾驶，应当按照公安机关交通管理部门指定的路线、时间进行。在道路上学习机动车驾驶技能应当使用教练车，在教练员随车指导下进行，与教学无关的人员不得乘坐教练车。学员在学习驾驶中有道路交通安全违法行为或者造成交通事故的，由教练员承担责任。

第二十一条　公安机关交通管理部门应当对申请机动车驾驶证的人进行考试，对考试合格的，在5日内核发机动车驾驶证；对考试不合格的，书面说明理由。

第二十二条　机动车驾驶证的有效期为6年，本条例另有规定的除外。

机动车驾驶人初次申领机动车驾驶证后的 12 个月为实习期。在实习期内驾驶机动车的，应当在车身后部粘贴或者悬挂统一式样的实习标志。

机动车驾驶人在实习期内不得驾驶公共汽车、营运客车或者执行任务的警车、消防车、救护车、工程救险车以及载有爆炸物品、易燃易爆化学物品、剧毒或者放射性等危险物品的机动车；驾驶的机动车不得牵引挂车。

第二十三条 公安机关交通管理部门对机动车驾驶人的道路交通安全违法行为除给予行政处罚外，实行道路交通安全违法行为累积记分（以下简称记分）制度，记分周期为 12 个月。对在一个记分周期内记分达到 12 分的，由公安机关交通管理部门扣留其机动车驾驶证，该机动车驾驶人应当按照规定参加道路交通安全法律、法规的学习并接受考试。考试合格的，记分予以清除，发还机动车驾驶证；考试不合格的，继续参加学习和考试。

应当给予记分的道路交通安全违法行为及其分值，由国务院公安部门根据道路交通安全违法行为的危害程度规定。

公安机关交通管理部门应当提供记分查询方式供机动车驾驶人查询。

第二十四条 机动车驾驶人在一个记分周期内记分未达到 12 分，所处罚款已经缴纳的，记分予以清除；记分虽未达到 12 分，但尚有罚款未缴纳的，记分转入下一记分周期。

机动车驾驶人在一个记分周期内记分 2 次以上达到 12 分的，除按照第二十三条的规定扣留机动车驾驶证、参加学习、接受考试外，还应当接受驾驶技能考试。考试合格的，记分予以清除，发还机动车驾驶证；考试不合格的，继续参加学习和考试。

接受驾驶技能考试的，按照本人机动车驾驶证载明的最高准驾车型考试。

第二十五条 机动车驾驶人记分达到 12 分，拒不参加公安机关交通管理部门通知的学习，也不接受考试的，由公安机关交通管理部门公告其机动车驾驶证停止使用。

第二十六条　机动车驾驶人在机动车驾驶证的 6 年有效期内，每个记分周期均未达到 12 分的，换发 10 年有效期的机动车驾驶证；在机动车驾驶证的 10 年有效期内，每个记分周期均未达到 12 分的，换发长期有效的机动车驾驶证。

换发机动车驾驶证时，公安机关交通管理部门应当对机动车驾驶证进行审验。

第二十七条　机动车驾驶证丢失、损毁，机动车驾驶人申请补发的，应当向公安机关交通管理部门提交本人身份证明和申请材料。公安机关交通管理部门经与机动车驾驶证档案核实后，在收到申请之日起 3 日内补发。

第二十八条　机动车驾驶人在机动车驾驶证丢失、损毁、超过有效期或者被依法扣留、暂扣期间以及记分达到 12 分的，不得驾驶机动车。

第三章　道路通行条件

第二十九条　交通信号灯分为：机动车信号灯、非机动车信号灯、人行横道信号灯、车道信号灯、方向指示信号灯、闪光警告信号灯、道路与铁路平面交叉道口信号灯。

第三十条　交通标志分为：指示标志、警告标志、禁令标志、指路标志、旅游区标志、道路施工安全标志和辅助标志。

道路交通标线分为：指示标线、警告标线、禁止标线。

第三十一条　交通警察的指挥分为：手势信号和使用器具的交通指挥信号。

第三十二条　道路交叉路口和行人横过道路较为集中的路段应当设置人行横道、过街天桥或者过街地下通道。

在盲人通行较为集中的路段，人行横道信号灯应当设置声响提示装置。

第三十三条　城市人民政府有关部门可以在不影响行人、车辆通行的情况下，在城市道路上施划停车泊位，并规定停车泊位的使用时间。

第三十四条　开辟或者调整公共汽车、长途汽车的行驶路线或者车站，应当符合交通规划和安全、畅通的要求。

第三十五条　道路养护施工单位在道路上进行养护、维修时，应当按照规定设置规范的安全警示标志和安全防护设施。道路养护施工作业车辆、机械应当安装示警灯，喷涂明显的标志图案，作业时应当开启示警灯和危险报警闪光灯。对未中断交通的施工作业道路，公安机关交通管理部门应当加强交通安全监督检查。发生交通阻塞时，及时做好分流、疏导，维护交通秩序。

道路施工需要车辆绕行的，施工单位应当在绕行处设置标志；不能绕行的，应当修建临时通道，保证车辆和行人通行。需要封闭道路中断交通的，除紧急情况外，应当提前 5 日向社会公告。

第三十六条　道路或者交通设施养护部门、管理部门应当在急弯、陡坡、临崖、临水等危险路段，按照国家标准设置警告标志和安全防护设施。

第三十七条　道路交通标志、标线不规范，机动车驾驶人容易发生辨认错误的，交通标志、标线的主管部门应当及时予以改善。

道路照明设施应当符合道路建设技术规范，保持照明功能完好。

第四章　道路通行规定

第一节　一般规定

第三十八条　机动车信号灯和非机动车信号灯表示：

（一）绿灯亮时，准许车辆通行，但转弯的车辆不得妨碍被放行的直行车辆、行人通行；

（二）黄灯亮时，已越过停止线的车辆可以继续通行；

（三）红灯亮时，禁止车辆通行。

在未设置非机动车信号灯和人行横道信号灯的路口，非机动车和行人应当按照机动车信号灯的表示通行。

红灯亮时，右转弯的车辆在不妨碍被放行的车辆、行人通行的情况下，可以通行。

第三十九条　人行横道信号灯表示：

（一）绿灯亮时，准许行人通过人行横道；

（二）红灯亮时，禁止行人进入人行横道，但是已经进入人行横道的，可以继续通过或者在道路中心线处停留等候。

第四十条　车道信号灯表示：

（一）绿色箭头灯亮时，准许本车道车辆按指示方向通行；

（二）红色叉形灯或者箭头灯亮时，禁止本车道车辆通行。

第四十一条　方向指示信号灯的箭头方向向左、向上、向右分别表示左转、直行、右转。

第四十二条　闪光警告信号灯为持续闪烁的黄灯，提示车辆、行人通行时注意瞭望，确认安全后通过。

第四十三条　道路与铁路平面交叉道口有两个红灯交替闪烁或者一个红灯亮时，表示禁止车辆、行人通行；红灯熄灭时，表示允许车辆、行人通行。

第二节　机动车通行规定

第四十四条　在道路同方向划有 2 条以上机动车道的，左侧为快速车道，右侧为慢速车道。在快速车道行驶的机动车应当按照快速车道规定的速度行驶，未达到快速车道规定的行驶速度的，应当在慢速车道行驶。摩托车应当在最右侧车道行驶。有交通标志标明行驶速度的，按照标明的行驶速度行驶。慢速车道内的机动车超越前车时，可以借用快速车道行驶。

在道路同方向划有 2 条以上机动车道的，变更车道的机动车不得影响相关车道内行驶的机动车的正常行驶。

第四十五条　机动车在道路上行驶不得超过限速标志、标线标明的速度。在没有限速标志、标线的道路上，机动车不得超过下列最高行驶速度：

（一）没有道路中心线的道路，城市道路为每小时 30 公里，公路为每小时 40 公里；

（二）同方向只有 1 条机动车道的道路，城市道路为每小时 50 公里，公路为每小时 70 公里。

第四十六条　机动车行驶中遇有下列情形之一的，最高行驶速度不得超过每小时 30 公里，其中拖拉机、电瓶车、轮式专用机械车不得超过每小时 15 公里：

（一）进出非机动车道，通过铁路道口、急弯路、窄路、窄桥时；

（二）掉头、转弯、下陡坡时；

（三）遇雾、雨、雪、沙尘、冰雹，能见度在 50 米以内时；

（四）在冰雪、泥泞的道路上行驶时；

（五）牵引发生故障的机动车时。

第四十七条　机动车超车时，应当提前开启左转向灯、变换使用远、近光灯或者鸣喇叭。在没有道路中心线或者同方向只有 1 条机动车道的道路上，前车遇后车发出超车信号时，在条件许可的情况下，应当降低速度、靠右让路。后车应当在确认有充足的安全距离后，从前车的左侧超越，在与被超车辆拉开必要的安全距离后，开启右转向灯，驶回原车道。

第四十八条　在没有中心隔离设施或者没有中心线的道路上，机动车遇相对方向来车时应当遵守下列规定：

（一）减速靠右行驶，并与其他车辆、行人保持必要的安全距离；

（二）在有障碍的路段，无障碍的一方先行；但有障碍的一方已驶入障碍路段而无障碍的一方未驶入时，有障碍的一方先行；

（三）在狭窄的坡路，上坡的一方先行；但下坡的一方已行至中途而上坡的一方未上坡时，下坡的一方先行；

（四）在狭窄的山路，不靠山体的一方先行；

（五）夜间会车应当在距相对方向来车150米以外改用近光灯，在窄路、窄桥与非机动车会车时应当使用近光灯。

第四十九条 机动车在有禁止掉头或者禁止左转弯标志、标线的地点以及在铁路道口、人行横道、桥梁、急弯、陡坡、隧道或者容易发生危险的路段，不得掉头。

机动车在没有禁止掉头或者没有禁止左转弯标志、标线的地点可以掉头，但不得妨碍正常行驶的其他车辆和行人的通行。

第五十条 机动车倒车时，应当察明车后情况，确认安全后倒车。不得在铁路道口、交叉路口、单行路、桥梁、急弯、陡坡或者隧道中倒车。

第五十一条 机动车通过有交通信号灯控制的交叉路口，应当按照下列规定通行：

（一）在划有导向车道的路口，按所需行进方向驶入导向车道；

（二）准备进入环形路口的让已在路口内的机动车先行；

（三）向左转弯时，靠路口中心点左侧转弯。转弯时开启转向灯，夜间行驶开启近光灯；

（四）遇放行信号时，依次通过；

（五）遇停止信号时，依次停在停止线以外。没有停止线的，停在路口以外；

（六）向右转弯遇有同车道前车正在等候放行信号时，依次停车等候；

（七）在没有方向指示信号灯的交叉路口，转弯的机动车让直行的车辆、行人先行。相对方向行驶的右转弯机动车让左转弯车辆先行。

第五十二条 机动车通过没有交通信号灯控制也没有交通警察指挥的交叉路口，除应当遵守第五十一条第（二）项、第（三）项的规定外，还应当遵守下列规定：

（一）有交通标志、标线控制的，让优先通行的一方先行；

（二）没有交通标志、标线控制的，在进入路口前停车瞭望，让右方道路的来车先行；

（三）转弯的机动车让直行的车辆先行；

（四）相对方向行驶的右转弯的机动车让左转弯的车辆先行。

第五十三条　机动车遇有前方交叉路口交通阻塞时，应当依次停在路口以外等候，不得进入路口。

机动车在遇有前方机动车停车排队等候或者缓慢行驶时，应当依次排队，不得从前方车辆两侧穿插或者超越行驶，不得在人行横道、网状线区域内停车等候。

机动车在车道减少的路口、路段，遇有前方机动车停车排队等候或者缓慢行驶的，应当每车道一辆依次交替驶入车道减少后的路口、路段。

第五十四条　机动车载物不得超过机动车行驶证上核定的载质量，装载长度、宽度不得超出车厢，并应当遵守下列规定：

（一）重型、中型载货汽车，半挂车载物，高度从地面起不得超过4米，载运集装箱的车辆不得超过4.2米；

（二）其他载货的机动车载物，高度从地面起不得超过2.5米；

（三）摩托车载物，高度从地面起不得超过1.5米，长度不得超出车身0.2米。两轮摩托车载物宽度左右各不得超出车把0.15米；三轮摩托车载物宽度不得超过车身。

载客汽车除车身外部的行李架和内置的行李箱外，不得载货。载客汽车行李架载货，从车顶起高度不得超过0.5米，从地面起高度不得超过4米。

第五十五条　机动车载人应当遵守下列规定：

（一）公路载客汽车不得超过核定的载客人数，但按照规定免票的儿童除外，在载客人数已满的情况下，按照规定免票的儿童不得超过核定载客人数的10%；

（二）载货汽车车厢不得载客。在城市道路上，货运机动车在留有安全位置的情况下，车厢内可以附载临时作业人员 1 人至 5 人；载物高度超过车厢栏板时，货物上不得载人；

（三）摩托车后座不得乘坐未满 12 周岁的未成年人，轻便摩托车不得载人。

第五十六条　机动车牵引挂车应当符合下列规定：

（一）载货汽车、半挂牵引车、拖拉机只允许牵引 1 辆挂车。挂车的灯光信号、制动、连接、安全防护等装置应当符合国家标准；

（二）小型载客汽车只允许牵引旅居挂车或者总质量 700 千克以下的挂车。挂车不得载人；

（三）载货汽车所牵引挂车的载质量不得超过载货汽车本身的载质量。

大型、中型载客汽车，低速载货汽车，三轮汽车以及其他机动车不得牵引挂车。

第五十七条　机动车应当按照下列规定使用转向灯：

（一）向左转弯、向左变更车道、准备超车、驶离停车地点或者掉头时，应当提前开启左转向灯；

（二）向右转弯、向右变更车道、超车完毕驶回原车道、靠路边停车时，应当提前开启右转向灯。

第五十八条　机动车在夜间没有路灯、照明不良或者遇有雾、雨、雪、沙尘、冰雹等低能见度情况下行驶时，应当开启前照灯、示廓灯和后位灯，但同方向行驶的后车与前车近距离行驶时，不得使用远光灯。机动车雾天行驶应当开启雾灯和危险报警闪光灯。

第五十九条　机动车在夜间通过急弯、坡路、拱桥、人行横道或者没有交通信号灯控制的路口时，应当交替使用远近光灯示意。

机动车驶近急弯、坡道顶端等影响安全视距的路段以及超车或者遇有紧急情况时，应当减速慢行，并鸣喇叭示意。

第六十条　机动车在道路上发生故障或者发生交通事故，妨碍交通又难以移动的，应当按照规定开启危险报警闪光灯并在车后 50 米至 100

米处设置警告标志，夜间还应当同时开启示廓灯和后位灯。

第六十一条　牵引故障机动车应当遵守下列规定：

（一）被牵引的机动车除驾驶人外不得载人，不得拖带挂车；

（二）被牵引的机动车宽度不得大于牵引机动车的宽度；

（三）使用软连接牵引装置时，牵引车与被牵引车之间的距离应当大于 4 米小于 10 米；

（四）对制动失效的被牵引车，应当使用硬连接牵引装置牵引；

（五）牵引车和被牵引车均应当开启危险报警闪光灯。

汽车吊车和轮式专用机械车不得牵引车辆。摩托车不得牵引车辆或者被其他车辆牵引。

转向或者照明、信号装置失效的故障机动车，应当使用专用清障车拖曳。

第六十二条　驾驶机动车不得有下列行为：

（一）在车门、车厢没有关好时行车；

（二）在机动车驾驶室的前后窗范围内悬挂、放置妨碍驾驶人视线的物品；

（三）拨打接听手持电话、观看电视等妨碍安全驾驶的行为；

（四）下陡坡时熄火或者空挡滑行；

（五）向道路上抛撒物品；

（六）驾驶摩托车手离车把或者在车把上悬挂物品；

（七）连续驾驶机动车超过 4 小时未停车休息或者停车休息时间少于 20 分钟；

（八）在禁止鸣喇叭的区域或者路段鸣喇叭。

第六十三条　机动车在道路上临时停车，应当遵守下列规定：

（一）在设有禁停标志、标线的路段，在机动车道与非机动车道、人行道之间设有隔离设施的路段以及人行横道、施工地段，不得停车；

（二）交叉路口、铁路道口、急弯路、宽度不足 4 米的窄路、桥梁、陡坡、隧道以及距离上述地点 50 米以内的路段，不得停车；

（三）公共汽车站、急救站、加油站、消防栓或者消防队（站）门前以及距离上述地点 30 米以内的路段，除使用上述设施的以外，不得停车；

（四）车辆停稳前不得开车门和上下人员，开关车门不得妨碍其他车辆和行人通行；

（五）路边停车应当紧靠道路右侧，机动车驾驶人不得离车，上下人员或者装卸物品后，立即驶离；

（六）城市公共汽车不得在站点以外的路段停车上下乘客。

第六十四条　机动车行经漫水路或者漫水桥时，应当停车察明水情，确认安全后，低速通过。

第六十五条　机动车载运超限物品行经铁路道口的，应当按照当地铁路部门指定的铁路道口、时间通过。

机动车行经渡口，应当服从渡口管理人员指挥，按照指定地点依次待渡。机动车上下渡船时，应当低速慢行。

第六十六条　警车、消防车、救护车、工程救险车在执行紧急任务遇交通受阻时，可以断续使用警报器，并遵守下列规定：

（一）不得在禁止使用警报器的区域或者路段使用警报器；

（二）夜间在市区不得使用警报器；

（三）列队行驶时，前车已经使用警报器的，后车不再使用警报器。

第六十七条　在单位院内、居民居住区内，机动车应当低速行驶，避让行人；有限速标志的，按照限速标志行驶。

第三节　非机动车通行规定

第六十八条　非机动车通过有交通信号灯控制的交叉路口，应当按照下列规定通行：

（一）转弯的非机动车让直行的车辆、行人优先通行；

（二）遇有前方路口交通阻塞时，不得进入路口；

（三）向左转弯时，靠路口中心点的右侧转弯；

（四）遇有停止信号时，应当依次停在路口停止线以外。没有停止线的，停在路口以外；

（五）向右转弯遇有同方向前车正在等候放行信号时，在本车道内能够转弯的，可以通行；不能转弯的，依次等候。

第六十九条 非机动车通过没有交通信号灯控制也没有交通警察指挥的交叉路口，除应当遵守第六十八条第（一）项、第（二）项和第（三）项的规定外，还应当遵守下列规定：

（一）有交通标志、标线控制的，让优先通行的一方先行；

（二）没有交通标志、标线控制的，在路口外慢行或者停车瞭望，让右方道路的来车先行；

（三）相对方向行驶的右转弯的非机动车让左转弯的车辆先行。

第七十条 驾驶自行车、电动自行车、三轮车在路段上横过机动车道，应当下车推行，有人行横道或者行人过街设施的，应当从人行横道或者行人过街设施通过；没有人行横道、没有行人过街设施或者不便使用行人过街设施的，在确认安全后直行通过。

因非机动车道被占用无法在本车道内行驶的非机动车，可以在受阻的路段借用相邻的机动车道行驶，并在驶过被占用路段后迅速驶回非机动车道。机动车遇此情况应当减速让行。

第七十一条 非机动车载物，应当遵守下列规定：

（一）自行车、电动自行车、残疾人机动轮椅车载物，高度从地面起不得超过 1.5 米，宽度左右各不得超出车把 0.15 米，长度前端不得超出车轮，后端不得超出车身 0.3 米；

（二）三轮车、人力车载物，高度从地面起不得超过 2 米，宽度左右各不得超出车身 0.2 米，长度不得超出车身 1 米；

（三）畜力车载物，高度从地面起不得超过 2.5 米，宽度左右各不得超出车身 0.2 米，长度前端不得超出车辕，后端不得超出车身 1 米。

自行车载人的规定，由省、自治区、直辖市人民政府根据当地实际情况制定。

第七十二条 在道路上驾驶自行车、三轮车、电动自行车、残疾人机动轮椅车应当遵守下列规定：

（一）驾驶自行车、三轮车必须年满 12 周岁；

（二）驾驶电动自行车和残疾人机动轮椅车必须年满 16 周岁；

（三）不得醉酒驾驶；

（四）转弯前应当减速慢行，伸手示意，不得突然猛拐，超越前车时不得妨碍被超越的车辆行驶；

（五）不得牵引、攀扶车辆或者被其他车辆牵引，不得双手离把或者手中持物；

（六）不得扶身并行、互相追逐或者曲折竞驶；

（七）不得在道路上骑独轮自行车或者 2 人以上骑行的自行车；

（八）非下肢残疾的人不得驾驶残疾人机动轮椅车；

（九）自行车、三轮车不得加装动力装置；

（十）不得在道路上学习驾驶非机动车。

第七十三条 在道路上驾驭畜力车应当年满 16 周岁，并遵守下列规定：

（一）不得醉酒驾驭；

（二）不得并行，驾驭人不得离开车辆；

（三）行经繁华路段、交叉路口、铁路道口、人行横道、急弯路、宽度不足 4 米的窄路或者窄桥、陡坡、隧道或者容易发生危险的路段，不得超车。驾驭两轮畜力车应当下车牵引牲畜；

（四）不得使用未经驯服的牲畜驾车，随车幼畜须拴系；

（五）停放车辆应当拉紧车闸，拴系牲畜。

第四节 行人和乘车人通行规定

第七十四条 行人不得有下列行为：

（一）在道路上使用滑板、旱冰鞋等滑行工具；

（二）在车行道内坐卧、停留、嬉闹；

（三）追车、抛物击车等妨碍道路交通安全的行为。

第七十五条 行人横过机动车道，应当从行人过街设施通过；没有行人过街设施的，应当从人行横道通过；没有人行横道的，应当观察来往车辆的情况，确认安全后直行通过，不得在车辆临近时突然加速横穿或者中途倒退、折返。

第七十六条 行人列队在道路上通行，每横列不得超过 2 人，但在已经实行交通管制的路段不受限制。

第七十七条 乘坐机动车应当遵守下列规定：

（一）不得在机动车道上拦乘机动车；

（二）在机动车道上不得从机动车左侧上下车；

（三）开关车门不得妨碍其他车辆和行人通行；

（四）机动车行驶中，不得干扰驾驶，不得将身体任何部分伸出车外，不得跳车；

（五）乘坐两轮摩托车应当正向骑坐。

第五节　高速公路的特别规定

第七十八条 高速公路应当标明车道的行驶速度，最高车速不得超过每小时 120 公里，最低车速不得低于每小时 60 公里。

在高速公路上行驶的小型载客汽车最高车速不得超过每小时 120 公里，其他机动车不得超过每小时 100 公里，摩托车不得超过每小时 80 公里。

同方向有 2 条车道的，左侧车道的最低车速为每小时 100 公里；同方向有 3 条以上车道的，最左侧车道的最低车速为每小时 110 公里，中间车道的最低车速为每小时 90 公里。道路限速标志标明的车速与上述车道行驶车速的规定不一致的，按照道路限速标志标明的车速行驶。

第七十九条 机动车从匝道驶入高速公路，应当开启左转向灯，在不妨碍已在高速公路内的机动车正常行驶的情况下驶入车道。

机动车驶离高速公路时，应当开启右转向灯，驶入减速车道，降低车速后驶离。

第八十条　机动车在高速公路上行驶，车速超过每小时 100 公里时，应当与同车道前车保持 100 米以上的距离，车速低于每小时 100 公里时，与同车道前车距离可以适当缩短，但最小距离不得少于 50 米。

第八十一条　机动车在高速公路上行驶，遇有雾、雨、雪、沙尘、冰雹等低能见度气象条件时，应当遵守下列规定：

（一）能见度小于 200 米时，开启雾灯、近光灯、示廓灯和前后位灯，车速不得超过每小时 60 公里，与同车道前车保持 100 米以上的距离；

（二）能见度小于 100 米时，开启雾灯、近光灯、示廓灯、前后位灯和危险报警闪光灯，车速不得超过每小时 40 公里，与同车道前车保持 50 米以上的距离；

（三）能见度小于 50 米时，开启雾灯、近光灯、示廓灯、前后位灯和危险报警闪光灯，车速不得超过每小时 20 公里，并从最近的出口尽快驶离高速公路。

遇有前款规定情形时，高速公路管理部门应当通过显示屏等方式发布速度限制、保持车距等提示信息。

第八十二条　机动车在高速公路上行驶，不得有下列行为：

（一）倒车、逆行、穿越中央分隔带掉头或者在车道内停车；

（二）在匝道、加速车道或者减速车道上超车；

（三）骑、轧车行道分界线或者在路肩上行驶；

（四）非紧急情况时在应急车道行驶或者停车；

（五）试车或者学习驾驶机动车。

第八十三条　在高速公路上行驶的载货汽车车厢不得载人。两轮摩托车在高速公路行驶时不得载人。

第八十四条　机动车通过施工作业路段时，应当注意警示标志，减速行驶。

第八十五条　城市快速路的道路交通安全管理，参照本节的规定执行。

高速公路、城市快速路的道路交通安全管理工作，省、自治区、直辖市人民政府公安机关交通管理部门可以指定设区的市人民政府公安机关交通管理部门或者相当于同级的公安机关交通管理部门承担。

第五章　交通事故处理

第八十六条　机动车与机动车、机动车与非机动车在道路上发生未造成人身伤亡的交通事故，当事人对事实及成因无争议的，在记录交通事故的时间、地点、对方当事人的姓名和联系方式、机动车牌号、驾驶证号、保险凭证号、碰撞部位，并共同签名后，撤离现场，自行协商损害赔偿事宜。当事人对交通事故事实及成因有争议的，应当迅速报警。

第八十七条　非机动车与非机动车或者行人在道路上发生交通事故，未造成人身伤亡，且基本事实及成因清楚的，当事人应当先撤离现场，再自行协商处理损害赔偿事宜。当事人对交通事故事实及成因有争议的，应当迅速报警。

第八十八条　机动车发生交通事故，造成道路、供电、通讯等设施损毁的，驾驶人应当报警等候处理，不得驶离。机动车可以移动的，应当将机动车移至不妨碍交通的地点。公安机关交通管理部门应当将事故有关情况通知有关部门。

第八十九条　公安机关交通管理部门或者交通警察接到交通事故报警，应当及时赶赴现场，对未造成人身伤亡，事实清楚，并且机动车可以移动的，应当在记录事故情况后责令当事人撤离现场，恢复交通。对拒不撤离现场的，予以强制撤离。

对属于前款规定情况的道路交通事故，交通警察可以适用简易程序处理，并当场出具事故认定书。当事人共同请求调解的，交通警察可以当场对损害赔偿争议进行调解。

对道路交通事故造成人员伤亡和财产损失需要勘验、检查现场的，公安机关交通管理部门应当按照勘查现场工作规范进行。现场勘查完毕，应当组织清理现场，恢复交通。

第九十条　投保机动车第三者责任强制保险的机动车发生交通事故，因抢救受伤人员需要保险公司支付抢救费用的，由公安机关交通管理部门通知保险公司。

抢救受伤人员需要道路交通事故救助基金垫付费用的，由公安机关交通管理部门通知道路交通事故社会救助基金管理机构。

第九十一条　公安机关交通管理部门应当根据交通事故当事人的行为对发生交通事故所起的作用以及过错的严重程度，确定当事人的责任。

第九十二条　发生交通事故后当事人逃逸的，逃逸的当事人承担全部责任。但是，有证据证明对方当事人也有过错的，可以减轻责任。

当事人故意破坏、伪造现场、毁灭证据的，承担全部责任。

第九十三条　公安机关交通管理部门对经过勘验、检查现场的交通事故应当在勘查现场之日起 10 日内制作交通事故认定书。对需要进行检验、鉴定的，应当在检验、鉴定结果确定之日起 5 日内制作交通事故认定书。

第九十四条　当事人对交通事故损害赔偿有争议，各方当事人一致请求公安机关交通管理部门调解的，应当在收到交通事故认定书之日起 10 日内提出书面调解申请。

对交通事故致死的，调解从办理丧葬事宜结束之日起开始；对交通事故致伤的，调解从治疗终结或者定残之日起开始；对交通事故造成财产损失的，调解从确定损失之日起开始。

第九十五条　公安机关交通管理部门调解交通事故损害赔偿争议的期限为 10 日。调解达成协议的，公安机关交通管理部门应当制作调解书送交各方当事人，调解书经各方当事人共同签字后生效；调解未达成协议的，公安机关交通管理部门应当制作调解终结书送交各方当事人。

交通事故损害赔偿项目和标准依照有关法律的规定执行。

第九十六条　对交通事故损害赔偿的争议，当事人向人民法院提起民事诉讼的，公安机关交通管理部门不再受理调解申请。

公安机关交通管理部门调解期间，当事人向人民法院提起民事诉讼的，调解终止。

第九十七条　车辆在道路以外发生交通事故，公安机关交通管理部门接到报案的，参照道路交通安全法和本条例的规定处理。

车辆、行人与火车发生的交通事故以及在渡口发生的交通事故，依照国家有关规定处理。

第六章　执法监督

第九十八条　公安机关交通管理部门应当公开办事制度、办事程序，建立警风警纪监督员制度，自觉接受社会和群众的监督。

第九十九条　公安机关交通管理部门及其交通警察办理机动车登记，发放号牌，对驾驶人考试、发证，处理道路交通安全违法行为，处理道路交通事故，应当严格遵守有关规定，不得越权执法，不得延迟履行职责，不得擅自改变处罚的种类和幅度。

第一百条　公安机关交通管理部门应当公布举报电话，受理群众举报投诉，并及时调查核实，反馈查处结果。

第一百零一条　公安机关交通管理部门应当建立执法质量考核评议、执法责任制和执法过错追究制度，防止和纠正道路交通安全执法中的错误或者不当行为。

第七章　法律责任

第一百零二条　违反本条例规定的行为，依照道路交通安全法和本条例的规定处罚。

第一百零三条　以欺骗、贿赂等不正当手段取得机动车登记或者驾驶许可的，收缴机动车登记证书、号牌、行驶证或者机动车驾驶证，撤销机动车登记或者机动车驾驶许可；申请人在 3 年内不得申请机动车登记或者机动车驾驶许可。

第一百零四条 机动车驾驶人有下列行为之一，又无其他机动车驾驶人即时替代驾驶的，公安机关交通管理部门除依法给予处罚外，可以将其驾驶的机动车移至不妨碍交通的地点或者有关部门指定的地点停放：

（一）不能出示本人有效驾驶证的；

（二）驾驶的机动车与驾驶证载明的准驾车型不符的；

（三）饮酒、服用国家管制的精神药品或者麻醉药品、患有妨碍安全驾驶的疾病，或者过度疲劳仍继续驾驶的；

（四）学习驾驶人员没有教练人员随车指导单独驾驶的。

第一百零五条 机动车驾驶人有饮酒、醉酒、服用国家管制的精神药品或者麻醉药品嫌疑的，应当接受测试、检验。

第一百零六条 公路客运载客汽车超过核定乘员、载货汽车超过核定载质量的，公安机关交通管理部门依法扣留机动车后，驾驶人应当将超载的乘车人转运、将超载的货物卸载，费用由超载机动车的驾驶人或者所有人承担。

第一百零七条 依照道路交通安全法第九十二条、第九十五条、第九十六条、第九十八条的规定被扣留的机动车，驾驶人或者所有人、管理人30日内没有提供被扣留机动车的合法证明，没有补办相应手续，或者不前来接受处理，经公安机关交通管理部门通知并且经公告3个月仍不前来接受处理的，由公安机关交通管理部门将该机动车送交有资格的拍卖机构拍卖，所得价款上缴国库；非法拼装的机动车予以拆除；达到报废标准的机动车予以报废。机动车涉及其他违法犯罪行为的，移交有关部门处理。

第一百零八条 交通警察按照简易程序当场作出行政处罚的，应当告知当事人道路交通安全违法行为的事实、处罚的理由和依据，并将行政处罚决定书当场交付被处罚人。

第一百零九条 对道路交通安全违法行为人处以罚款或者暂扣驾驶

证处罚的，由违法行为发生地的县级以上人民政府公安机关交通管理部门或者相当于同级的公安机关交通管理部门作出决定；对处以吊销机动车驾驶证处罚的，由设区的市人民政府公安机关交通管理部门或者相当于同级的公安机关交通管理部门作出决定。

公安机关交通管理部门对非本辖区机动车的道路交通安全违法行为没有当场处罚的，可以由机动车登记地的公安机关交通管理部门处罚。

第一百一十条 当事人对公安机关交通管理部门及其交通警察的处罚有权进行陈述和申辩，交通警察应当充分听取当事人的陈述和申辩，不得因当事人陈述、申辩而加重其处罚。

第八章 附 则

第一百一十一条 本条例所称上道路行驶的拖拉机，是指手扶拖拉机等最高设计行驶速度不超过每小时 20 公里的轮式拖拉机和最高设计行驶速度不超过每小时 40 公里、牵引挂车方可从事道路运输的轮式拖拉机。

第一百一十二条 农业（农业机械）主管部门应当定期向公安机关交通管理部门提供拖拉机登记、安全技术检验以及拖拉机驾驶证发放的资料、数据。公安机关交通管理部门对拖拉机驾驶人作出暂扣、吊销驾驶证处罚或者记分处理的，应当定期将处罚决定书和记分情况通报有关的农业（农业机械）主管部门。吊销驾驶证的，还应当将驾驶证送交有关的农业（农业机械）主管部门。

第一百一十三条 境外机动车入境行驶，应当向入境地的公安机关交通管理部门申请临时通行号牌、行驶证。临时通行号牌、行驶证应当根据行驶需要，载明有效日期和允许行驶的区域。

入境的境外机动车申请临时通行号牌、行驶证以及境外人员申请机动车驾驶许可的条件、考试办法由国务院公安部门规定。

第一百一十四条 机动车驾驶许可考试的收费标准，由国务院价格主管部门规定。

第一百一十五条 本条例自 2004 年 5 月 1 日起施行。1960 年 2 月 11 日国务院批准、交通部发布的《机动车管理办法》，1988 年 3 月 9 日国务院发布的《中华人民共和国道路交通管理条例》，1991 年 9 月 22 日国务院发布的《道路交通事故处理办法》，同时废止。

中华人民共和国道路运输条例

- 2004 年 4 月 30 日中华人民共和国国务院令第 406 号公布
- 根据 2012 年 11 月 9 日《国务院关于修改和废止部分行政法规的决定》第一次修订
- 根据 2016 年 2 月 6 日《国务院关于修改部分行政法规的决定》第二次修订
- 根据 2019 年 3 月 2 日《国务院关于修改部分行政法规的决定》第三次修订
- 根据 2022 年 3 月 29 日《国务院关于修改和废止部分行政法规的决定》第四次修订

第一章 总 则

第一条 为了维护道路运输市场秩序，保障道路运输安全，保护道路运输有关各方当事人的合法权益，促进道路运输业的健康发展，制定本条例。

第二条 从事道路运输经营以及道路运输相关业务的，应当遵守本条例。

前款所称道路运输经营包括道路旅客运输经营（以下简称客运经营）和道路货物运输经营（以下简称货运经营）；道路运输相关业务包括站（场）经营、机动车维修经营、机动车驾驶员培训。

第三条 从事道路运输经营以及道路运输相关业务，应当依法经营，诚实信用，公平竞争。

第四条 道路运输管理，应当公平、公正、公开和便民。

第五条 国家鼓励发展乡村道路运输，并采取必要的措施提高乡镇和行政村的通班车率，满足广大农民的生活和生产需要。

第六条 国家鼓励道路运输企业实行规模化、集约化经营。任何单位和个人不得封锁或者垄断道路运输市场。

第七条 国务院交通运输主管部门主管全国道路运输管理工作。

县级以上地方人民政府交通运输主管部门负责本行政区域的道路运输管理工作。

第二章　道路运输经营

第一节　客　　运

第八条 申请从事客运经营的，应当具备下列条件：

（一）有与其经营业务相适应并经检测合格的车辆；

（二）有符合本条例第九条规定条件的驾驶人员；

（三）有健全的安全生产管理制度。

申请从事班线客运经营的，还应当有明确的线路和站点方案。

第九条 从事客运经营的驾驶人员，应当符合下列条件：

（一）取得相应的机动车驾驶证；

（二）年龄不超过 60 周岁；

（三）3 年内无重大以上交通责任事故记录；

（四）经设区的市级人民政府交通运输主管部门对有关客运法律法规、机动车维修和旅客急救基本知识考试合格。

第十条 申请从事客运经营的，应当依法向市场监督管理部门办理有关登记手续后，按照下列规定提出申请并提交符合本条例第八条规定条件的相关材料：

（一）从事县级行政区域内和毗邻县行政区域间客运经营的，向所在地县级人民政府交通运输主管部门提出申请；

（二）从事省际、市际、县际（除毗邻县行政区域间外）客运经营的，向所在地设区的市级人民政府交通运输主管部门提出申请；

（三）在直辖市申请从事客运经营的，向所在地直辖市人民政府确定的交通运输主管部门提出申请。

依照前款规定收到申请的交通运输主管部门，应当自受理申请之日起 20 日内审查完毕，作出许可或者不予许可的决定。予以许可的，向申请人颁发道路运输经营许可证，并向申请人投入运输的车辆配发车辆营运证；不予许可的，应当书面通知申请人并说明理由。

对从事省际和市际客运经营的申请，收到申请的交通运输主管部门依照本条第二款规定颁发道路运输经营许可证前，应当与运输线路目的地的相应交通运输主管部门协商，协商不成的，应当按程序报省、自治区、直辖市人民政府交通运输主管部门协商决定。对从事设区的市内毗邻县客运经营的申请，有关交通运输主管部门应当进行协商，协商不成的，报所在地市级人民政府交通运输主管部门决定。

第十一条　取得道路运输经营许可证的客运经营者，需要增加客运班线的，应当依照本条例第十条的规定办理有关手续。

第十二条　县级以上地方人民政府交通运输主管部门在审查客运申请时，应当考虑客运市场的供求状况、普遍服务和方便群众等因素。

同一线路有 3 个以上申请人时，可以通过招标的形式作出许可决定。

第十三条　县级以上地方人民政府交通运输主管部门应当定期公布客运市场供求状况。

第十四条　客运班线的经营期限为 4 年到 8 年。经营期限届满需要延续客运班线经营许可的，应当重新提出申请。

第十五条　客运经营者需要终止客运经营的，应当在终止前 30 日内告知原许可机关。

第十六条　客运经营者应当为旅客提供良好的乘车环境，保持车辆清洁、卫生，并采取必要的措施防止在运输过程中发生侵害旅客人身、财产安全的违法行为。

第十七条 旅客应当持有效客票乘车，遵守乘车秩序，讲究文明卫生，不得携带国家规定的危险物品及其他禁止携带的物品乘车。

第十八条 班线客运经营者取得道路运输经营许可证后，应当向公众连续提供运输服务，不得擅自暂停、终止或者转让班线运输。

第十九条 从事包车客运的，应当按照约定的起始地、目的地和线路运输。

从事旅游客运的，应当在旅游区域按照旅游线路运输。

第二十条 客运经营者不得强迫旅客乘车，不得甩客、敲诈旅客；不得擅自更换运输车辆。

第二节 货 运

第二十一条 申请从事货运经营的，应当具备下列条件：

（一）有与其经营业务相适应并经检测合格的车辆；

（二）有符合本条例第二十二条规定条件的驾驶人员；

（三）有健全的安全生产管理制度。

第二十二条 从事货运经营的驾驶人员，应当符合下列条件：

（一）取得相应的机动车驾驶证；

（二）年龄不超过 60 周岁；

（三）经设区的市级人民政府交通运输主管部门对有关货运法律法规、机动车维修和货物装载保管基本知识考试合格（使用总质量 4500 千克及以下普通货运车辆的驾驶人员除外）。

第二十三条 申请从事危险货物运输经营的，还应当具备下列条件：

（一）有 5 辆以上经检测合格的危险货物运输专用车辆、设备；

（二）有经所在地设区的市级人民政府交通运输主管部门考试合格，取得上岗资格证的驾驶人员、装卸管理人员、押运人员；

（三）危险货物运输专用车辆配有必要的通讯工具；

（四）有健全的安全生产管理制度。

第二十四条　申请从事货运经营的，应当依法向市场监督管理部门办理有关登记手续后，按照下列规定提出申请并分别提交符合本条例第二十一条、第二十三条规定条件的相关材料：

（一）从事危险货物运输经营以外的货运经营的，向县级人民政府交通运输主管部门提出申请；

（二）从事危险货物运输经营的，向设区的市级人民政府交通运输主管部门提出申请。

依照前款规定收到申请的交通运输主管部门，应当自受理申请之日起20日内审查完毕，作出许可或者不予许可的决定。予以许可的，向申请人颁发道路运输经营许可证，并向申请人投入运输的车辆配发车辆营运证；不予许可的，应当书面通知申请人并说明理由。

使用总质量4500千克及以下普通货运车辆从事普通货运经营的，无需按照本条规定申请取得道路运输经营许可证及车辆营运证。

第二十五条　货运经营者不得运输法律、行政法规禁止运输的货物。

法律、行政法规规定必须办理有关手续后方可运输的货物，货运经营者应当查验有关手续。

第二十六条　国家鼓励货运经营者实行封闭式运输，保证环境卫生和货物运输安全。

货运经营者应当采取必要措施，防止货物脱落、扬撒等。

运输危险货物应当采取必要措施，防止危险货物燃烧、爆炸、辐射、泄漏等。

第二十七条　运输危险货物应当配备必要的押运人员，保证危险货物处于押运人员的监管之下，并悬挂明显的危险货物运输标志。

托运危险货物的，应当向货运经营者说明危险货物的品名、性质、应急处置方法等情况，并严格按照国家有关规定包装，设置明显标志。

第三节　客运和货运的共同规定

第二十八条　客运经营者、货运经营者应当加强对从业人员的安全教育、职业道德教育，确保道路运输安全。

道路运输从业人员应当遵守道路运输操作规程，不得违章作业。驾驶人员连续驾驶时间不得超过 4 个小时。

第二十九条　生产（改装）客运车辆、货运车辆的企业应当按照国家规定标定车辆的核定人数或者载重量，严禁多标或者少标车辆的核定人数或者载重量。

客运经营者、货运经营者应当使用符合国家规定标准的车辆从事道路运输经营。

第三十条　客运经营者、货运经营者应当加强对车辆的维护和检测，确保车辆符合国家规定的技术标准；不得使用报废的、擅自改装的和其他不符合国家规定的车辆从事道路运输经营。

第三十一条　客运经营者、货运经营者应当制定有关交通事故、自然灾害以及其他突发事件的道路运输应急预案。应急预案应当包括报告程序、应急指挥、应急车辆和设备的储备以及处置措施等内容。

第三十二条　发生交通事故、自然灾害以及其他突发事件，客运经营者和货运经营者应当服从县级以上人民政府或者有关部门的统一调度、指挥。

第三十三条　道路运输车辆应当随车携带车辆营运证，不得转让、出租。

第三十四条　道路运输车辆运输旅客的，不得超过核定的人数，不得违反规定载货；运输货物的，不得运输旅客，运输的货物应当符合核定的载重量，严禁超载；载物的长、宽、高不得违反装载要求。

违反前款规定的，由公安机关交通管理部门依照《中华人民共和国道路交通安全法》的有关规定进行处罚。

第三十五条　客运经营者、危险货物运输经营者应当分别为旅客或者危险货物投保承运人责任险。

第三章　道路运输相关业务

第三十六条　从事道路运输站（场）经营的，应当具备下列条件：

（一）有经验收合格的运输站（场）；

（二）有相应的专业人员和管理人员；

（三）有相应的设备、设施；

（四）有健全的业务操作规程和安全管理制度。

第三十七条　从事机动车维修经营的，应当具备下列条件：

（一）有相应的机动车维修场地；

（二）有必要的设备、设施和技术人员；

（三）有健全的机动车维修管理制度；

（四）有必要的环境保护措施。

国务院交通运输主管部门根据前款规定的条件，制定机动车维修经营业务标准。

第三十八条　从事机动车驾驶员培训的，应当具备下列条件：

（一）取得企业法人资格；

（二）有健全的培训机构和管理制度；

（三）有与培训业务相适应的教学人员、管理人员；

（四）有必要的教学车辆和其他教学设施、设备、场地。

第三十九条　申请从事道路旅客运输站（场）经营业务的，应当在依法向市场监督管理部门办理有关登记手续后，向所在地县级人民政府交通运输主管部门提出申请，并附送符合本条例第三十六条规定条件的相关材料。县级人民政府交通运输主管部门应当自受理申请之日起15日内审查完毕，作出许可或者不予许可的决定，并书面通知申请人。

从事道路货物运输站（场）经营、机动车维修经营和机动车驾驶员培训业务的，应当在依法向市场监督管理部门办理有关登记手续后，向所在地县级人民政府交通运输主管部门进行备案，并分别附送符合本条例第三十六条、第三十七条、第三十八条规定条件的相关材料。

第四十条 道路运输站（场）经营者应当对出站的车辆进行安全检查，禁止无证经营的车辆进站从事经营活动，防止超载车辆或者未经安全检查的车辆出站。

道路运输站（场）经营者应当公平对待使用站（场）的客运经营者和货运经营者，无正当理由不得拒绝道路运输车辆进站从事经营活动。

道路运输站（场）经营者应当向旅客和货主提供安全、便捷、优质的服务；保持站（场）卫生、清洁；不得随意改变站（场）用途和服务功能。

第四十一条 道路旅客运输站（场）经营者应当为客运经营者合理安排班次，公布其运输线路、起止经停站点、运输班次、始发时间、票价，调度车辆进站、发车，疏导旅客，维持上下车秩序。

道路旅客运输站（场）经营者应当设置旅客购票、候车、行李寄存和托运等服务设施，按照车辆核定载客限额售票，并采取措施防止携带危险品的人员进站乘车。

第四十二条 道路货物运输站（场）经营者应当按照国务院交通运输主管部门规定的业务操作规程装卸、储存、保管货物。

第四十三条 机动车维修经营者应当按照国家有关技术规范对机动车进行维修，保证维修质量，不得使用假冒伪劣配件维修机动车。

机动车维修经营者应当公布机动车维修工时定额和收费标准，合理收取费用，维修服务完成后应当提供维修费用明细单。

第四十四条 机动车维修经营者对机动车进行二级维护、总成修理或者整车修理的，应当进行维修质量检验。检验合格的，维修质量检验人员应当签发机动车维修合格证。

机动车维修实行质量保证期制度。质量保证期内因维修质量原因造成机动车无法正常使用的，机动车维修经营者应当无偿返修。

机动车维修质量保证期制度的具体办法，由国务院交通运输主管部门制定。

第四十五条　机动车维修经营者不得承修已报废的机动车，不得擅自改装机动车。

第四十六条　机动车驾驶员培训机构应当按照国务院交通运输主管部门规定的教学大纲进行培训，确保培训质量。培训结业的，应当向参加培训的人员颁发培训结业证书。

第四章　国际道路运输

第四十七条　国务院交通运输主管部门应当及时向社会公布中国政府与有关国家政府签署的双边或者多边道路运输协定确定的国际道路运输线路。

第四十八条　从事国际道路运输经营的，应当具备下列条件：

（一）依照本条例第十条、第二十四条规定取得道路运输经营许可证的企业法人；

（二）在国内从事道路运输经营满 3 年，且未发生重大以上道路交通责任事故。

第四十九条　申请从事国际道路旅客运输经营的，应当向省、自治区、直辖市人民政府交通运输主管部门提出申请并提交符合本条例第四十八条规定条件的相关材料。省、自治区、直辖市人民政府交通运输主管部门应当自受理申请之日起 20 日内审查完毕，作出批准或者不予批准的决定。予以批准的，应当向国务院交通运输主管部门备案；不予批准的，应当向当事人说明理由。

从事国际道路货物运输经营的，应当向省、自治区、直辖市人民政府交通运输主管部门进行备案，并附送符合本条例第四十八条规定条件的相关材料。

国际道路运输经营者应当持有关文件依法向有关部门办理相关手续。

第五十条 中国国际道路运输经营者应当在其投入运输车辆的显著位置，标明中国国籍识别标志。

外国国际道路运输经营者的车辆在中国境内运输，应当标明本国国籍识别标志，并按照规定的运输线路行驶；不得擅自改变运输线路，不得从事起止地都在中国境内的道路运输经营。

第五十一条 在口岸设立的国际道路运输管理机构应当加强对出入口岸的国际道路运输的监督管理。

第五十二条 外国国际道路运输经营者依法在中国境内设立的常驻代表机构不得从事经营活动。

第五章 执 法 监 督

第五十三条 县级以上地方人民政府交通运输、公安、市场监督管理等部门应当建立信息共享和协同监管机制，按照职责分工加强对道路运输及相关业务的监督管理。

第五十四条 县级以上人民政府交通运输主管部门应当加强执法队伍建设，提高其工作人员的法制、业务素质。

县级以上人民政府交通运输主管部门的工作人员应当接受法制和道路运输管理业务培训、考核，考核不合格的，不得上岗执行职务。

第五十五条 上级交通运输主管部门应当对下级交通运输主管部门的执法活动进行监督。

县级以上人民政府交通运输主管部门应当建立健全内部监督制度，对其工作人员执法情况进行监督检查。

第五十六条 县级以上人民政府交通运输主管部门及其工作人员执行职务时，应当自觉接受社会和公民的监督。

第五十七条 县级以上人民政府交通运输主管部门应当建立道路运输举报制度，公开举报电话号码、通信地址或者电子邮件信箱。

任何单位和个人都有权对县级以上人民政府交通运输主管部门的工作人员滥用职权、徇私舞弊的行为进行举报。县级以上人民政府交通运输主管部门及其他有关部门收到举报后，应当依法及时查处。

第五十八条　县级以上人民政府交通运输主管部门的工作人员应当严格按照职责权限和程序进行监督检查，不得乱设卡、乱收费、乱罚款。

县级以上人民政府交通运输主管部门的工作人员应当重点在道路运输及相关业务经营场所、客货集散地进行监督检查。

县级以上人民政府交通运输主管部门的工作人员在公路路口进行监督检查时，不得随意拦截正常行驶的道路运输车辆。

第五十九条　县级以上人民政府交通运输主管部门的工作人员实施监督检查时，应当有 2 名以上人员参加，并向当事人出示执法证件。

第六十条　县级以上人民政府交通运输主管部门的工作人员实施监督检查时，可以向有关单位和个人了解情况，查阅、复制有关资料。但是，应当保守被调查单位和个人的商业秘密。

被监督检查的单位和个人应当接受依法实施的监督检查，如实提供有关资料或者情况。

第六十一条　县级以上人民政府交通运输主管部门的工作人员在实施道路运输监督检查过程中，发现车辆超载行为的，应当立即予以制止，并采取相应措施安排旅客改乘或者强制卸货。

第六十二条　县级以上人民政府交通运输主管部门的工作人员在实施道路运输监督检查过程中，对没有车辆营运证又无法当场提供其他有效证明的车辆予以暂扣的，应当妥善保管，不得使用，不得收取或者变相收取保管费用。

第六章　法　律　责　任

第六十三条　违反本条例的规定，未取得道路运输经营许可，擅自从事道路运输经营的，由县级以上地方人民政府交通运输主管部门责令停止经营；有违法所得的，没收违法所得，处违法所得 2 倍以上 10 倍以下的罚款；没有违法所得或者违法所得不足 2 万元的，处 3 万元以上

10 万元以下的罚款；构成犯罪的，依法追究刑事责任。

第六十四条 不符合本条例第九条、第二十二条规定条件的人员驾驶道路运输经营车辆的，由县级以上地方人民政府交通运输主管部门责令改正，处 200 元以上 2000 元以下的罚款；构成犯罪的，依法追究刑事责任。

第六十五条 违反本条例的规定，未经许可擅自从事道路旅客运输站（场）经营的，由县级以上地方人民政府交通运输主管部门责令停止经营；有违法所得的，没收违法所得，处违法所得 2 倍以上 10 倍以下的罚款；没有违法所得或者违法所得不足 1 万元的，处 2 万元以上 5 万元以下的罚款；构成犯罪的，依法追究刑事责任。

从事机动车维修经营业务不符合国务院交通运输主管部门制定的机动车维修经营业务标准的，由县级以上地方人民政府交通运输主管部门责令改正；情节严重的，由县级以上地方人民政府交通运输主管部门责令停业整顿。

从事道路货物运输站（场）经营、机动车维修经营和机动车驾驶员培训业务，未按规定进行备案的，由县级以上地方人民政府交通运输主管部门责令改正；拒不改正的，处 5000 元以上 2 万元以下的罚款。备案时提供虚假材料情节严重的，其直接负责的主管人员和其他直接责任人员 5 年内不得从事原备案的业务。

第六十六条 违反本条例的规定，客运经营者、货运经营者、道路运输相关业务经营者非法转让、出租道路运输许可证件的，由县级以上地方人民政府交通运输主管部门责令停止违法行为，收缴有关证件，处 2000 元以上 1 万元以下的罚款；有违法所得的，没收违法所得。

第六十七条 违反本条例的规定，客运经营者、危险货物运输经营者未按规定投保承运人责任险的，由县级以上地方人民政府交通运输主管部门责令限期投保；拒不投保的，由原许可机关吊销道路运输经营许可证。

第六十八条 违反本条例的规定，客运经营者、货运经营者不按照规定携带车辆营运证的，由县级以上地方人民政府交通运输主管部门责令改正，处警告或者20元以上200元以下的罚款。

第六十九条 违反本条例的规定，客运经营者、货运经营者有下列情形之一的，由县级以上地方人民政府交通运输主管部门责令改正，处1000元以上3000元以下的罚款；情节严重的，由原许可机关吊销道路运输经营许可证：

（一）不按批准的客运站点停靠或者不按规定的线路、公布的班次行驶的；

（二）强行招揽旅客、货物的；

（三）在旅客运输途中擅自变更运输车辆或者将旅客移交他人运输的；

（四）未报告原许可机关，擅自终止客运经营的；

（五）没有采取必要措施防止货物脱落、扬撒等的。

第七十条 违反本条例的规定，客运经营者、货运经营者不按规定维护和检测运输车辆的，由县级以上地方人民政府交通运输主管部门责令改正，处1000元以上5000元以下的罚款。

违反本条例的规定，客运经营者、货运经营者擅自改装已取得车辆营运证的车辆的，由县级以上地方人民政府交通运输主管部门责令改正，处5000元以上2万元以下的罚款。

第七十一条 违反本条例的规定，道路运输站（场）经营者允许无证经营的车辆进站从事经营活动以及超载车辆、未经安全检查的车辆出站或者无正当理由拒绝道路运输车辆进站从事经营活动的，由县级以上地方人民政府交通运输主管部门责令改正，处1万元以上3万元以下的罚款。

违反本条例的规定，道路运输站（场）经营者擅自改变道路运输站（场）的用途和服务功能，或者不公布运输线路、起止经停站点、运输班次、始发时间、票价的，由县级以上地方人民政府交通运输主管部门责令改正；拒不改正的，处3000元的罚款；有违法所得的，没收违法所得。

第七十二条　违反本条例的规定，机动车维修经营者使用假冒伪劣配件维修机动车，承修已报废的机动车或者擅自改装机动车的，由县级以上地方人民政府交通运输主管部门责令改正；有违法所得的，没收违法所得，处违法所得 2 倍以上 10 倍以下的罚款；没有违法所得或者违法所得不足 1 万元的，处 2 万元以上 5 万元以下的罚款，没收假冒伪劣配件及报废车辆；情节严重的，由县级以上地方人民政府交通运输主管部门责令停业整顿；构成犯罪的，依法追究刑事责任。

第七十三条　违反本条例的规定，机动车维修经营者签发虚假的机动车维修合格证，由县级以上地方人民政府交通运输主管部门责令改正；有违法所得的，没收违法所得，处违法所得 2 倍以上 10 倍以下的罚款；没有违法所得或者违法所得不足 3000 元的，处 5000 元以上 2 万元以下的罚款；情节严重的，由县级以上地方人民政府交通运输主管部门责令停业整顿；构成犯罪的，依法追究刑事责任。

第七十四条　违反本条例的规定，机动车驾驶员培训机构不严格按照规定进行培训或者在培训结业证书发放时弄虚作假的，由县级以上地方人民政府交通运输主管部门责令改正；拒不改正的，责令停业整顿。

第七十五条　违反本条例的规定，外国国际道路运输经营者未按照规定的线路运输，擅自从事中国境内道路运输或者未标明国籍识别标志的，由省、自治区、直辖市人民政府交通运输主管部门责令停止运输；有违法所得的，没收违法所得，处违法所得 2 倍以上 10 倍以下的罚款；没有违法所得或者违法所得不足 1 万元的，处 3 万元以上 6 万元以下的罚款。

从事国际道路货物运输经营，未按规定进行备案的，由省、自治区、直辖市人民政府交通运输主管部门责令改正；拒不改正的，处 5000 元以上 2 万元以下的罚款。

第七十六条　县级以上人民政府交通运输主管部门应当将道路运输及其相关业务经营者和从业人员的违法行为记入信用记录，并依照有关法律、行政法规的规定予以公示。

第七十七条 违反本条例的规定，县级以上人民政府交通运输主管部门的工作人员有下列情形之一的，依法给予行政处分；构成犯罪的，依法追究刑事责任：

（一）不依照本条例规定的条件、程序和期限实施行政许可的；

（二）参与或者变相参与道路运输经营以及道路运输相关业务的；

（三）发现违法行为不及时查处的；

（四）违反规定拦截、检查正常行驶的道路运输车辆的；

（五）违法扣留运输车辆、车辆营运证的；

（六）索取、收受他人财物，或者谋取其他利益的；

（七）其他违法行为。

第七章　附　　则

第七十八条 内地与香港特别行政区、澳门特别行政区之间的道路运输，参照本条例的有关规定执行。

第七十九条 外商可以依照有关法律、行政法规和国家有关规定，在中华人民共和国境内采用中外合资、中外合作、独资形式投资有关的道路运输经营以及道路运输相关业务。

第八十条 从事非经营性危险货物运输的，应当遵守本条例有关规定。

第八十一条 县级以上地方人民政府交通运输主管部门依照本条例发放经营许可证件和车辆营运证，可以收取工本费。工本费的具体收费标准由省、自治区、直辖市人民政府财政部门、价格主管部门会同同级交通运输主管部门核定。

第八十二条 出租车客运和城市公共汽车客运的管理办法由国务院另行规定。

第八十三条 本条例自 2004 年 7 月 1 日起施行。

机动车交通事故责任强制保险条例

· 2006 年 3 月 21 日中华人民共和国国务院令第 462 号公布

· 根据 2012 年 3 月 30 日《国务院关于修改〈机动车交通事故责任强制保险条例〉的决定》第一次修订

· 根据 2012 年 12 月 17 日《国务院关于修改〈机动车交通事故责任强制保险条例〉的决定》第二次修订

· 根据 2016 年 2 月 6 日《国务院关于修改部分行政法规的决定》第三次修订

· 根据 2019 年 3 月 2 日《国务院关于修改部分行政法规的决定》第四次修订

第一章 总 则

第一条 为了保障机动车道路交通事故受害人依法得到赔偿，促进道路交通安全，根据《中华人民共和国道路交通安全法》、《中华人民共和国保险法》，制定本条例。

第二条 在中华人民共和国境内道路上行驶的机动车的所有人或者管理人，应当依照《中华人民共和国道路交通安全法》的规定投保机动车交通事故责任强制保险。

机动车交通事故责任强制保险的投保、赔偿和监督管理，适用本条例。

第三条 本条例所称机动车交通事故责任强制保险，是指由保险公司对被保险机动车发生道路交通事故造成本车人员、被保险人以外的受害人的人身伤亡、财产损失，在责任限额内予以赔偿的强制性责任保险。

第四条 国务院保险监督管理机构依法对保险公司的机动车交通事

故责任强制保险业务实施监督管理。

公安机关交通管理部门、农业（农业机械）主管部门（以下统称机动车管理部门）应当依法对机动车参加机动车交通事故责任强制保险的情况实施监督检查。对未参加机动车交通事故责任强制保险的机动车，机动车管理部门不得予以登记，机动车安全技术检验机构不得予以检验。

公安机关交通管理部门及其交通警察在调查处理道路交通安全违法行为和道路交通事故时，应当依法检查机动车交通事故责任强制保险的保险标志。

第二章　投　　保

第五条　保险公司可以从事机动车交通事故责任强制保险业务。

为了保证机动车交通事故责任强制保险制度的实行，国务院保险监督管理机构有权要求保险公司从事机动车交通事故责任强制保险业务。

除保险公司外，任何单位或者个人不得从事机动车交通事故责任强制保险业务。

第六条　机动车交通事故责任强制保险实行统一的保险条款和基础保险费率。国务院保险监督管理机构按照机动车交通事故责任强制保险业务总体上不盈利不亏损的原则审批保险费率。

国务院保险监督管理机构在审批保险费率时，可以聘请有关专业机构进行评估，可以举行听证会听取公众意见。

第七条　保险公司的机动车交通事故责任强制保险业务，应当与其他保险业务分开管理，单独核算。

国务院保险监督管理机构应当每年对保险公司的机动车交通事故责任强制保险业务情况进行核查，并向社会公布；根据保险公司机动车交通事故责任强制保险业务的总体盈利或者亏损情况，可以要求或者允许保险公司相应调整保险费率。

调整保险费率的幅度较大的，国务院保险监督管理机构应当进行听证。

第八条　被保险机动车没有发生道路交通安全违法行为和道路交通事故的，保险公司应当在下一年度降低其保险费率。在此后的年度内，被保险机动车仍然没有发生道路交通安全违法行为和道路交通事故的，保险公司应当继续降低其保险费率，直至最低标准。被保险机动车发生道路交通安全违法行为或者道路交通事故的，保险公司应当在下一年度提高其保险费率。多次发生道路交通安全违法行为、道路交通事故，或者发生重大道路交通事故的，保险公司应当加大提高其保险费率的幅度。在道路交通事故中被保险人没有过错的，不提高其保险费率。降低或者提高保险费率的标准，由国务院保险监督管理机构会同国务院公安部门制定。

第九条　国务院保险监督管理机构、国务院公安部门、国务院农业主管部门以及其他有关部门应当逐步建立有关机动车交通事故责任强制保险、道路交通安全违法行为和道路交通事故的信息共享机制。

第十条　投保人在投保时应当选择从事机动车交通事故责任强制保险业务的保险公司，被选择的保险公司不得拒绝或者拖延承保。

国务院保险监督管理机构应当将从事机动车交通事故责任强制保险业务的保险公司向社会公示。

第十一条　投保人投保时，应当向保险公司如实告知重要事项。

重要事项包括机动车的种类、厂牌型号、识别代码、牌照号码、使用性质和机动车所有人或者管理人的姓名（名称）、性别、年龄、住所、身份证或者驾驶证号码（组织机构代码）、续保前该机动车发生事故的情况以及国务院保险监督管理机构规定的其他事项。

第十二条　签订机动车交通事故责任强制保险合同时，投保人应当一次支付全部保险费；保险公司应当向投保人签发保险单、保险标志。保险单、保险标志应当注明保险单号码、车牌号码、保险期限、保险公司的名称、地址和理赔电话号码。

被保险人应当在被保险机动车上放置保险标志。

保险标志式样全国统一。保险单、保险标志由国务院保险监督管理机构监制。任何单位或者个人不得伪造、变造或者使用伪造、变造的保险单、保险标志。

第十三条　签订机动车交通事故责任强制保险合同时，投保人不得在保险条款和保险费率之外，向保险公司提出附加其他条件的要求。

签订机动车交通事故责任强制保险合同时，保险公司不得强制投保人订立商业保险合同以及提出附加其他条件的要求。

第十四条　保险公司不得解除机动车交通事故责任强制保险合同；但是，投保人对重要事项未履行如实告知义务的除外。

投保人对重要事项未履行如实告知义务，保险公司解除合同前，应当书面通知投保人，投保人应当自收到通知之日起5日内履行如实告知义务；投保人在上述期限内履行如实告知义务的，保险公司不得解除合同。

第十五条　保险公司解除机动车交通事故责任强制保险合同的，应当收回保险单和保险标志，并书面通知机动车管理部门。

第十六条　投保人不得解除机动车交通事故责任强制保险合同，但有下列情形之一的除外：

（一）被保险机动车被依法注销登记的；

（二）被保险机动车办理停驶的；

（三）被保险机动车经公安机关证实丢失的。

第十七条　机动车交通事故责任强制保险合同解除前，保险公司应当按照合同承担保险责任。

合同解除时，保险公司可以收取自保险责任开始之日起至合同解除之日止的保险费，剩余部分的保险费退还投保人。

第十八条　被保险机动车所有权转移的，应当办理机动车交通事故责任强制保险合同变更手续。

第十九条　机动车交通事故责任强制保险合同期满，投保人应当及时续保，并提供上一年度的保险单。

第二十条　机动车交通事故责任强制保险的保险期间为1年，但有下列情形之一的，投保人可以投保短期机动车交通事故责任强制保险：

（一）境外机动车临时入境的；

（二）机动车临时上道路行驶的；

（三）机动车距规定的报废期限不足1年的；

（四）国务院保险监督管理机构规定的其他情形。

第三章　赔　　偿

第二十一条　被保险机动车发生道路交通事故造成本车人员、被保险人以外的受害人人身伤亡、财产损失的，由保险公司依法在机动车交通事故责任强制保险责任限额范围内予以赔偿。

道路交通事故的损失是由受害人故意造成的，保险公司不予赔偿。

第二十二条　有下列情形之一的，保险公司在机动车交通事故责任强制保险责任限额范围内垫付抢救费用，并有权向致害人追偿：

（一）驾驶人未取得驾驶资格或者醉酒的；

（二）被保险机动车被盗抢期间肇事的；

（三）被保险人故意制造道路交通事故的。

有前款所列情形之一，发生道路交通事故的，造成受害人的财产损失，保险公司不承担赔偿责任。

第二十三条　机动车交通事故责任强制保险在全国范围内实行统一的责任限额。责任限额分为死亡伤残赔偿限额、医疗费用赔偿限额、财产损失赔偿限额以及被保险人在道路交通事故中无责任的赔偿限额。

机动车交通事故责任强制保险责任限额由国务院保险监督管理机构会同国务院公安部门、国务院卫生主管部门、国务院农业主管部门规定。

第二十四条　国家设立道路交通事故社会救助基金（以下简称救助基金）。有下列情形之一时，道路交通事故中受害人人身伤亡的丧葬费用、部分或者全部抢救费用，由救助基金先行垫付，救助基金管理机构有权向道路交通事故责任人追偿：

（一）抢救费用超过机动车交通事故责任强制保险责任限额的；

（二）肇事机动车未参加机动车交通事故责任强制保险的；

（三）机动车肇事后逃逸的。

第二十五条 救助基金的来源包括：

（一）按照机动车交通事故责任强制保险的保险费的一定比例提取的资金；

（二）对未按照规定投保机动车交通事故责任强制保险的机动车的所有人、管理人的罚款；

（三）救助基金管理机构依法向道路交通事故责任人追偿的资金；

（四）救助基金孳息；

（五）其他资金。

第二十六条 救助基金的具体管理办法，由国务院财政部门会同国务院保险监督管理机构、国务院公安部门、国务院卫生主管部门、国务院农业主管部门制定试行。

第二十七条 被保险机动车发生道路交通事故，被保险人或者受害人通知保险公司的，保险公司应当立即给予答复，告知被保险人或者受害人具体的赔偿程序等有关事项。

第二十八条 被保险机动车发生道路交通事故的，由被保险人向保险公司申请赔偿保险金。保险公司应当自收到赔偿申请之日起1日内，书面告知被保险人需要向保险公司提供的与赔偿有关的证明和资料。

第二十九条 保险公司应当自收到被保险人提供的证明和资料之日起5日内，对是否属于保险责任作出核定，并将结果通知被保险人；对不属于保险责任的，应当书面说明理由；对属于保险责任的，在与被保险人达成赔偿保险金的协议后10日内，赔偿保险金。

第三十条 被保险人与保险公司对赔偿有争议的，可以依法申请仲裁或者向人民法院提起诉讼。

第三十一条 保险公司可以向被保险人赔偿保险金，也可以直接向受害人赔偿保险金。但是，因抢救受伤人员需要保险公司支付或者垫付抢救费用的，保险公司在接到公安机关交通管理部门通知后，经核对应当及时向医疗机构支付或者垫付抢救费用。

因抢救受伤人员需要救助基金管理机构垫付抢救费用的，救助基金管理机构在接到公安机关交通管理部门通知后，经核对应当及时向医疗机构垫付抢救费用。

第三十二条　医疗机构应当参照国务院卫生主管部门组织制定的有关临床诊疗指南，抢救、治疗道路交通事故中的受伤人员。

第三十三条　保险公司赔偿保险金或者垫付抢救费用，救助基金管理机构垫付抢救费用，需要向有关部门、医疗机构核实有关情况的，有关部门、医疗机构应当予以配合。

第三十四条　保险公司、救助基金管理机构的工作人员对当事人的个人隐私应当保密。

第三十五条　道路交通事故损害赔偿项目和标准依照有关法律的规定执行。

第四章　罚　　则

第三十六条　保险公司以外的单位或者个人，非法从事机动车交通事故责任强制保险业务的，由国务院保险监督管理机构予以取缔；构成犯罪的，依法追究刑事责任；尚不构成犯罪的，由国务院保险监督管理机构没收违法所得，违法所得20万元以上的，并处违法所得1倍以上5倍以下罚款；没有违法所得或者违法所得不足20万元的，处20万元以上100万元以下罚款。

第三十七条　保险公司违反本条例规定，有下列行为之一的，由国务院保险监督管理机构责令改正，处5万元以上30万元以下罚款；情节严重的，可以限制业务范围、责令停止接受新业务或者吊销经营保险业务许可证：

（一）拒绝或者拖延承保机动车交通事故责任强制保险的；

（二）未按照统一的保险条款和基础保险费率从事机动车交通事故

责任强制保险业务的；

（三）未将机动车交通事故责任强制保险业务和其他保险业务分开管理，单独核算的；

（四）强制投保人订立商业保险合同的；

（五）违反规定解除机动车交通事故责任强制保险合同的；

（六）拒不履行约定的赔偿保险金义务的；

（七）未按照规定及时支付或者垫付抢救费用的。

第三十八条　机动车所有人、管理人未按照规定投保机动车交通事故责任强制保险的，由公安机关交通管理部门扣留机动车，通知机动车所有人、管理人依照规定投保，处依照规定投保最低责任限额应缴纳的保险费的 2 倍罚款。

机动车所有人、管理人依照规定补办机动车交通事故责任强制保险的，应当及时退还机动车。

第三十九条　上道路行驶的机动车未放置保险标志的，公安机关交通管理部门应当扣留机动车，通知当事人提供保险标志或者补办相应手续，可以处警告或者 20 元以上 200 元以下罚款。

当事人提供保险标志或者补办相应手续的，应当及时退还机动车。

第四十条　伪造、变造或者使用伪造、变造的保险标志，或者使用其他机动车的保险标志，由公安机关交通管理部门予以收缴，扣留该机动车，处 200 元以上 2000 元以下罚款；构成犯罪的，依法追究刑事责任。

当事人提供相应的合法证明或者补办相应手续的，应当及时退还机动车。

第五章　附　　则

第四十一条　本条例下列用语的含义：

（一）投保人，是指与保险公司订立机动车交通事故责任强制保险合同，并按照合同负有支付保险费义务的机动车的所有人、管理人。

（二）被保险人，是指投保人及其允许的合法驾驶人。

（三）抢救费用，是指机动车发生道路交通事故导致人员受伤时，医疗机构参照国务院卫生主管部门组织制定的有关临床诊疗指南，对生命体征不平稳和虽然生命体征平稳但如果不采取处理措施会产生生命危险，或者导致残疾、器官功能障碍，或者导致病程明显延长的受伤人员，采取必要的处理措施所发生的医疗费用。

第四十二条 挂车不投保机动车交通事故责任强制保险。发生道路交通事故造成人身伤亡、财产损失的，由牵引车投保的保险公司在机动车交通事故责任强制保险责任限额范围内予以赔偿；不足的部分，由牵引车方和挂车方依照法律规定承担赔偿责任。

第四十三条 机动车在道路以外的地方通行时发生事故，造成人身伤亡、财产损失的赔偿，比照适用本条例。

第四十四条 中国人民解放军和中国人民武装警察部队在编机动车参加机动车交通事故责任强制保险的办法，由中国人民解放军和中国人民武装警察部队另行规定。

第四十五条 机动车所有人、管理人自本条例施行之日起3个月内投保机动车交通事故责任强制保险；本条例施行前已经投保商业性机动车第三者责任保险的，保险期满，应当投保机动车交通事故责任强制保险。

第四十六条 本条例自 2006 年 7 月 1 日起施行。

机动车登记规定

· 2021 年 12 月 17 日中华人民共和国公安部令第 164 号公布
· 自 2022 年 5 月 1 日起施行

第一章 总 则

第一条 为了规范机动车登记，保障道路交通安全，保护公民、法人和其他组织的合法权益，根据《中华人民共和国道路交通安全法》及其实施条例，制定本规定。

第二条　本规定由公安机关交通管理部门负责实施。

省级公安机关交通管理部门负责本省（自治区、直辖市）机动车登记工作的指导、检查和监督。直辖市公安机关交通管理部门车辆管理所、设区的市或者相当于同级的公安机关交通管理部门车辆管理所负责办理本行政区域内机动车登记业务。

县级公安机关交通管理部门车辆管理所可以办理本行政区域内除危险货物运输车、校车、中型以上载客汽车登记以外的其他机动车登记业务。具体业务范围和办理条件由省级公安机关交通管理部门确定。

警用车辆登记业务按照有关规定办理。

第三条　车辆管理所办理机动车登记业务，应当遵循依法、公开、公正、便民的原则。

车辆管理所办理机动车登记业务，应当依法受理申请人的申请，审查申请人提交的材料，按规定查验机动车。对符合条件的，按照规定的标准、程序和期限办理机动车登记。对申请材料不齐全或者不符合法定形式的，应当一次书面或者电子告知申请人需要补正的全部内容。对不符合规定的，应当书面或者电子告知不予受理、登记的理由。

车辆管理所应当将法律、行政法规和本规定的有关办理机动车登记的事项、条件、依据、程序、期限以及收费标准、需要提交的全部材料的目录和申请表示范文本等在办公场所公示。

省级、设区的市或者相当于同级的公安机关交通管理部门应当在互联网上发布信息，便于群众查阅办理机动车登记的有关规定，查询机动车登记、检验等情况，下载、使用有关表格。

第四条　车辆管理所办理机动车登记业务时，应当按照减环节、减材料、减时限的要求，积极推行一次办结、限时办结等制度，为申请人提供规范、便利、高效的服务。

公安机关交通管理部门应当积极推进与有关部门信息互联互通，对实现信息共享、网上核查的，申请人免予提交相关证明凭证。

公安机关交通管理部门应当按照就近办理、便捷办理的原则，推进在机动车销售企业、二手车交易市场等地设置服务站点，方便申请人办理机动车登记业务，并在办公场所和互联网公示辖区内的业务办理网点、地址、联系电话、办公时间和业务范围。

第五条 车辆管理所应当使用全国统一的计算机管理系统办理机动车登记、核发机动车登记证书、号牌、行驶证和检验合格标志。

计算机管理系统的数据库标准和软件全国统一，能够完整、准确地记录和存储机动车登记业务全过程和经办人员信息，并能够实时将有关信息传送到全国公安交通管理信息系统。

第六条 车辆管理所应当使用互联网交通安全综合服务管理平台受理申请人网上提交的申请，验证申请人身份，按规定办理机动车登记业务。

互联网交通安全综合服务管理平台信息管理系统数据库标准和软件全国统一。

第七条 申请办理机动车登记业务的，应当如实向车辆管理所提交规定的材料、交验机动车，如实申告规定的事项，并对其申请材料实质内容的真实性以及机动车的合法性负责。

第八条 公安机关交通管理部门应当建立机动车登记业务监督制度，加强对机动车登记、牌证生产制作和发放等监督管理。

第九条 车辆管理所办理机动车登记业务时可以依据相关法律法规认可、使用电子签名、电子印章、电子证照。

第二章 机动车登记

第一节 注册登记

第十条 初次申领机动车号牌、行驶证的，机动车所有人应当向住所地的车辆管理所申请注册登记。

第十一条　机动车所有人应当到机动车安全技术检验机构对机动车进行安全技术检验，取得机动车安全技术检验合格证明后申请注册登记。但经海关进口的机动车和国务院机动车产品主管部门认定免予安全技术检验的机动车除外。

免予安全技术检验的机动车有下列情形之一的，应当进行安全技术检验：

（一）国产机动车出厂后两年内未申请注册登记的；

（二）经海关进口的机动车进口后两年内未申请注册登记的；

（三）申请注册登记前发生交通事故的。

专用校车办理注册登记前，应当按照专用校车国家安全技术标准进行安全技术检验。

第十二条　申请注册登记的，机动车所有人应当交验机动车，确认申请信息，并提交以下证明、凭证：

（一）机动车所有人的身份证明；

（二）购车发票等机动车来历证明；

（三）机动车整车出厂合格证明或者进口机动车进口凭证；

（四）机动车交通事故责任强制保险凭证；

（五）车辆购置税、车船税完税证明或者免税凭证，但法律规定不属于征收范围的除外；

（六）法律、行政法规规定应当在机动车注册登记时提交的其他证明、凭证。

不属于经海关进口的机动车和国务院机动车产品主管部门规定免予安全技术检验的机动车，还应当提交机动车安全技术检验合格证明。

车辆管理所应当自受理申请之日起二日内，查验机动车，采集、核对车辆识别代号拓印膜或者电子资料，审查提交的证明、凭证，核发机动车登记证书、号牌、行驶证和检验合格标志。

机动车安全技术检验、税务、保险等信息实现与有关部门或者机构联网核查的，申请人免予提交相关证明、凭证，车辆管理所核对相关电子信息。

第十三条　车辆管理所办理消防车、救护车、工程救险车注册登记时，应当对车辆的使用性质、标志图案、标志灯具和警报器进行审查。

机动车所有人申请机动车使用性质登记为危险货物运输、公路客运、旅游客运的，应当具备相关道路运输许可；实现与有关部门联网核查道路运输许可信息、车辆使用性质信息的，车辆管理所应当核对相关电子信息。

申请危险货物运输车登记的，机动车所有人应当为单位。

车辆管理所办理注册登记时，应当对牵引车和挂车分别核发机动车登记证书、号牌、行驶证和检验合格标志。

第十四条　车辆管理所实现与机动车制造厂新车出厂查验信息联网的，机动车所有人申请小型、微型非营运载客汽车注册登记时，免予交验机动车。

车辆管理所应当会同有关部门在具备条件的摩托车销售企业推行摩托车带牌销售，方便机动车所有人购置车辆、投保保险、缴纳税款、注册登记一站式办理。

第十五条　有下列情形之一的，不予办理注册登记：

（一）机动车所有人提交的证明、凭证无效的；

（二）机动车来历证明被涂改或者机动车来历证明记载的机动车所有人与身份证明不符的；

（三）机动车所有人提交的证明、凭证与机动车不符的；

（四）机动车未经国务院机动车产品主管部门许可生产或者未经国家进口机动车主管部门许可进口的；

（五）机动车的型号或者有关技术参数与国务院机动车产品主管部门公告不符的；

（六）机动车的车辆识别代号或者有关技术参数不符合国家安全技术标准的；

（七）机动车达到国家规定的强制报废标准的；

（八）机动车被监察机关、人民法院、人民检察院、行政执法部门依法查封、扣押的；

（九）机动车属于被盗抢骗的；

（十）其他不符合法律、行政法规规定的情形。

第二节　变　更　登　记

第十六条　已注册登记的机动车有下列情形之一的，机动车所有人应当向登记地车辆管理所申请变更登记：

（一）改变车身颜色的；

（二）更换发动机的；

（三）更换车身或者车架的；

（四）因质量问题更换整车的；

（五）机动车登记的使用性质改变的；

（六）机动车所有人的住所迁出、迁入车辆管理所管辖区域的。

属于第一款第一项至第三项规定的变更事项的，机动车所有人应当在变更后十日内向车辆管理所申请变更登记。

第十七条　申请变更登记的，机动车所有人应当交验机动车，确认申请信息，并提交以下证明、凭证：

（一）机动车所有人的身份证明；

（二）机动车登记证书；

（三）机动车行驶证；

（四）属于更换发动机、车身或者车架的，还应当提交机动车安全技术检验合格证明；

（五）属于因质量问题更换整车的，还应当按照第十二条的规定提交相关证明、凭证。

车辆管理所应当自受理之日起一日内，查验机动车，审查提交的证明、凭证，在机动车登记证书上签注变更事项，收回行驶证，重新核发行驶证。属于第十六条第一款第三项、第四项、第六项规定的变更登记事项的，还应当采集、核对车辆识别代号拓印膜或者电子资料。属于机动车使用性质变更为公路客运、旅游客运，实现与有关部门联网核查道路运输许可信息、车辆使用性质信息的，还应当核对相关电子信息。属于需要重新核发机动车号牌的，收回号牌、行驶证，核发号牌、行驶证和检验合格标志。

小型、微型载客汽车因改变车身颜色申请变更登记，车辆不在登记地的，可以向车辆所在地车辆管理所提出申请。车辆所在地车辆管理所应当按规定查验机动车，审查提交的证明、凭证，并将机动车查验电子资料转递至登记地车辆管理所，登记地车辆管理所按规定复核并核发行驶证。

第十八条　机动车所有人的住所迁出车辆管理所管辖区域的，转出地车辆管理所应当自受理之日起三日内，查验机动车，在机动车登记证书上签注变更事项，制作上传机动车电子档案资料。机动车所有人应当在三十日内到住所地车辆管理所申请机动车转入。属于小型、微型载客汽车或者摩托车机动车所有人的住所迁出车辆管理所管辖区域的，应当向转入地车辆管理所申请变更登记。

申请机动车转入的，机动车所有人应当确认申请信息，提交身份证明、机动车登记证书，并交验机动车。机动车在转入时已超过检验有效期的，应当按规定进行安全技术检验并提交机动车安全技术检验合格证明和交通事故责任强制保险凭证。车辆管理所应当自受理之日起三日内，查验机动车，采集、核对车辆识别代号拓印膜或者电子资料，审查相关证明、凭证和机动车电子档案资料，在机动车登记证书上签注转入信息，收回号牌、行驶证，确定新的机动车号牌号码，核发号牌、行驶证和检验合格标志。

机动车所有人申请转出、转入前，应当将涉及该车的道路交通安全违法行为和交通事故处理完毕。

第十九条　机动车所有人为两人以上，需要将登记的所有人姓名变更为其他共同所有人姓名的，可以向登记地车辆管理所申请变更登记。

申请时，机动车所有人应当共同提出申请，确认申请信息，提交机动车登记证书、行驶证、变更前和变更后机动车所有人的身份证明和共同所有的公证证明，但属于夫妻双方共同所有的，可以提供结婚证或者证明夫妻关系的居民户口簿。

车辆管理所应当自受理之日起一日内，审查提交的证明、凭证，在机动车登记证书上签注变更事项，收回号牌、行驶证，确定新的机动车号牌号码，重新核发号牌、行驶证和检验合格标志。变更后机动车所有人的住所不在车辆管理所管辖区域内的，迁出地和迁入地车辆管理所应当按照第十八条的规定办理变更登记。

第二十条 同一机动车所有人名下机动车的号牌号码需要互换，符合以下情形的，可以向登记地车辆管理所申请变更登记：

（一）两辆机动车在同一辖区车辆管理所登记；

（二）两辆机动车属于同一号牌种类；

（三）两辆机动车使用性质为非营运。

机动车所有人应当确认申请信息，提交机动车所有人身份证明、两辆机动车的登记证书、行驶证、号牌。申请前，应当将两车的道路交通安全违法行为和交通事故处理完毕。

车辆管理所应当自受理之日起一日内，审查提交的证明、凭证，在机动车登记证书上签注变更事项，收回两车的号牌、行驶证，重新核发号牌、行驶证和检验合格标志。

同一机动车一年内可以互换变更一次机动车号牌号码。

第二十一条 有下列情形之一的，不予办理变更登记：

（一）改变机动车的品牌、型号和发动机型号的，但经国务院机动车产品主管部门许可选装的发动机除外；

（二）改变已登记的机动车外形和有关技术参数的，但法律、法规和国家强制性标准另有规定的除外；

（三）属于第十五条第一项、第七项、第八项、第九项规定情形的。

距机动车强制报废标准规定要求使用年限一年以内的机动车，不予办理第十六条第五项、第六项规定的变更事项。

第二十二条 有下列情形之一，在不影响安全和识别号牌的情况下，机动车所有人不需要办理变更登记：

（一）增加机动车车内装饰；

（二）小型、微型载客汽车加装出入口踏步件；

（三）货运机动车加装防风罩、水箱、工具箱、备胎架等。

属于第一款第二项、第三项规定变更事项的，加装的部件不得超出车辆宽度。

第二十三条 已注册登记的机动车有下列情形之一的，机动车所有人应当在信息或者事项变更后三十日内，向登记地车辆管理所申请变更备案：

（一）机动车所有人住所在车辆管理所管辖区域内迁移、机动车所有人姓名（单位名称）变更的；

（二）机动车所有人身份证明名称或者号码变更的；

（三）机动车所有人联系方式变更的；

（四）车辆识别代号因磨损、锈蚀、事故等原因辨认不清或者损坏的；

（五）小型、微型自动挡载客汽车加装、拆除、更换肢体残疾人操纵辅助装置的；

（六）载货汽车、挂车加装、拆除车用起重尾板的；

（七）小型、微型载客汽车在不改变车身主体结构且保证安全的情况下加装车顶行李架，换装不同式样散热器面罩、保险杠、轮毂的；属于换装轮毂的，不得改变轮胎规格。

第二十四条 申请变更备案的，机动车所有人应当确认申请信息，按照下列规定办理：

（一）属于第二十三条第一项规定情形的，机动车所有人应当提交身份证明、机动车登记证书、行驶证。车辆管理所应当自受理之日起一日内，在机动车登记证书上签注备案事项，收回并重新核发行驶证；

（二）属于第二十三条第二项规定情形的，机动车所有人应当提交身份证明、机动车登记证书；属于身份证明号码变更的，还应当提交相关变更证明。车辆管理所应当自受理之日起一日内，在机动车登记证书上签注备案事项；

（三）属于第二十三条第三项规定情形的，机动车所有人应当提交身份证明。车辆管理所应当自受理之日起一日内办理备案；

（四）属于第二十三条第四项规定情形的，机动车所有人应当提交身份证明、机动车登记证书、行驶证，交验机动车。车辆管理所应当自受理之日起一日内，查验机动车，监督重新打刻原车辆识别代号，采集、核对车辆识别代号拓印膜或者电子资料，在机动车登记证书上签注备案事项；

（五）属于第二十三条第五项、第六项规定情形的，机动车所有人应当提交身份证明、行驶证、机动车安全技术检验合格证明、操纵辅助装置或者尾板加装合格证明，交验机动车。车辆管理所应当自受理之日起一日内，查验机动车，收回并重新核发行驶证；

（六）属于第二十三条第七项规定情形的，机动车所有人应当提交身份证明、行驶证，交验机动车。车辆管理所应当自受理之日起一日内，查验机动车，收回并重新核发行驶证。

因第二十三条第五项、第六项、第七项申请变更备案，车辆不在登记地的，可以向车辆所在地车辆管理所提出申请。车辆所在地车辆管理所应当按规定查验机动车，审查提交的证明、凭证，并将机动车查验电子资料转递至登记地车辆管理所，登记地车辆管理所按规定复核并核发行驶证。

第三节　转让登记

第二十五条　已注册登记的机动车所有权发生转让的，现机动车所有人应当自机动车交付之日起三十日内向登记地车辆管理所申请转让登记。

机动车所有人申请转让登记前，应当将涉及该车的道路交通安全违法行为和交通事故处理完毕。

第二十六条 申请转让登记的，现机动车所有人应当交验机动车，确认申请信息，并提交以下证明、凭证：

（一）现机动车所有人的身份证明；

（二）机动车所有权转让的证明、凭证；

（三）机动车登记证书；

（四）机动车行驶证；

（五）属于海关监管的机动车，还应当提交海关监管车辆解除监管证明书或者海关批准的转让证明；

（六）属于超过检验有效期的机动车，还应当提交机动车安全技术检验合格证明和交通事故责任强制保险凭证。

车辆管理所应当自受理申请之日起一日内，查验机动车，核对车辆识别代号拓印膜或者电子资料，审查提交的证明、凭证，收回号牌、行驶证，确定新的机动车号牌号码，在机动车登记证书上签注转让事项，重新核发号牌、行驶证和检验合格标志。

在机动车抵押登记期间申请转让登记的，应当由原机动车所有人、现机动车所有人和抵押权人共同申请，车辆管理所一并办理新的抵押登记。

在机动车质押备案期间申请转让登记的，应当由原机动车所有人、现机动车所有人和质权人共同申请，车辆管理所一并办理新的质押备案。

第二十七条 车辆管理所办理转让登记时，现机动车所有人住所不在车辆管理所管辖区域内的，转出地车辆管理所应当自受理之日起三日内，查验机动车，核对车辆识别代号拓印膜或者电子资料，审查提交的证明、凭证，收回号牌、行驶证，在机动车登记证书上签注转让和变更事项，核发有效期为三十日的临时行驶车号牌，制作上传机动车电子档案资料。机动车所有人应当在临时行驶车号牌的有效期限内到转入地车辆管理所申请机动车转入。

申请机动车转入时，机动车所有人应当确认申请信息，提交身份证明、机动车登记证书，并交验机动车。机动车在转入时已超过检验有效期的，应当按规定进行安全技术检验并提交机动车安全技术检验合格证明和交通事故责任强制保险凭证。转入地车辆管理所应当自受理之日起三日内，查验机动车，采集、核对车辆识别代号拓印膜或者电子资料，审查相关证明、凭证和机动车电子档案资料，在机动车登记证书上签注转入信息，核发号牌、行驶证和检验合格标志。

小型、微型载客汽车或者摩托车在转入地交易的，现机动车所有人应当向转入地车辆管理所申请转让登记。

第二十八条 二手车出口企业收购机动车的，车辆管理所应当自受理之日起三日内，查验机动车，核对车辆识别代号拓印膜或者电子资料，审查提交的证明、凭证，在机动车登记证书上签注转让待出口事项，收回号牌、行驶证，核发有效期不超过六十日的临时行驶车号牌。

第二十九条 有下列情形之一的，不予办理转让登记：

（一）机动车与该车档案记载内容不一致的；

（二）属于海关监管的机动车，海关未解除监管或者批准转让的；

（三）距机动车强制报废标准规定要求使用年限一年以内的机动车；

（四）属于第十五条第一项、第二项、第七项、第八项、第九项规定情形的。

第三十条 被监察机关、人民法院、人民检察院、行政执法部门依法没收并拍卖，或者被仲裁机构依法仲裁裁决，或者被监察机关依法处理，或者被人民法院调解、裁定、判决机动车所有权转让时，原机动车所有人未向现机动车所有人提供机动车登记证书、号牌或者行驶证的，现机动车所有人在办理转让登记时，应当提交监察机关或者人民法院出具的未得到机动车登记证书、号牌或者行驶证的协助执行通知书，或者人民检察院、行政执法部门出具的未得到机动车登记证书、号牌或者行驶证的证明。车辆管理所应当公告原机动车登记证书、号牌或者行驶证作废，并在办理转让登记的同时，补发机动车登记证书。

第四节 抵押登记

第三十一条 机动车作为抵押物抵押的，机动车所有人和抵押权人应当向登记地车辆管理所申请抵押登记；抵押权消灭的，应当向登记地车辆管理所申请解除抵押登记。

第三十二条 申请抵押登记的，由机动车所有人和抵押权人共同申请，确认申请信息，并提交下列证明、凭证：

（一）机动车所有人和抵押权人的身份证明；

（二）机动车登记证书；

（三）机动车抵押合同。

车辆管理所应当自受理之日起一日内，审查提交的证明、凭证，在机动车登记证书上签注抵押登记的内容和日期。

在机动车抵押登记期间，申请因质量问题更换整车变更登记、机动车迁出迁入、共同所有人变更或者补领、换领机动车登记证书的，应当由机动车所有人和抵押权人共同申请。

第三十三条 申请解除抵押登记的，由机动车所有人和抵押权人共同申请，确认申请信息，并提交下列证明、凭证：

（一）机动车所有人和抵押权人的身份证明；

（二）机动车登记证书。

人民法院调解、裁定、判决解除抵押的，机动车所有人或者抵押权人应当确认申请信息，提交机动车登记证书、人民法院出具的已经生效的调解书、裁定书或者判决书，以及相应的协助执行通知书。

车辆管理所应当自受理之日起一日内，审查提交的证明、凭证，在机动车登记证书上签注解除抵押登记的内容和日期。

第三十四条 机动车作为质押物质押的，机动车所有人可以向登记地车辆管理所申请质押备案；质押权消灭的，应当向登记地车辆管理所申请解除质押备案。

申请办理机动车质押备案或者解除质押备案的，由机动车所有人和质权人共同申请，确认申请信息，并提交以下证明、凭证：

（一）机动车所有人和质权人的身份证明；

（二）机动车登记证书。

车辆管理所应当自受理之日起一日内，审查提交的证明、凭证，在机动车登记证书上签注质押备案或者解除质押备案的内容和日期。

第三十五条 机动车抵押、解除抵押信息实现与有关部门或者金融机构等联网核查的，申请人免予提交相关证明、凭证。

机动车抵押登记日期、解除抵押登记日期可以供公众查询。

第三十六条 属于第十五条第一项、第七项、第八项、第九项或者第二十九条第二项规定情形的，不予办理抵押登记、质押备案。对机动车所有人、抵押权人、质权人提交的证明、凭证无效，或者机动车被监察机关、人民法院、人民检察院、行政执法部门依法查封、扣押的，不予办理解除抵押登记、质押备案。

第五节　注　销　登　记

第三十七条 机动车有下列情形之一的，机动车所有人应当向登记地车辆管理所申请注销登记：

（一）机动车已达到国家强制报废标准的；

（二）机动车未达到国家强制报废标准，机动车所有人自愿报废的；

（三）因自然灾害、失火、交通事故等造成机动车灭失的；

（四）机动车因故不在我国境内使用的；

（五）因质量问题退车的。

属于第一款第四项、第五项规定情形的，机动车所有人申请注销登记前，应当将涉及该车的道路交通安全违法行为和交通事故处理完毕。

属于二手车出口符合第一款第四项规定情形的，二手车出口企业应当在机动车办理海关出口通关手续后二个月内申请注销登记。

第三十八条 属于第三十七条第一款第一项、第二项规定情形，机动车所有人申请注销登记的，应当向报废机动车回收企业交售机动车，确认申请信息，提交机动车登记证书、号牌和行驶证。

报废机动车回收企业应当确认机动车，向机动车所有人出具报废机动车回收证明，七日内将申请表、机动车登记证书、号牌、行驶证和报废机动车回收证明副本提交车辆管理所。属于报废校车、大型客车、重型货车及其他营运车辆的，申请注销登记时，还应当提交车辆识别代号拓印膜、车辆解体的照片或者电子资料。

车辆管理所应当自受理之日起一日内，审查提交的证明、凭证，收回机动车登记证书、号牌、行驶证，出具注销证明。

对车辆不在登记地的，机动车所有人可以向车辆所在地机动车回收企业交售报废机动车。报废机动车回收企业应当确认机动车，向机动车所有人出具报废机动车回收证明，七日内将申请表、机动车登记证书、号牌、行驶证、报废机动车回收证明副本以及车辆识别代号拓印膜或者电子资料提交报废地车辆管理所。属于报废校车、大型客车、重型货车及其他营运车辆的，还应当提交车辆解体的照片或者电子资料。

报废地车辆管理所应当自受理之日起一日内，审查提交的证明、凭证，收回机动车登记证书、号牌、行驶证，并通过计算机登记管理系统将机动车报废信息传递给登记地车辆管理所。登记地车辆管理所应当自接到机动车报废信息之日起一日内办理注销登记，并出具注销证明。

机动车报废信息实现与有关部门联网核查的，报废机动车回收企业免予提交相关证明、凭证，车辆管理所应当核对相关电子信息。

第三十九条 属于第三十七条第一款第三项、第四项、第五项规定情形，机动车所有人申请注销登记的，应当确认申请信息，并提交以下证明、凭证：

（一）机动车所有人身份证明；

（二）机动车登记证书；

（三）机动车行驶证；

（四）属于海关监管的机动车，因故不在我国境内使用的，还应当提交海关出具的海关监管车辆进（出）境领（销）牌照通知书；

（五）属于因质量问题退车的，还应当提交机动车制造厂或者经销商出具的退车证明。

申请人因机动车灭失办理注销登记的，应当书面承诺因自然灾害、失火、交通事故等导致机动车灭失，并承担不实承诺的法律责任。

二手车出口企业因二手车出口办理注销登记的，应当提交机动车所有人身份证明、机动车登记证书和机动车出口证明。

车辆管理所应当自受理之日起一日内，审查提交的证明、凭证，属于机动车因故不在我国境内使用的还应当核查机动车出境记录，收回机动车登记证书、号牌、行驶证，出具注销证明。

第四十条 已注册登记的机动车有下列情形之一的，登记地车辆管理所应当办理机动车注销：

（一）机动车登记被依法撤销的；

（二）达到国家强制报废标准的机动车被依法收缴并强制报废的。

第四十一条 已注册登记的机动车有下列情形之一的，车辆管理所应当公告机动车登记证书、号牌、行驶证作废：

（一）达到国家强制报废标准，机动车所有人逾期不办理注销登记的；

（二）机动车登记被依法撤销后，未收缴机动车登记证书、号牌、行驶证的；

（三）达到国家强制报废标准的机动车被依法收缴并强制报废的；

（四）机动车所有人办理注销登记时未交回机动车登记证书、号牌、行驶证的。

第四十二条 属于第十五条第一项、第八项、第九项或者第二十九条第一项规定情形的，不予办理注销登记。机动车在抵押登记、质押备案期间的，不予办理注销登记。

第三章 机动车牌证

第一节 牌 证 发 放

第四十三条 机动车所有人可以通过计算机随机选取或者按照选号规则自行编排的方式确定机动车号牌号码。

公安机关交通管理部门应当使用统一的机动车号牌选号系统发放号牌号码，号牌号码公开向社会发放。

第四十四条 办理机动车变更登记、转让登记或者注销登记后，原机动车所有人申请机动车登记时，可以向车辆管理所申请使用原机动车号牌号码。

申请使用原机动车号牌号码应当符合下列条件：

（一）在办理机动车迁出、共同所有人变更、转让登记或者注销登记后两年内提出申请；

（二）机动车所有人拥有原机动车且使用原号牌号码一年以上；

（三）涉及原机动车的道路交通安全违法行为和交通事故处理完毕。

第四十五条 夫妻双方共同所有的机动车将登记的机动车所有人姓名变更为另一方姓名，婚姻关系存续期满一年且经夫妻双方共同申请的，可以使用原机动车号牌号码。

第四十六条 机动车具有下列情形之一，需要临时上道路行驶的，机动车所有人应当向车辆管理所申领临时行驶车号牌：

（一）未销售的；

（二）购买、调拨、赠予等方式获得机动车后尚未注册登记的；

（三）新车出口销售的；

（四）进行科研、定型试验的；

（五）因轴荷、总质量、外廓尺寸超出国家标准不予办理注册登记的特型机动车。

第四十七条 机动车所有人申领临时行驶车号牌应当提交以下证

明、凭证：

（一）机动车所有人的身份证明；

（二）机动车交通事故责任强制保险凭证；

（三）属于第四十六条第一项、第五项规定情形的，还应当提交机动车整车出厂合格证明或者进口机动车进口凭证；

（四）属于第四十六条第二项规定情形的，还应当提交机动车来历证明，以及机动车整车出厂合格证明或者进口机动车进口凭证；

（五）属于第四十六条第三项规定情形的，还应当提交机动车制造厂出具的安全技术检验证明以及机动车出口证明；

（六）属于第四十六条第四项规定情形的，还应当提交书面申请，以及机动车安全技术检验合格证明或者机动车制造厂出具的安全技术检验证明。

车辆管理所应当自受理之日起一日内，审查提交的证明、凭证，属于第四十六条第一项、第二项、第三项规定情形，需要临时上道路行驶的，核发有效期不超过三十日的临时行驶车号牌。属于第四十六条第四项规定情形的，核发有效期不超过六个月的临时行驶车号牌。属于第四十六条第五项规定情形的，核发有效期不超过九十日的临时行驶车号牌。

因号牌制作的原因，无法在规定时限内核发号牌的，车辆管理所应当核发有效期不超过十五日的临时行驶车号牌。

对属于第四十六条第一项、第二项规定情形，机动车所有人需要多次申领临时行驶车号牌的，车辆管理所核发临时行驶车号牌不得超过三次。属于第四十六条第三项规定情形的，车辆管理所核发一次临时行驶车号牌。

临时行驶车号牌有效期不得超过机动车交通事故责任强制保险有效期。

机动车办理登记后，机动车所有人收到机动车号牌之日起三日后，临时行驶车号牌作废，不得继续使用。

第四十八条　对智能网联机动车进行道路测试、示范应用需要上道路行驶的，道路测试、示范应用单位应当向车辆管理所申领临时行驶车号牌，提交以下证明、凭证：

（一）道路测试、示范应用单位的身份证明；

（二）机动车交通事故责任强制保险凭证；

（三）经主管部门确认的道路测试、示范应用凭证；

（四）机动车安全技术检验合格证明。

车辆管理所应当自受理之日起一日内，审查提交的证明、凭证，核发临时行驶车号牌。临时行驶车号牌有效期应当与准予道路测试、示范应用凭证上签注的期限保持一致，但最长不得超过六个月。

第四十九条　对临时入境的机动车需要上道路行驶的，机动车所有人应当按规定向入境地或者始发地车辆管理所申领临时入境机动车号牌和行驶证。

第五十条　公安机关交通管理部门应当使用统一的号牌管理信息系统制作、发放、收回、销毁机动车号牌和临时行驶车号牌。

第二节　牌证补换领

第五十一条　机动车号牌灭失、丢失或者损毁的，机动车所有人应当向登记地车辆管理所申请补领、换领。申请时，机动车所有人应当确认申请信息并提交身份证明。

车辆管理所应当审查提交的证明、凭证，收回未灭失、丢失或者损毁的号牌，自受理之日起十五日内补发、换发号牌，原机动车号牌号码不变。

补发、换发号牌期间，申请人可以申领有效期不超过十五日的临时行驶车号牌。

补领、换领机动车号牌的，原机动车号牌作废，不得继续使用。

第五十二条　机动车登记证书、行驶证灭失、丢失或者损毁的，机动车所有人应当向登记地车辆管理所申请补领、换领。申请时，机动车所有人应当确认申请信息并提交身份证明。

车辆管理所应当审查提交的证明、凭证，收回损毁的登记证书、行驶证，自受理之日起一日内补发、换发登记证书、行驶证。

补领、换领机动车登记证书、行驶证的，原机动车登记证书、行驶证作废，不得继续使用。

第五十三条 机动车所有人发现登记内容有错误的，应当及时要求车辆管理所更正。车辆管理所应当自受理之日起五日内予以确认。确属登记错误的，在机动车登记证书上更正相关内容，换发行驶证。需要改变机动车号牌号码的，应当收回号牌、行驶证，确定新的机动车号牌号码，重新核发号牌、行驶证和检验合格标志。

第三节 检验合格标志核发

第五十四条 机动车所有人可以在机动车检验有效期满前三个月内向车辆管理所申请检验合格标志。除大型载客汽车、校车以外的机动车因故不能在登记地检验的，机动车所有人可以向车辆所在地车辆管理所申请检验合格标志。

申请前，机动车所有人应当将涉及该车的道路交通安全违法行为和交通事故处理完毕。申请时，机动车所有人应当确认申请信息并提交行驶证、机动车交通事故责任强制保险凭证、车船税纳税或者免税证明、机动车安全技术检验合格证明。

车辆管理所应当自受理之日起一日内，审查提交的证明、凭证，核发检验合格标志。

第五十五条 对免予到机动车安全技术检验机构检验的机动车，机动车所有人申请检验合格标志时，应当提交机动车所有人身份证明或者行驶证、机动车交通事故责任强制保险凭证、车船税纳税或者免税证明。

车辆管理所应当自受理之日起一日内，审查提交的证明、凭证，核发检验合格标志。

第五十六条　公安机关交通管理部门应当实行机动车检验合格标志电子化，在核发检验合格标志的同时，发放检验合格标志电子凭证。

检验合格标志电子凭证与纸质检验合格标志具有同等效力。

第五十七条　机动车检验合格标志灭失、丢失或者损毁，机动车所有人需要补领、换领的，可以持机动车所有人身份证明或者行驶证向车辆管理所申请补领或者换领。对机动车交通事故责任强制保险在有效期内的，车辆管理所应当自受理之日起一日内补发或者换发。

第四章　校车标牌核发

第五十八条　学校或者校车服务提供者申请校车使用许可，应当按照《校车安全管理条例》向县级或者设区的市级人民政府教育行政部门提出申请。公安机关交通管理部门收到教育行政部门送来的征求意见材料后，应当在一日内通知申请人交验机动车。

第五十九条　县级或者设区的市级公安机关交通管理部门应当自申请人交验机动车之日起二日内确认机动车，查验校车标志灯、停车指示标志、卫星定位装置以及逃生锤、干粉灭火器、急救箱等安全设备，审核行驶线路、开行时间和停靠站点。属于专用校车的，还应当查验校车外观标识。审查以下证明、凭证：

（一）机动车所有人的身份证明；

（二）机动车行驶证；

（三）校车安全技术检验合格证明；

（四）包括行驶线路、开行时间和停靠站点的校车运行方案；

（五）校车驾驶人的机动车驾驶证。

公安机关交通管理部门应当自收到教育行政部门征求意见材料之日起三日内向教育行政部门回复意见，但申请人未按规定交验机动车的除外。

第六十条　学校或者校车服务提供者按照《校车安全管理条例》取得校车使用许可后，应当向县级或者设区的市级公安机关交通管理部门领取校车标牌。领取时应当确认表格信息，并提交以下证明、凭证：

（一）机动车所有人的身份证明；

（二）校车驾驶人的机动车驾驶证；

（三）机动车行驶证；

（四）县级或者设区的市级人民政府批准的校车使用许可；

（五）县级或者设区的市级人民政府批准的包括行驶线路、开行时间和停靠站点的校车运行方案。

公安机关交通管理部门应当在收到领取表之日起三日内核发校车标牌。对属于专用校车的，应当核对行驶证上记载的校车类型和核载人数；对不属于专用校车的，应当在行驶证副页上签注校车类型和核载人数。

第六十一条 校车标牌应当记载本车的号牌号码、机动车所有人、驾驶人、行驶线路、开行时间、停靠站点、发牌单位、有效期限等信息。校车标牌分前后两块，分别放置于前风窗玻璃右下角和后风窗玻璃适当位置。

校车标牌有效期的截止日期与校车安全技术检验有效期的截止日期一致，但不得超过校车使用许可有效期。

第六十二条 专用校车应当自注册登记之日起每半年进行一次安全技术检验，非专用校车应当自取得校车标牌后每半年进行一次安全技术检验。

学校或者校车服务提供者应当在校车检验有效期满前一个月内向公安机关交通管理部门申请检验合格标志。

公安机关交通管理部门应当自受理之日起一日内，审查提交的证明、凭证，核发检验合格标志，换发校车标牌。

第六十三条 已取得校车标牌的机动车达到报废标准或者不再作为校车使用的，学校或者校车服务提供者应当拆除校车标志灯、停车指示标志，消除校车外观标识，并将校车标牌交回核发的公安机关交通管理部门。

专用校车不得改变使用性质。

校车使用许可被吊销、注销或者撤销的，学校或者校车服务提供者应当拆除校车标志灯、停车指示标志，消除校车外观标识，并将校车标牌交回核发的公安机关交通管理部门。

第六十四条 校车行驶线路、开行时间、停靠站点或者车辆、所有人、驾驶人发生变化的，经县级或者设区的市级人民政府批准后，应当按照本规定重新领取校车标牌。

第六十五条 公安机关交通管理部门应当每月将校车标牌的发放、变更、收回等信息报本级人民政府备案，并通报教育行政部门。

学校或者校车服务提供者应当自取得校车标牌之日起，每月查询校车道路交通安全违法行为记录，及时到公安机关交通管理部门接受处理。核发校车标牌的公安机关交通管理部门应当每月汇总辖区内校车道路交通安全违法和交通事故等情况，通知学校或者校车服务提供者，并通报教育行政部门。

第六十六条 校车标牌灭失、丢失或者损毁的，学校或者校车服务提供者应当向核发标牌的公安机关交通管理部门申请补领或者换领。申请时，应当提交机动车所有人的身份证明及机动车行驶证。公安机关交通管理部门应当自受理之日起三日内审核，补发或者换发校车标牌。

第五章 监 督 管 理

第六十七条 公安机关交通管理部门应当建立业务监督管理中心，通过远程监控、数据分析、日常检查、档案抽查、业务回访等方式，对机动车登记及相关业务办理情况进行监督管理。

直辖市、设区的市或者相当于同级的公安机关交通管理部门应当通过监管系统每周对机动车登记及相关业务办理情况进行监控、分析，及时查处整改发现的问题。省级公安机关交通管理部门应当通过监管系统每月对机动车登记及相关业务办理情况进行监控、分析，及时查处、通报发现的问题。

车辆管理所存在严重违规办理机动车登记情形的，上级公安机关交通管理部门可以暂停该车辆管理所办理相关业务或者指派其他车辆管理所人员接管业务。

第六十八条 县级公安机关交通管理部门办理机动车登记及相关业务的，办公场所、设施设备、人员资质和信息系统等应当满足业务办理需求，并符合相关规定和标准要求。

直辖市、设区的市公安机关交通管理部门应当加强对县级公安机关交通管理部门办理机动车登记及相关业务的指导、培训和监督管理。

第六十九条 机动车销售企业、二手车交易市场、机动车安全技术检验机构、报废机动车回收企业和邮政、金融机构、保险机构等单位，经公安机关交通管理部门委托可以设立机动车登记服务站，在公安机关交通管理部门监督管理下协助办理机动车登记及相关业务。

机动车登记服务站应当规范设置名称和外观标识，公开业务范围、办理依据、办理程序、收费标准等事项。机动车登记服务站应当使用统一的计算机管理系统协助办理机动车登记及相关业务。

机动车登记服务站协助办理机动车登记的，可以提供办理保险和车辆购置税、机动车预查验、信息预录入等服务，便利机动车所有人一站式办理。

第七十条 公安机关交通管理部门应当建立机动车登记服务站监督管理制度，明确设立条件、业务范围、办理要求、信息系统安全等规定，签订协议及责任书，通过业务抽查、网上巡查、实地检查、业务回访等方式加强对机动车登记服务站协助办理业务情况的监督管理。

机动车登记服务站存在违反规定办理机动车登记及相关业务、违反信息安全管理规定等情形的，公安机关交通管理部门应当暂停委托其业务办理，限期整改；有严重违规情形的，终止委托其业务办理。机动车登记服务站违反规定办理业务给当事人造成经济损失的，应当依法承担赔偿责任；构成犯罪的，依法追究相关责任人员刑事责任。

第七十一条　公安机关交通管理部门应当建立号牌制作发放监管制度，加强对机动车号牌制作单位和号牌质量的监督管理。

机动车号牌制作单位存在违反规定制作和发放机动车号牌的，公安机关交通管理部门应当暂停其相关业务，限期整改；构成犯罪的，依法追究相关责任人员刑事责任。

第七十二条　机动车安全技术检验机构应当按照国家机动车安全技术检验标准对机动车进行检验，对检验结果承担法律责任。

公安机关交通管理部门在核发机动车检验合格标志时，发现机动车安全技术检验机构存在为未经检验的机动车出具检验合格证明、伪造或者篡改检验数据等出具虚假检验结果行为的，停止认可其出具的检验合格证明，依法进行处罚，并通报市场监督管理部门；构成犯罪的，依法追究相关责任人员刑事责任。

第七十三条　从事机动车查验工作的人员，应当持有公安机关交通管理部门颁发的资格证书。公安机关交通管理部门应当在公安民警、警务辅助人员中选拔足够数量的机动车查验员，从事查验工作。机动车登记服务站工作人员可以在车辆管理所监督下承担机动车查验工作。

机动车查验员应当严格遵守查验工作纪律，不得减少查验项目、降低查验标准，不得参与、协助、纵容为违规机动车办理登记。公安民警、警务辅助人员不得参与或者变相参与机动车安全技术检验机构经营活动，不得收取机动车安全技术检验机构、机动车销售企业、二手车交易市场、报废机动车回收企业等相关企业、申请人的财物。

车辆管理所应当对机动车查验过程进行全程录像，并实时监控查验过程，没有使用录像设备的，不得进行查验。机动车查验中，查验员应当使用执勤执法记录仪记录查验过程。车辆管理所应当建立机动车查验音视频档案，存储录像设备和执勤执法记录仪记录的音像资料。

第七十四条　车辆管理所在办理机动车登记及相关业务过程中发现存在以下情形的，应当及时开展调查：

（一）机动车涉嫌走私、被盗抢骗、非法生产销售、拼（组）装、非法改装的；

（二）涉嫌提交虚假申请材料的；

（三）涉嫌使用伪造、变造机动车牌证的；

（四）涉嫌以欺骗、贿赂等不正当手段取得机动车登记的；

（五）存在短期内频繁补换领牌证、转让登记、转出转入等异常情形的；

（六）存在其他违法违规情形的。

车辆管理所发现申请人通过互联网办理机动车登记及相关业务存在第一款规定嫌疑情形的，应当转为现场办理，当场审查申请材料，及时开展调查。

第七十五条　车辆管理所开展调查时，可以通知申请人协助调查，询问嫌疑情况，记录调查内容，并可以采取检验鉴定、实地检查等方式进行核查。

对经调查发现涉及行政案件或者刑事案件的，应当依法采取必要的强制措施或者其他处置措施，移交有管辖权的公安机关按照《公安机关办理行政案件程序规定》《公安机关办理刑事案件程序规定》等规定办理。

对办理机动车登记时发现机动车涉嫌走私的，公安机关交通管理部门应当将机动车及相关资料移交海关依法处理。

第七十六条　已注册登记的机动车被盗抢骗的，车辆管理所应当根据刑侦部门提供的情况，在计算机登记系统内记录，停止办理该车的各项登记和业务。被盗抢骗机动车发还后，车辆管理所应当恢复办理该车的各项登记和业务。

机动车在被盗抢骗期间，发动机号码、车辆识别代号或者车身颜色被改变的，车辆管理所应当凭有关技术鉴定证明办理变更备案。

第七十七条　公安机关交通管理部门及其交通警察、警务辅助人员办理机动车登记工作，应当接受监察机关、公安机关督察审计部门等依法实施的监督。

公安机关交通管理部门及其交通警察、警务辅助人员办理机动车登记工作，应当自觉接受社会和公民的监督。

第六章　法　律　责　任

第七十八条　有下列情形之一的，由公安机关交通管理部门处警告或者二百元以下罚款：

（一）重型、中型载货汽车、专项作业车、挂车及大型客车的车身或者车厢后部未按照规定喷涂放大的牌号或者放大的牌号不清晰的；

（二）机动车喷涂、粘贴标识或者车身广告，影响安全驾驶的；

（三）载货汽车、专项作业车及挂车未按照规定安装侧面及后下部防护装置、粘贴车身反光标识的；

（四）机动车未按照规定期限进行安全技术检验的；

（五）改变车身颜色、更换发动机、车身或者车架，未按照第十六条规定的时限办理变更登记的；

（六）机动车所有权转让后，现机动车所有人未按照第二十五条规定的时限办理转让登记的；

（七）机动车所有人办理变更登记、转让登记，未按照第十八条、第二十七条规定的时限到住所地车辆管理所申请机动车转入的；

（八）机动车所有人未按照第二十三条规定申请变更备案的。

第七十九条　除第十六条、第二十二条、第二十三条规定的情形外，擅自改变机动车外形和已登记的有关技术参数的，由公安机关交通管理部门责令恢复原状，并处警告或者五百元以下罚款。

第八十条　隐瞒有关情况或者提供虚假材料申请机动车登记的，公安机关交通管理部门不予受理或者不予登记，处五百元以下罚款；申请人在一年内不得再次申请机动车登记。

对发现申请人通过机动车虚假交易、以合法形式掩盖非法目的等手段，在机动车登记业务中牟取不正当利益的，依照第一款的规定处理。

第八十一条　以欺骗、贿赂等不正当手段取得机动车登记的，由公安机关交通管理部门收缴机动车登记证书、号牌、行驶证，撤销机动车登记，处二千元以下罚款；申请人在三年内不得再次申请机动车登记。

以欺骗、贿赂等不正当手段办理补、换领机动车登记证书、号牌、行驶证和检验合格标志等业务的，由公安机关交通管理部门收缴机动车登记证书、号牌、行驶证和检验合格标志，未收缴的，公告作废，处二千元以下罚款。

组织、参与实施第八十条、本条前两款行为之一牟取经济利益的，由公安机关交通管理部门处违法所得三倍以上五倍以下罚款，但最高不超过十万元。

第八十二条 省、自治区、直辖市公安厅、局可以根据本地区的实际情况，在本规定的处罚幅度范围内，制定具体的执行标准。

对本规定的道路交通安全违法行为的处理程序按照《道路交通安全违法行为处理程序规定》执行。

第八十三条 交通警察有下列情形之一的，按照有关规定给予处分；对聘用人员予以解聘。构成犯罪的，依法追究刑事责任：

（一）违反规定为被盗抢骗、走私、非法拼（组）装、达到国家强制报废标准的机动车办理登记的；

（二）不按照规定查验机动车和审查证明、凭证的；

（三）故意刁难，拖延或者拒绝办理机动车登记的；

（四）违反本规定增加机动车登记条件或者提交的证明、凭证的；

（五）违反第四十三条的规定，采用其他方式确定机动车号牌号码的；

（六）违反规定跨行政辖区办理机动车登记和业务的；

（七）与非法中介串通牟取经济利益的；

（八）超越职权进入计算机登记管理系统办理机动车登记和业务，或者不按规定使用计算机登记管理系统办理机动车登记和业务的；

（九）违反规定侵入计算机登记管理系统，泄漏、篡改、买卖系统数据，或者泄漏系统密码的；

（十）违反规定向他人出售或者提供机动车登记信息的；

（十一）参与或者变相参与机动车安全技术检验机构经营活动的；

（十二）利用职务上的便利索取、收受他人财物或者牟取其他利益的；

（十三）强令车辆管理所违反本规定办理机动车登记的。

交通警察未按照第七十三条第三款规定使用执法记录仪的，根据情节轻重，按照有关规定给予处分。

第八十四条 公安机关交通管理部门有第八十三条所列行为之一的，按照有关规定对直接负责的主管人员和其他直接责任人员给予相应的处分。

公安机关交通管理部门及其工作人员有第八十三条所列行为之一，给当事人造成损失的，应当依法承担赔偿责任。

第七章 附 则

第八十五条 机动车登记证书、号牌、行驶证、检验合格标志的式样由公安部统一制定并监制。

机动车登记证书、号牌、行驶证、检验合格标志的制作应当符合有关标准。

第八十六条 机动车所有人可以委托代理人代理申请各项机动车登记和业务，但共同所有人变更、申请补领机动车登记证书、机动车灭失注销的除外；对机动车所有人因死亡、出境、重病、伤残或者不可抗力等原因不能到场的，可以凭相关证明委托代理人代理申请，或者由继承人申请。

代理人申请机动车登记和业务时，应当提交代理人的身份证明和机动车所有人的委托书。

第八十七条 公安机关交通管理部门应当实行机动车登记档案电子化，机动车电子档案与纸质档案具有同等效力。车辆管理所对办理机动车登记时不需要留存原件的证明、凭证，应当以电子文件形式归档。

第八十八条 本规定所称进口机动车以及进口机动车的进口凭证是指：

（一）进口机动车：

1. 经国家限定口岸海关进口的汽车；

2. 经各口岸海关进口的其他机动车；

3. 海关监管的机动车；

4. 国家授权的执法部门没收的走私、无合法进口证明和利用进口关键件非法拼（组）装的机动车。

（二）进口机动车的进口凭证：

1. 进口汽车的进口凭证，是国家限定口岸海关签发的货物进口证明书；

2. 其他进口机动车的进口凭证，是各口岸海关签发的货物进口证明书；

3. 海关监管的机动车的进口凭证，是监管地海关出具的海关监管车辆进（出）境领（销）牌照通知书；

4. 国家授权的执法部门没收的走私、无进口证明和利用进口关键件非法拼（组）装的机动车的进口凭证，是该部门签发的没收走私汽车、摩托车证明书。

第八十九条 本规定所称机动车所有人、身份证明以及住所是指：

（一）机动车所有人包括拥有机动车的个人或者单位。

1. 个人是指我国内地的居民和军人（含武警）以及香港、澳门特别行政区、台湾地区居民、定居国外的中国公民和外国人；

2. 单位是指机关、企业、事业单位和社会团体以及外国驻华使馆、领馆和外国驻华办事机构、国际组织驻华代表机构。

（二）身份证明：

1. 机关、企业、事业单位、社会团体的身份证明，是该单位的统一社会信用代码证书、营业执照或者社会团体法人登记证书，以及加盖单位公章的委托书和被委托人的身份证明。机动车所有人为单位的内设机构，本身不具备领取统一社会信用代码证书条件的，可以使用上级单位的统一社会信用代码证书作为机动车所有人的身份证明。上述单位已注销、撤销或者破产，其机动车需要办理变更登记、转让登记、解除抵押登记、注销登记、解除质押备案和补、换领机动车登记证书、号牌、行驶证的，已注销的企业的身份证明，是市场监督管理部门出具的准予注销登记通知书；已撤销的机关、事业单位、社会团体的身份证明，是其上级主管机关出具的有关证明；已破产无有效营业执照的企业，其身份证明是依法成立的财产清算机构或者人民法院依法指定的破产管理人出具的有关证明。商业银行、汽车金融公司申请办理抵押登记业务的，其身份证明是营业执照或者加盖公章的营业执照复印件；

2. 外国驻华使馆、领馆和外国驻华办事机构、国际组织驻华代表机构的身份证明，是该使馆、领馆或者该办事机构、代表机构出具的证明；

3. 居民的身份证明，是居民身份证或者临时居民身份证。在户籍地以外居住的内地居民，其身份证明是居民身份证或者临时居民身份证，以及公安机关核发的居住证明或者居住登记证明；

4. 军人（含武警）的身份证明，是居民身份证或者临时居民身份证。在未办理居民身份证前，是军队有关部门核发的军官证、文职干部证、士兵证、离休证、退休证等有效军人身份证件，以及其所在的团级以上单位出具的本人住所证明；

5. 香港、澳门特别行政区居民的身份证明，是港澳居民居住证；或者是其所持有的港澳居民来往内地通行证或者外交部核发的中华人民共和国旅行证，以及公安机关出具的住宿登记证明；

6. 台湾地区居民的身份证明，是台湾居民居住证；或者是其所持有的公安机关核发的五年有效的台湾居民来往大陆通行证或者外交部核发的中华人民共和国旅行证，以及公安机关出具的住宿登记证明；

7. 定居国外的中国公民的身份证明，是中华人民共和国护照和公安机关出具的住宿登记证明；

8. 外国人的身份证明，是其所持有的有效护照或者其他国际旅行证件，停居留期三个月以上的有效签证或者停留、居留许可，以及公安机关出具的住宿登记证明；或者是外国人永久居留身份证；

9. 外国驻华使馆、领馆人员、国际组织驻华代表机构人员的身份证明，是外交部核发的有效身份证件。

（三）住所：

1. 单位的住所是其主要办事机构所在地；

2. 个人的住所是户籍登记地或者其身份证明记载的住址。在户籍地以外居住的内地居民的住所是公安机关核发的居住证明或者居住登记证明记载的住址。

属于在户籍地以外办理除机动车注册登记、转让登记、住所迁入、共同所有人变更以外业务的，机动车所有人免予提交公安机关核发的居住证明或者居住登记证明。

属于在户籍地以外办理小型、微型非营运载客汽车注册登记的，机动车所有人免予提交公安机关核发的居住证明或者居住登记证明。

第九十条 本规定所称机动车来历证明以及机动车整车出厂合格证明是指：

（一）机动车来历证明：

1. 在国内购买的机动车，其来历证明是机动车销售统一发票或者二手车交易发票。在国外购买的机动车，其来历证明是该车销售单位开具的销售发票及其翻译文本，但海关监管的机动车不需提供来历证明；

2. 监察机关依法没收、追缴或者责令退赔的机动车，其来历证明是监察机关出具的法律文书，以及相应的协助执行通知书；

3. 人民法院调解、裁定或者判决转让的机动车，其来历证明是人民法院出具的已经生效的调解书、裁定书或者判决书，以及相应的协助执行通知书；

4. 仲裁机构仲裁裁决转让的机动车，其来历证明是仲裁裁决书和人民法院出具的协助执行通知书；

5. 继承、赠予、中奖、协议离婚和协议抵偿债务的机动车，其来历证明是继承、赠予、中奖、协议离婚、协议抵偿债务的相关文书和公证机关出具的公证书；

6. 资产重组或者资产整体买卖中包含的机动车，其来历证明是资产主管部门的批准文件；

7. 机关、企业、事业单位和社会团体统一采购并调拨到下属单位未注册登记的机动车，其来历证明是机动车销售统一发票和该部门出具的调拨证明；

8. 机关、企业、事业单位和社会团体已注册登记并调拨到下属单位的机动车，其来历证明是该单位出具的调拨证明。被上级单位调回或者调拨到其他下属单位的机动车，其来历证明是上级单位出具的调拨证明；

9. 经公安机关破案发还的被盗抢骗且已向原机动车所有人理赔完毕的机动车，其来历证明是权益转让证明书。

（二）机动车整车出厂合格证明：

1. 机动车整车厂生产的汽车、摩托车、挂车，其出厂合格证明是该厂出具的机动车整车出厂合格证；

2. 使用国产或者进口底盘改装的机动车，其出厂合格证明是机动车底盘生产厂出具的机动车底盘出厂合格证或者进口机动车底盘的进口凭证和机动车改装厂出具的机动车整车出厂合格证；

3. 使用国产或者进口整车改装的机动车，其出厂合格证明是机动车生产厂出具的机动车整车出厂合格证或者进口机动车的进口凭证和机动车改装厂出具的机动车整车出厂合格证；

4. 监察机关、人民法院、人民检察院或者行政执法机关依法扣留、没收并拍卖的未注册登记的国产机动车，未能提供出厂合格证明的，可以凭监察机关、人民法院、人民检察院或者行政执法机关出具的证明替代。

第九十一条 本规定所称二手车出口企业是指经商务主管部门认定

具备二手车出口资质的企业。

第九十二条 本规定所称"一日"、"二日"、"三日"、"五日"、"七日"、"十日"、"十五日"，是指工作日，不包括节假日。

临时行驶车号牌的最长有效期"十五日"、"三十日"、"六十日"、"九十日"、"六个月"，包括工作日和节假日。

本规定所称"以下"、"以上"、"以内"，包括本数。

第九十三条 本规定自 2022 年 5 月 1 日起施行。2008 年 5 月 27 日发布的《机动车登记规定》（公安部令第 102 号）和 2012 年 9 月 12 日发布的《公安部关于修改〈机动车登记规定〉的决定》（公安部令第 124 号）同时废止。本规定生效后，公安部以前制定的规定与本规定不一致的，以本规定为准。

道路交通安全违法行为处理程序规定

· 2008 年 12 月 20 日公安部令第 105 号公布
· 根据 2020 年 4 月 7 日《公安部关于修改〈道路交通安全违法行为处理程序规定〉的决定》修订

第一章　总　　则

第一条 为了规范道路交通安全违法行为处理程序，保障公安机关交通管理部门正确履行职责，保护公民、法人和其他组织的合法权益，根据《中华人民共和国道路交通安全法》及其实施条例等法律、行政法规制定本规定。

第二条 公安机关交通管理部门及其交通警察对道路交通安全违法行为（以下简称违法行为）的处理程序，在法定职权范围内依照本规定实施。

第三条 对违法行为的处理应当遵循合法、公正、文明、公开、及时的原则，尊重和保障人权，保护公民的人格尊严。

对违法行为的处理应当坚持教育与处罚相结合的原则，教育公民、法人和其他组织自觉遵守道路交通安全法律法规。

对违法行为的处理，应当以事实为依据，与违法行为的事实、性质、情节以及社会危害程度相当。

第二章　管　辖

第四条　交通警察执勤执法中发现的违法行为由违法行为发生地的公安机关交通管理部门管辖。

对管辖权发生争议的，报请共同的上一级公安机关交通管理部门指定管辖。上一级公安机关交通管理部门应当及时确定管辖主体，并通知争议各方。

第五条　违法行为人可以在违法行为发生地、机动车登记地或者其他任意地公安机关交通管理部门处理交通技术监控设备记录的违法行为。

违法行为人在违法行为发生地以外的地方（以下简称处理地）处理交通技术监控设备记录的违法行为的，处理地公安机关交通管理部门可以协助违法行为发生地公安机关交通管理部门调查违法事实、代为送达法律文书、代为履行处罚告知程序，由违法行为发生地公安机关交通管理部门按照发生地标准作出处罚决定。

违法行为人或者机动车所有人、管理人对交通技术监控设备记录的违法行为事实有异议的，可以通过公安机关交通管理部门互联网站、移动互联网应用程序或者违法行为处理窗口向公安机关交通管理部门提出。处理地公安机关交通管理部门应当在收到当事人申请后当日，通过道路交通违法信息管理系统通知违法行为发生地公安机关交通管理部门。违法行为发生地公安机关交通管理部门应当在五日内予以审查，异议成立的，予以消除；异议不成立的，告知当事人。

第六条　对违法行为人处以警告、罚款或者暂扣机动车驾驶证处罚的，由县级以上公安机关交通管理部门作出处罚决定。

对违法行为人处以吊销机动车驾驶证处罚的，由设区的市公安机关交通管理部门作出处罚决定。

对违法行为人处以行政拘留处罚的，由县、市公安局、公安分局或者相当于县一级的公安机关作出处罚决定。

第三章 调 查 取 证

第一节 一 般 规 定

第七条 交通警察调查违法行为时，应当表明执法身份。

交通警察执勤执法应当严格执行安全防护规定，注意自身安全，在公路上执勤执法不得少于两人。

第八条 交通警察应当全面、及时、合法收集能够证实违法行为是否存在、违法情节轻重的证据。

第九条 交通警察调查违法行为时，应当查验机动车驾驶证、行驶证、机动车号牌、检验合格标志、保险标志等牌证以及机动车和驾驶人违法信息。对运载爆炸物品、易燃易爆化学物品以及剧毒、放射性等危险物品车辆驾驶人违法行为调查的，还应当查验其他相关证件及信息。

第十条 交通警察查验机动车驾驶证时，应当询问驾驶人姓名、住址、出生年月并与驾驶证上记录的内容进行核对；对持证人的相貌与驾驶证上的照片进行核对。必要时，可以要求驾驶人出示居民身份证进行核对。

第十一条 调查中需要采取行政强制措施的，依照法律、法规、本规定及国家其他有关规定实施。

第十二条 交通警察对机动车驾驶人不在现场的违法停放机动车行为，应当在机动车侧门玻璃或者摩托车座位上粘贴违法停车告知单，并采取拍照或者录像方式固定相关证据。

第十三条 调查中发现违法行为人有其他违法行为的，在依法对其道路交通安全违法行为作出处理决定的同时，按照有关规定移送有管辖权的单位处理。涉嫌构成犯罪的，转为刑事案件办理或者移送有权处理的主管机关、部门办理。

第十四条　公安机关交通管理部门对于控告、举报的违法行为以及其他行政主管部门移送的案件应当接受，并按规定处理。

第二节　交通技术监控

第十五条　公安机关交通管理部门可以利用交通技术监控设备、执法记录设备收集、固定违法行为证据。

交通技术监控设备、执法记录设备应当符合国家标准或者行业标准，需要认定、检定的交通技术监控设备应当经认定、检定合格后，方可用于收集、固定违法行为证据。

交通技术监控设备应当定期维护、保养、检测，保持功能完好。

第十六条　交通技术监控设备的设置应当遵循科学、规范、合理的原则，设置的地点应当有明确规范相应交通行为的交通信号。

固定式交通技术监控设备设置地点应当向社会公布。

第十七条　使用固定式交通技术监控设备测速的路段，应当设置测速警告标志。

使用移动测速设备测速的，应当由交通警察操作。使用车载移动测速设备的，还应当使用制式警车。

第十八条　作为处理依据的交通技术监控设备收集的违法行为记录资料，应当清晰、准确地反映机动车类型、号牌、外观等特征以及违法时间、地点、事实。

第十九条　交通技术监控设备收集违法行为记录资料后五日内，违法行为发生地公安机关交通管理部门应当对记录内容进行审核，经审核无误后录入道路交通违法信息管理系统，作为处罚违法行为的证据。

第二十条　交通技术监控设备记录的违法行为信息录入道路交通违法信息管理系统后当日，违法行为发生地和机动车登记地公安机关交通管理部门应当向社会提供查询。违法行为发生地公安机关交通管理部门应当在违法行为信息录入道路交通违法信息管理系统后五日内，按照机动车备案信息中的联系方式，通过移动互联网应用程序、手机短信或者邮寄等方式将违法时间、地点、事实通知违法行为人或者机动车所有人、管理人，并告知其在三十日内接受处理。

公安机关交通管理部门应当在违法行为人或者机动车所有人、管理人处理违法行为和交通事故、办理机动车或者驾驶证业务时，书面确认违法行为人或者机动车所有人、管理人的联系方式和法律文书送达方式，并告知其可以通过公安机关交通管理部门互联网站、移动互联网应用程序等方式备案或者变更联系方式、法律文书送达方式。

第二十一条 对交通技术监控设备记录的违法行为信息，经核查能够确定实际驾驶人的，公安机关交通管理部门可以在道路交通违法信息管理系统中将其记录为实际驾驶人的违法行为信息。

第二十二条 交通技术监控设备记录或者录入道路交通违法信息管理系统的违法行为信息，有下列情形之一并经核实的，违法行为发生地或者机动车登记地公安机关交通管理部门应当自核实之日起三日内予以消除：

（一）警车、消防救援车辆、救护车、工程救险车执行紧急任务期间交通技术监控设备记录的违法行为；

（二）机动车所有人或者管理人提供报案记录证明机动车被盗抢期间、机动车号牌被他人冒用期间交通技术监控设备记录的违法行为；

（三）违法行为人或者机动车所有人、管理人提供证据证明机动车因救助危难或者紧急避险造成的违法行为；

（四）已经在现场被交通警察处理的交通技术监控设备记录的违法行为；

（五）因交通信号指示不一致造成的违法行为；

（六）作为处理依据的交通技术监控设备收集的违法行为记录资料，不能清晰、准确地反映机动车类型、号牌、外观等特征以及违法时间、地点、事实的；

（七）经比对交通技术监控设备记录的违法行为照片、道路交通违法信息管理系统登记的机动车信息，确认记录的机动车号牌信息错误的；

（八）其他应当消除的情形。

第二十三条 经查证属实，单位或者个人提供的违法行为照片或者视频等资料可以作为处罚的证据。

对群众举报的违法行为照片或者视频资料的审核录入要求，参照本规定执行。

第四章 行政强制措施适用

第二十四条 公安机关交通管理部门及其交通警察在执法过程中，依法可以采取下列行政强制措施：

（一）扣留车辆；

（二）扣留机动车驾驶证；

（三）拖移机动车；

（四）检验体内酒精、国家管制的精神药品、麻醉药品含量；

（五）收缴物品；

（六）法律、法规规定的其他行政强制措施。

第二十五条 采取本规定第二十四条第（一）、（二）、（四）、（五）项行政强制措施，应当按照下列程序实施：

（一）口头告知违法行为人或者机动车所有人、管理人违法行为的基本事实、拟作出行政强制措施的种类、依据及其依法享有的权利；

（二）听取当事人的陈述和申辩，当事人提出的事实、理由或者证据成立的，应当采纳；

（三）制作行政强制措施凭证，并告知当事人在十五日内到指定地点接受处理；

（四）行政强制措施凭证应当由当事人签名、交通警察签名或者盖章，并加盖公安机关交通管理部门印章；当事人拒绝签名的，交通警察应当在行政强制措施凭证上注明；

（五）行政强制措施凭证应当当场交付当事人；当事人拒收的，由交通警察在行政强制措施凭证上注明，即为送达。

现场采取行政强制措施的，交通警察应当在二十四小时内向所属公安机关交通管理部门负责人报告，并补办批准手续。公安机关交通管理部门负责人认为不应当采取行政强制措施的，应当立即解除。

第二十六条 行政强制措施凭证应当载明当事人的基本情况、车辆牌号、车辆类型、违法事实、采取行政强制措施种类和依据、接受处理的具体地点和期限、决定机关名称及当事人依法享有的行政复议、行政诉讼权利等内容。

第二十七条 有下列情形之一的，依法扣留车辆：

（一）上道路行驶的机动车未悬挂机动车号牌，未放置检验合格标志、保险标志，或者未随车携带机动车行驶证、驾驶证的；

（二）有伪造、变造或者使用伪造、变造的机动车登记证书、号牌、行驶证、检验合格标志、保险标志、驾驶证或者使用其他车辆的机动车登记证书、号牌、行驶证、检验合格标志、保险标志嫌疑的；

（三）未按照国家规定投保机动车交通事故责任强制保险的；

（四）公路客运车辆或者货运机动车超载的；

（五）机动车有被盗抢嫌疑的；

（六）机动车有拼装或者达到报废标准嫌疑的；

（七）未申领《剧毒化学品公路运输通行证》通过公路运输剧毒化学品的；

（八）非机动车驾驶人拒绝接受罚款处罚的。

对发生道路交通事故，因收集证据需要的，可以依法扣留事故车辆。

第二十八条 交通警察应当在扣留车辆后二十四小时内，将被扣留车辆交所属公安机关交通管理部门。

公安机关交通管理部门扣留车辆的，不得扣留车辆所载货物。对车辆所载货物应当通知当事人自行处理，当事人无法自行处理或者不自行处理的，应当登记并妥善保管，对容易腐烂、损毁、灭失或者其他不具备保管条件的物品，经县级以上公安机关交通管理部门负责人批准，可以在拍照或者录像后变卖或者拍卖，变卖、拍卖所得按照有关规定处理。

第二十九条 对公路客运车辆载客超过核定乘员、货运机动车超过核定载质量的，公安机关交通管理部门应当按照下列规定消除违法状态：

（一）违法行为人可以自行消除违法状态的，应当在公安机关交通管理部门的监督下，自行将超载的乘车人转运、将超载的货物卸载；

（二）违法行为人无法自行消除违法状态的，对超载的乘车人，公安机关交通管理部门应当及时通知有关部门联系转运；对超载的货物，应当在指定的场地卸载，并由违法行为人与指定场地的保管方签订卸载货物的保管合同。

消除违法状态的费用由违法行为人承担。违法状态消除后，应当立即退还被扣留的机动车。

第三十条 对扣留的车辆，当事人接受处理或者提供、补办的相关证明或者手续经核实后，公安机关交通管理部门应当依法及时退还。

公安机关交通管理部门核实的时间不得超过十日；需要延长的，经县级以上公安机关交通管理部门负责人批准，可以延长至十五日。核实时间自车辆驾驶人或者所有人、管理人提供被扣留车辆合法来历证明，补办相应手续，或者接受处理之日起计算。

发生道路交通事故因收集证据需要扣留车辆的，扣留车辆时间依照《道路交通事故处理程序规定》有关规定执行。

第三十一条 有下列情形之一的，依法扣留机动车驾驶证：

（一）饮酒后驾驶机动车的；

（二）将机动车交由未取得机动车驾驶证或者机动车驾驶证被吊

销、暂扣的人驾驶的；

（三）机动车行驶超过规定时速百分之五十的；

（四）驾驶有拼装或者达到报废标准嫌疑的机动车上道路行驶的；

（五）在一个记分周期内累积记分达到十二分的。

第三十二条　交通警察应当在扣留机动车驾驶证后二十四小时内，将被扣留机动车驾驶证交所属公安机关交通管理部门。

具有本规定第三十一条第（一）、（二）、（三）、（四）项所列情形之一的，扣留机动车驾驶证至作出处罚决定之日；处罚决定生效前先予扣留机动车驾驶证的，扣留一日折抵暂扣期限一日。只对违法行为人作出罚款处罚的，缴纳罚款完毕后，应当立即发还机动车驾驶证。具有本规定第三十一条第（五）项情形的，扣留机动车驾驶证至考试合格之日。

第三十三条　违反机动车停放、临时停车规定，驾驶人不在现场或者虽在现场但拒绝立即驶离，妨碍其他车辆、行人通行的，公安机关交通管理部门及其交通警察可以将机动车拖移至不妨碍交通的地点或者公安机关交通管理部门指定的地点。

拖移机动车的，现场交通警察应当通过拍照、录像等方式固定违法事实和证据。

第三十四条　公安机关交通管理部门应当公开拖移机动车查询电话，并通过设置拖移机动车专用标志牌明示或者以其他方式告知当事人。当事人可以通过电话查询接受处理的地点、期限和被拖移机动车的停放地点。

第三十五条　车辆驾驶人有下列情形之一的，应当对其检验体内酒精含量：

（一）对酒精呼气测试等方法测试的酒精含量结果有异议并当场提出的；

（二）涉嫌饮酒驾驶车辆发生交通事故的；

（三）涉嫌醉酒驾驶的；

（四）拒绝配合酒精呼气测试等方法测试的。

车辆驾驶人对酒精呼气测试结果无异议的，应当签字确认。事后提出异议的，不予采纳。

车辆驾驶人涉嫌吸食、注射毒品或者服用国家管制的精神药品、麻醉药品后驾驶车辆的，应当按照《吸毒检测程序规定》对车辆驾驶人进行吸毒检测，并通知其家属，但无法通知的除外。

对酒后、吸毒后行为失控或者拒绝配合检验、检测的，可以使用约束带或者警绳等约束性警械。

第三十六条 对车辆驾驶人进行体内酒精含量检验的，应当按照下列程序实施：

（一）由两名交通警察或者由一名交通警察带领警务辅助人员将车辆驾驶人带到医疗机构提取血样，或者现场由法医等具有相应资质的人员提取血样；

（二）公安机关交通管理部门应当在提取血样后五日内将血样送交有检验资格的单位或者机构进行检验，并在收到检验结果后五日内书面告知车辆驾驶人。

检验车辆驾驶人体内酒精含量的，应当通知其家属，但无法通知的除外。

车辆驾驶人对检验结果有异议的，可以在收到检验结果之日起三日内申请重新检验。

具有下列情形之一的，应当进行重新检验：

（一）检验程序违法或者违反相关专业技术要求，可能影响检验结果正确性的；

（二）检验单位或者机构、检验人不具备相应资质和条件的；

（三）检验结果明显依据不足的；

（四）检验人故意作虚假检验的；

（五）检验人应当回避而没有回避的；

（六）检材虚假或者被污染的；

（七）其他应当重新检验的情形。

不符合前款规定情形的，经县级以上公安机关交通管理部门负责人批准，作出不准予重新检验的决定，并在作出决定之日起的三日内书面通知申请人。

重新检验，公安机关应当另行指派或者聘请检验人。

第三十七条 对非法安装警报器、标志灯具或者自行车、三轮车加装动力装置的，公安机关交通管理部门应当强制拆除，予以收缴，并依法予以处罚。

交通警察现场收缴非法装置的，应当在二十四小时内，将收缴的物品交所属公安机关交通管理部门。

对收缴的物品，除作为证据保存外，经县级以上公安机关交通管理部门批准后，依法予以销毁。

第三十八条 公安机关交通管理部门对扣留的拼装或者已达到报废标准的机动车，经县级以上公安机关交通管理部门批准后，予以收缴，强制报废。

第三十九条 对伪造、变造或者使用伪造、变造的机动车登记证书、号牌、行驶证、检验合格标志、保险标志、驾驶证的，应当予以收缴，依法处罚后予以销毁。

对使用其他车辆的机动车登记证书、号牌、行驶证、检验合格标志、保险标志的，应当予以收缴，依法处罚后转至机动车登记地车辆管理所。

第四十条 对在道路两侧及隔离带上种植树木、其他植物或者设置广告牌、管线等，遮挡路灯、交通信号灯、交通标志，妨碍安全视距的，公安机关交通管理部门应当向违法行为人送达排除妨碍通知书，告知履行期限和不履行的后果。违法行为人在规定期限内拒不履行的，依法予以处罚并强制排除妨碍。

第四十一条 强制排除妨碍，公安机关交通管理部门及其交通警察可以当场实施。无法当场实施的，应当按照下列程序实施：

（一）经县级以上公安机关交通管理部门负责人批准，可以委托或者组织没有利害关系的单位予以强制排除妨碍；

（二）执行强制排除妨碍时，公安机关交通管理部门应当派员到场监督。

第五章　行政处罚

第一节　行政处罚的决定

第四十二条　交通警察对于当场发现的违法行为，认为情节轻微、未影响道路通行和安全的，口头告知其违法行为的基本事实、依据，向违法行为人提出口头警告，纠正违法行为后放行。

各省、自治区、直辖市公安机关交通管理部门可以根据实际确定适用口头警告的具体范围和实施办法。

第四十三条　对违法行为人处以警告或者二百元以下罚款的，可以适用简易程序。

对违法行为人处以二百元（不含）以上罚款、暂扣或者吊销机动车驾驶证的，应当适用一般程序。不需要采取行政强制措施的，现场交通警察应当收集、固定相关证据，并制作违法行为处理通知书。其中，对违法行为人单处二百元（不含）以上罚款的，可以通过简化取证方式和审核审批手续等措施快速办理。

对违法行为人处以行政拘留处罚的，按照《公安机关办理行政案件程序规定》实施。

第四十四条　适用简易程序处罚的，可以由一名交通警察作出，并应当按照下列程序实施：

（一）口头告知违法行为人违法行为的基本事实、拟作出的行政处罚、依据及其依法享有的权利；

（二）听取违法行为人的陈述和申辩，违法行为人提出的事实、理由或者证据成立的，应当采纳；

（三）制作简易程序处罚决定书；

（四）处罚决定书应当由被处罚人签名、交通警察签名或者盖章，并加盖公安机关交通管理部门印章：被处罚人拒绝签名的，交通警察应当在处罚决定书上注明；

（五）处罚决定书应当当场交付被处罚人；被处罚人拒收的，由交通警察在处罚决定书上注明，即为送达。

交通警察应当在二日内将简易程序处罚决定书报所属公安机关交通管理部门备案。

第四十五条　简易程序处罚决定书应当载明被处罚人的基本情况、车辆牌号、车辆类型、违法事实、处罚的依据、处罚的内容、履行方式、期限、处罚机关名称及被处罚人依法享有的行政复议、行政诉讼权利等内容。

第四十六条　制发违法行为处理通知书应当按照下列程序实施：

（一）口头告知违法行为人违法行为的基本事实；

（二）听取违法行为人的陈述和申辩，违法行为人提出的事实、理由或者证据成立的，应当采纳；

（三）制作违法行为处理通知书，并通知当事人在十五日内接受处理；

（四）违法行为处理通知书应当由违法行为人签名、交通警察签名或者盖章，并加盖公安机关交通管理部门印章；当事人拒绝签名的，交通警察应当在违法行为处理通知书上注明；

（五）违法行为处理通知书应当当场交付当事人；当事人拒收的，由交通警察在违法行为处理通知书上注明，即为送达。

交通警察应当在二十四小时内将违法行为处理通知书报所属公安机关交通管理部门备案。

第四十七条　违法行为处理通知书应当载明当事人的基本情况、车辆牌号、车辆类型、违法事实、接受处理的具体地点和时限、通知机关名称等内容。

第四十八条　适用一般程序作出处罚决定，应当由两名以上交通警察按照下列程序实施：

（一）对违法事实进行调查，询问当事人违法行为的基本情况，并制作笔录；当事人拒绝接受询问、签名或者盖章的，交通警察应当在询问笔录上注明；

（二）采用书面形式或者笔录形式告知当事人拟作出的行政处罚的事实、理由及依据，并告知其依法享有的权利；

（三）对当事人陈述、申辩进行复核，复核结果应当在笔录中注明；

（四）制作行政处罚决定书；

（五）行政处罚决定书应当由被处罚人签名，并加盖公安机关交通管理部门印章；被处罚人拒绝签名的，交通警察应当在处罚决定书上注明；

（六）行政处罚决定书应当当场交付被处罚人；被处罚人拒收的，由交通警察在处罚决定书上注明，即为送达；被处罚人不在场的，应当依照《公安机关办理行政案件程序规定》的有关规定送达。

第四十九条　行政处罚决定书应当载明被处罚人的基本情况、车辆牌号、车辆类型、违法事实和证据、处罚的依据、处罚的内容、履行方式、期限、处罚机关名称及被处罚人依法享有的行政复议、行政诉讼权利等内容。

第五十条　一人有两种以上违法行为，分别裁决，合并执行，可以制作一份行政处罚决定书。

一人只有一种违法行为，依法应当并处两个以上处罚种类且涉及两个处罚主体的，应当分别制作行政处罚决定书。

第五十一条　对违法行为事实清楚，需要按照一般程序处以罚款的，应当自违法行为人接受处理之时起二十四小时内作出处罚决定；处以暂扣机动车驾驶证的，应当自违法行为人接受处理之日起三日内作出处罚决定；处以吊销机动车驾驶证的，应当自违法行为人接受处理或者听证程序结束之日起七日内作出处罚决定，交通肇事构成犯罪的，应当在人民法院判决后及时作出处罚决定。

第五十二条　对交通技术监控设备记录的违法行为，当事人应当及时到公安机关交通管理部门接受处理，处以警告或者二百元以下罚款的，可以适用简易程序；处以二百元（不含）以上罚款、吊销机动车驾驶证的，应当适用一般程序。

第五十三条　违法行为人或者机动车所有人、管理人收到道路交通安全违法行为通知后，应当及时到公安机关交通管理部门接受处理。机动车所有人、管理人将机动车交由他人驾驶的，应当通知机动车驾驶人按照本规定第二十条规定期限接受处理。

违法行为人或者机动车所有人、管理人无法在三十日内接受处理的，可以申请延期处理。延长的期限最长不得超过三个月。

第五十四条　机动车有五起以上未处理的违法行为记录，违法行为人或者机动车所有人、管理人未在三十日内接受处理且未申请延期处理的，违法行为发生地公安机关交通管理部门应当按照备案信息中的联系方式，通过移动互联网应用程序、手机短信或者邮寄等方式将拟作出的行政处罚决定的事实、理由、依据以及依法享有的权利，告知违法行为人或者机动车所有人、管理人。违法行为人或者机动车所有人、管理人未在告知后三十日内接受处理的，可以采取公告方式告知拟作出的行政处罚决定的事实、理由、依据、依法享有的权利以及公告期届满后将依法作出行政处罚决定。公告期为七日。

违法行为人或者机动车所有人、管理人提出申辩或者接受处理的，应当按照本规定第四十四条或者第四十八条办理；违法行为人或者机动车所有人、管理人未提出申辩的，公安机关交通管理部门可以依法作出行政处罚决定，并制作行政处罚决定书。

第五十五条　行政处罚决定书可以邮寄或者电子送达。邮寄或者电子送达不成功的，公安机关交通管理部门可以公告送达，公告期为六十日。

第五十六条　电子送达可以采用移动互联网应用程序、电子邮件、移动通信等能够确认受送达人收悉的特定系统作为送达媒介。送达日期为公安机关交通管理部门对应系统显示发送成功的日期。受送达人证明到达其特定系统的日期与公安机关交通管理部门对应系统显示发送成功的日期不一致的，以受送达人证明到达其特定系统的日期为准。

公告应当通过互联网交通安全综合服务管理平台、移动互联网应用程序等方式进行。公告期满，即为送达。

公告内容应当避免泄漏个人隐私。

第五十七条 交通警察在道路执勤执法时，发现违法行为人或者机动车所有人、管理人有交通技术监控设备记录的违法行为逾期未处理的，应当以口头或者书面方式告知违法行为人或者机动车所有人、管理人。

第五十八条 违法行为人可以通过公安机关交通管理部门自助处理平台自助处理违法行为。

第二节　行政处罚的执行

第五十九条 对行人、乘车人、非机动车驾驶人处以罚款，交通警察当场收缴的，交通警察应当在简易程序处罚决定书上注明，由被处罚人签名确认。被处罚人拒绝签名的，交通警察应当在处罚决定书上注明。

交通警察依法当场收缴罚款的，应当开具省、自治区、直辖市财政部门统一制发的罚款收据；不开具省、自治区、直辖市财政部门统一制发的罚款收据的，当事人有权拒绝缴纳罚款。

第六十条 当事人逾期不履行行政处罚决定的，作出行政处罚决定的公安机关交通管理部门可以采取下列措施：

（一）到期不缴纳罚款的，每日按罚款数额的百分之三加处罚款，加处罚款总额不得超出罚款数额；

（二）申请人民法院强制执行。

第六十一条 公安机关交通管理部门对非本辖区机动车驾驶人给予

暂扣、吊销机动车驾驶证处罚的，应当在作出处罚决定之日起十五日内，将机动车驾驶证转至核发地公安机关交通管理部门。

违法行为人申请不将暂扣的机动车驾驶证转至核发地公安机关交通管理部门的，应当准许，并在行政处罚决定书上注明。

第六十二条　对违法行为人决定行政拘留并处罚款的，公安机关交通管理部门应当告知违法行为人可以委托他人代缴罚款。

第六章　执法监督

第六十三条　交通警察执勤执法时，应当按照规定着装，佩戴人民警察标志，随身携带人民警察证件，保持警容严整，举止端庄，指挥规范。

交通警察查处违法行为时应当使用规范、文明的执法用语。

第六十四条　公安机关交通管理部门所属的交警队、车管所及重点业务岗位应当建立值日警官和法制员制度，防止和纠正执法中的错误和不当行为。

第六十五条　各级公安机关交通管理部门应当加强执法监督，建立本单位及其所属民警的执法档案，实施执法质量考评、执法责任制和执法过错追究。

执法档案可以是电子档案或者纸质档案。

第六十六条　公安机关交通管理部门应当依法建立交通民警执勤执法考核评价标准，不得下达或者变相下达罚款指标，不得以处罚数量作为考核民警执法效果的依据。

第七章　其他规定

第六十七条　当事人对公安机关交通管理部门采取的行政强制措施或者作出的行政处罚决定不服的，可以依法申请行政复议或者提起行政诉讼。

第六十八条　公安机关交通管理部门应当使用道路交通违法信息管

理系统对违法行为信息进行管理。对记录和处理的交通违法行为信息应当及时录入道路交通违法信息管理系统。

第六十九条 公安机关交通管理部门对非本辖区机动车有违法行为记录的，应当在违法行为信息录入道路交通违法信息管理系统后，在规定时限内将违法行为信息转至机动车登记地公安机关交通管理部门。

第七十条 公安机关交通管理部门对非本辖区机动车驾驶人的违法行为给予记分或者暂扣、吊销机动车驾驶证以及扣留机动车驾驶证的，应当在违法行为信息录入道路交通违法信息管理系统后，在规定时限内将违法行为信息转至驾驶证核发地公安机关交通管理部门。

第七十一条 公安机关交通管理部门可以与保险监管机构建立违法行为与机动车交通事故责任强制保险费率联系浮动制度。

第七十二条 机动车所有人为单位的，公安机关交通管理部门可以将严重影响道路交通安全的违法行为通报机动车所有人。

第七十三条 对非本辖区机动车驾驶人申请在违法行为发生地、处理地参加满分学习、考试的，公安机关交通管理部门应当准许，考试合格后发还扣留的机动车驾驶证，并将考试合格的信息转至驾驶证核发地公安机关交通管理部门。

驾驶证核发地公安机关交通管理部门应当根据转递信息清除机动车驾驶人的累积记分。

第七十四条 以欺骗、贿赂等不正当手段取得机动车登记的，应当收缴机动车登记证书、号牌、行驶证，由机动车登记地公安机关交通管理部门撤销机动车登记。

以欺骗、贿赂等不正当手段取得驾驶许可的，应当收缴机动车驾驶证，由驾驶证核发地公安机关交通管理部门撤销机动车驾驶许可。

非本辖区机动车登记或者机动车驾驶许可需要撤销的，公安机关交通管理部门应当将收缴的机动车登记证书、号牌、行驶证或者机动车驾驶证以及相关证据材料，及时转至机动车登记地或者驾驶证核发地公安机关交通管理部门。

第七十五条　撤销机动车登记或者机动车驾驶许可的，应当按照下列程序实施：

（一）经设区的市公安机关交通管理部门负责人批准，制作撤销决定书送达当事人；

（二）将收缴的机动车登记证书、号牌、行驶证或者机动车驾驶证以及撤销决定书转至机动车登记地或者驾驶证核发地车辆管理所予以注销；

（三）无法收缴的，公告作废。

第七十六条　简易程序案卷应当包括简易程序处罚决定书。一般程序案卷应当包括行政强制措施凭证或者违法行为处理通知书、证据材料、公安交通管理行政处罚决定书。

在处理违法行为过程中形成的其他文书应当一并存入案卷。

第八章　附　　则

第七十七条　本规定中下列用语的含义：

（一）"违法行为人"，是指违反道路交通安全法律、行政法规规定的公民、法人及其他组织。

（二）"县级以上公安机关交通管理部门"，是指县级以上人民政府公安机关交通管理部门或者相当于同级的公安机关交通管理部门。"设区的市公安机关交通管理部门"，是指设区的市人民政府公安机关交通管理部门或者相当于同级的公安机关交通管理部门。

第七十八条　交通技术监控设备记录的非机动车、行人违法行为参照本规定关于机动车违法行为处理程序处理。

第七十九条　公安机关交通管理部门可以以电子案卷形式保存违法处理案卷。

第八十条　本规定未规定的违法行为处理程序，依照《公安机关办理行政案件程序规定》执行。

第八十一条　本规定所称"以上""以下"，除特别注明的外，包括本数在内。

本规定所称的"二日""三日""五日""七日""十日""十五日"，是指工作日，不包括节假日。

第八十二条 执行本规定所需要的法律文书式样，由公安部制定。公安部没有制定式样，执法工作中需要的其他法律文书，各省、自治区、直辖市公安机关交通管理部门可以制定式样。

第八十三条 本规定自 2009 年 4 月 1 日起施行。2004 年 4 月 30 日发布的《道路交通安全违法行为处理程序规定》（公安部第 69 号令）同时废止。本规定生效后，以前有关规定与本规定不一致的，以本规定为准。

道路交通事故处理程序规定

· 2017 年 7 月 22 日中华人民共和国公安部令第 146 号公布
· 自 2018 年 5 月 1 日起施行

第一章 总 则

第一条 为了规范道路交通事故处理程序，保障公安机关交通管理部门依法履行职责，保护道路交通事故当事人的合法权益，根据《中华人民共和国道路交通安全法》及其实施条例等有关法律、行政法规，制定本规定。

第二条 处理道路交通事故，应当遵循合法、公正、公开、便民、效率的原则，尊重和保障人权，保护公民的人格尊严。

第三条 道路交通事故分为财产损失事故、伤人事故和死亡事故。

财产损失事故是指造成财产损失，尚未造成人员伤亡的道路交通事故。

伤人事故是指造成人员受伤，尚未造成人员死亡的道路交通事故。

死亡事故是指造成人员死亡的道路交通事故。

第四条 道路交通事故的调查处理应当由公安机关交通管理部门负责。

财产损失事故可以由当事人自行协商处理，但法律法规及本规定另有规定的除外。

第五条 交通警察经过培训并考试合格，可以处理适用简易程序的道路交通事故。

处理伤人事故，应当由具有道路交通事故处理初级以上资格的交通警察主办。

处理死亡事故，应当由具有道路交通事故处理中级以上资格的交通警察主办。

第六条 公安机关交通管理部门处理道路交通事故应当使用全国统一的交通管理信息系统。

鼓励应用先进的科技装备和先进技术处理道路交通事故。

第七条 交通警察处理道路交通事故，应当按照规定使用执法记录设备。

第八条 公安机关交通管理部门应当建立与司法机关、保险机构等有关部门间的数据信息共享机制，提高道路交通事故处理工作信息化水平。

第二章 管 辖

第九条 道路交通事故由事故发生地的县级公安机关交通管理部门管辖。未设立县级公安机关交通管理部门的，由设区的市公安机关交通管理部门管辖。

第十条 道路交通事故发生在两个以上管辖区域的，由事故起始点所在地公安机关交通管理部门管辖。

对管辖权有争议的，由共同的上一级公安机关交通管理部门指定管辖。指定管辖前，最先发现或者最先接到报警的公安机关交通管理部门应当先行处理。

第十一条　上级公安机关交通管理部门在必要的时候，可以处理下级公安机关交通管理部门管辖的道路交通事故，或者指定下级公安机关交通管理部门限时将案件移送其他下级公安机关交通管理部门处理。

案件管辖权发生转移的，处理时限从案件接收之日起计算。

第十二条　中国人民解放军、中国人民武装警察部队人员、车辆发生道路交通事故的，按照本规定处理。依法应当吊销、注销中国人民解放军、中国人民武装警察部队核发的机动车驾驶证以及对现役军人实施行政拘留或者追究刑事责任的，移送中国人民解放军、中国人民武装警察部队有关部门处理。

上道路行驶的拖拉机发生道路交通事故的，按照本规定处理。公安机关交通管理部门对拖拉机驾驶人依法暂扣、吊销、注销驾驶证或者记分处理的，应当将决定书和记分情况通报有关的农业（农业机械）主管部门。吊销、注销驾驶证的，还应当将驾驶证送交有关的农业（农业机械）主管部门。

第三章　报警和受案

第十三条　发生死亡事故、伤人事故的，或者发生财产损失事故且有下列情形之一的，当事人应当保护现场并立即报警：

（一）驾驶人无有效机动车驾驶证或者驾驶的机动车与驾驶证载明的准驾车型不符的；

（二）驾驶人有饮酒、服用国家管制的精神药品或者麻醉药品嫌疑的；

（三）驾驶人有从事校车业务或者旅客运输，严重超过额定乘员载客，或者严重超过规定时速行驶嫌疑的；

（四）机动车无号牌或者使用伪造、变造的号牌的；

（五）当事人不能自行移动车辆的；

（六）一方当事人离开现场的；

（七）有证据证明事故是由一方故意造成的。

驾驶人必须在确保安全的原则下，立即组织车上人员疏散到路外安全地点，避免发生次生事故。驾驶人已因道路交通事故死亡或者受伤无法行动的，车上其他人员应当自行组织疏散。

第十四条 发生财产损失事故且有下列情形之一，车辆可以移动的，当事人应当组织车上人员疏散到路外安全地点，在确保安全的原则下，采取现场拍照或者标划事故车辆现场位置等方式固定证据，将车辆移至不妨碍交通的地点后报警：

（一）机动车无检验合格标志或者无保险标志的；

（二）碰撞建筑物、公共设施或者其他设施的。

第十五条 载运爆炸性、易燃性、毒害性、放射性、腐蚀性、传染病病原体等危险物品车辆发生事故的，当事人应当立即报警，危险物品车辆驾驶人、押运人应当按照危险物品安全管理法律、法规、规章以及有关操作规程的规定，采取相应的应急处置措施。

第十六条 公安机关及其交通管理部门接到报警的，应当受理，制作受案登记表并记录下列内容：

（一）报警方式、时间，报警人姓名、联系方式，电话报警的，还应当记录报警电话；

（二）发生或者发现道路交通事故的时间、地点；

（三）人员伤亡情况；

（四）车辆类型、车辆号牌号码，是否载有危险物品以及危险物品的种类、是否发生泄漏等；

（五）涉嫌交通肇事逃逸的，还应当询问并记录肇事车辆的车型、颜色、特征及其逃逸方向、逃逸驾驶人的体貌特征等有关情况。

报警人不报姓名的，应当记录在案。报警人不愿意公开姓名的，应当为其保密。

第十七条 接到道路交通事故报警后，需要派员到现场处置，或者接到出警指令的，公安机关交通管理部门应当立即派交通警察赶赴现场。

第十八条　发生道路交通事故后当事人未报警，在事故现场撤除后，当事人又报警请求公安机关交通管理部门处理的，公安机关交通管理部门应当按照本规定第十六条规定的记录内容予以记录，并在三日内作出是否接受案件的决定。

经核查道路交通事故事实存在的，公安机关交通管理部门应当受理，制作受案登记表；经核查无法证明道路交通事故事实存在，或者不属于公安机关交通管理部门管辖的，应当书面告知当事人，并说明理由。

第四章　自行协商

第十九条　机动车与机动车、机动车与非机动车发生财产损失事故，当事人应当在确保安全的原则下，采取现场拍照或者标划事故车辆现场位置等方式固定证据后，立即撤离现场，将车辆移至不妨碍交通的地点，再协商处理损害赔偿事宜，但有本规定第十三条第一款情形的除外。

非机动车与非机动车或者行人发生财产损失事故，当事人应当先撤离现场，再协商处理损害赔偿事宜。

对应当自行撤离现场而未撤离的，交通警察应当责令当事人撤离现场；造成交通堵塞的，对驾驶人处以 200 元罚款。

第二十条　发生可以自行协商处理的财产损失事故，当事人可以通过互联网在线自行协商处理；当事人对事实及成因有争议的，可以通过互联网共同申请公安机关交通管理部门在线确定当事人的责任。

当事人报警的，交通警察、警务辅助人员可以指导当事人自行协商处理。当事人要求交通警察到场处理的，应当指派交通警察到现场调查处理。

第二十一条　当事人自行协商达成协议的，制作道路交通事故自行协商协议书，并共同签名。道路交通事故自行协商协议书应当载明事发生的时间、地点、天气、当事人姓名、驾驶证号或者身份证号、联系方式、机动车种类和号牌号码、保险公司、保险凭证号、事故形态、碰撞部位、当事人的责任等内容。

第二十二条 当事人自行协商达成协议的，可以按照下列方式履行道路交通事故损害赔偿：

（一）当事人自行赔偿；

（二）到投保的保险公司或者道路交通事故保险理赔服务场所办理损害赔偿事宜。

当事人自行协商达成协议后未履行的，可以申请人民调解委员会调解或者向人民法院提起民事诉讼。

第五章 简 易 程 序

第二十三条 公安机关交通管理部门可以适用简易程序处理以下道路交通事故，但有交通肇事、危险驾驶犯罪嫌疑的除外：

（一）财产损失事故；

（二）受伤当事人伤势轻微，各方当事人一致同意适用简易程序处理的伤人事故。

适用简易程序的，可以由一名交通警察处理。

第二十四条 交通警察适用简易程序处理道路交通事故时，应当在固定现场证据后，责令当事人撤离现场，恢复交通。拒不撤离现场的，予以强制撤离。当事人无法及时移动车辆影响通行和交通安全的，交通警察应当将车辆移至不妨碍交通的地点。具有本规定第十三条第一款第一项、第二项情形之一的，按照《中华人民共和国道路交通安全法实施条例》第一百零四条规定处理。

撤离现场后，交通警察应当根据现场固定的证据和当事人、证人陈述等，认定并记录道路交通事故发生的时间、地点、天气、当事人姓名、驾驶证号或者身份证号、联系方式、机动车种类和号牌号码、保险公司、保险凭证号、道路交通事故形态、碰撞部位等，并根据本规定第六十条确定当事人的责任，当场制作道路交通事故认定书。不具备当场制作条件的，交通警察应当在三日内制作道路交通事故认定书。

道路交通事故认定书应当由当事人签名，并现场送达当事人。当事人拒绝签名或者接收的，交通警察应当在道路交通事故认定书上注明情况。

第二十五条　当事人共同请求调解的，交通警察应当当场进行调解，并在道路交通事故认定书上记录调解结果，由当事人签名，送达当事人。

第二十六条　有下列情形之一的，不适用调解，交通警察可以在道路交通事故认定书上载明有关情况后，将道路交通事故认定书送达当事人：

（一）当事人对道路交通事故认定有异议的；

（二）当事人拒绝在道路交通事故认定书上签名的；

（三）当事人不同意调解的。

第六章　调　查

第一节　一般规定

第二十七条　除简易程序外，公安机关交通管理部门对道路交通事故进行调查时，交通警察不得少于二人。

交通警察调查时应当向被调查人员出示《人民警察证》，告知被调查人依法享有的权利和义务，向当事人发送联系卡。联系卡载明交通警察姓名、办公地址、联系方式、监督电话等内容。

第二十八条　交通警察调查道路交通事故时，应当合法、及时、客观、全面地收集证据。

第二十九条　对发生一次死亡三人以上道路交通事故的，公安机关交通管理部门应当开展深度调查；对造成其他严重后果或者存在严重安全问题的道路交通事故，可以开展深度调查。具体程序另行规定。

第二节 现场处置和调查

第三十条 交通警察到达事故现场后，应当立即进行下列工作：

（一）按照事故现场安全防护有关标准和规范的要求划定警戒区域，在安全距离位置放置发光或者反光锥筒和警告标志，确定专人负责现场交通指挥和疏导。因道路交通事故导致交通中断或者现场处置、勘查需要采取封闭道路等交通管制措施的，还应当视情在事故现场来车方向提前组织分流，放置绕行提示标志；

（二）组织抢救受伤人员；

（三）指挥救护、勘查等车辆停放在安全和便于抢救、勘查的位置，开启警灯，夜间还应当开启危险报警闪光灯和示廓灯；

（四）查找道路交通事故当事人和证人，控制肇事嫌疑人；

（五）其他需要立即开展的工作。

第三十一条 道路交通事故造成人员死亡的，应当经急救、医疗人员或者法医确认，并由具备资质的医疗机构出具死亡证明。尸体应当存放在殡葬服务单位或者医疗机构等有停尸条件的场所。

第三十二条 交通警察应当对事故现场开展下列调查工作：

（一）勘查事故现场，查明事故车辆、当事人、道路及其空间关系和事故发生时的天气情况；

（二）固定、提取或者保全现场证据材料；

（三）询问当事人、证人并制作询问笔录；现场不具备制作询问笔录条件的，可以通过录音、录像记录询问过程；

（四）其他调查工作。

第三十三条 交通警察勘查道路交通事故现场，应当按照有关法规和标准的规定，拍摄现场照片，绘制现场图，及时提取、采集与案件有关的痕迹、物证等，制作现场勘查笔录。现场勘查过程中发现当事人涉嫌利用交通工具实施其他犯罪的，应当妥善保护犯罪现场和证据，控制犯罪嫌疑人，并立即报告公安机关主管部门。

发生一次死亡三人以上事故的，应当进行现场摄像，必要时可以聘请具有专门知识的人参加现场勘验、检查。

现场图、现场勘查笔录应当由参加勘查的交通警察、当事人和见证人签名。当事人、见证人拒绝签名或者无法签名以及无见证人的，应当记录在案。

第三十四条　痕迹、物证等证据可能因时间、地点、气象等原因导致改变、毁损、灭失的，交通警察应当及时固定、提取或者保全。

对涉嫌饮酒或者服用国家管制的精神药品、麻醉药品驾驶车辆的人员，公安机关交通管理部门应当按照《道路交通安全违法行为处理程序规定》及时抽血或者提取尿样等检材，送交有检验鉴定资质的机构进行检验。

车辆驾驶人员当场死亡的，应当及时抽血检验。不具备抽血条件的，应当由医疗机构或者鉴定机构出具证明。

第三十五条　交通警察应当核查当事人的身份证件、机动车驾驶证、机动车行驶证、检验合格标志、保险标志等。

对交通肇事嫌疑人可以依法传唤。对在现场发现的交通肇事嫌疑人，经出示《人民警察证》，可以口头传唤，并在询问笔录中注明嫌疑人到案经过、到案时间和离开时间。

第三十六条　勘查事故现场完毕后，交通警察应当清点并登记现场遗留物品，迅速组织清理现场，尽快恢复交通。

现场遗留物品能够当场发还的，应当当场发还并做记录；当场无法确定所有人的，应当登记，并妥善保管，待所有人确定后，及时发还。

第三十七条　因调查需要，公安机关交通管理部门可以向有关单位、个人调取汽车行驶记录仪、卫星定位装置、技术监控设备的记录资料以及其他与事故有关的证据材料。

第三十八条　因调查需要，公安机关交通管理部门可以组织道路交通事故当事人、证人对肇事嫌疑人、嫌疑车辆等进行辨认。

辨认应当在交通警察的主持下进行。主持辨认的交通警察不得少于二人。多名辨认人对同一辨认对象进行辨认时，应当由辨认人个别进行。

辨认时，应当将辨认对象混杂在特征相类似的其他对象中，不得给辨认人任何暗示。辨认肇事嫌疑人时，被辨认的人数不得少于七人；对肇事嫌疑人照片进行辨认的，不得少于十人的照片。辨认嫌疑车辆时，同类车辆不得少于五辆；对肇事嫌疑车辆照片进行辨认时，不得少于十辆的照片。

对尸体等特定辨认对象进行辨认，或者辨认人能够准确描述肇事嫌疑人、嫌疑车辆独有特征的，不受数量的限制。

对肇事嫌疑人的辨认，辨认人不愿意公开进行时，可以在不暴露辨认人的情况下进行，并应当为其保守秘密。

对辨认经过和结果，应当制作辨认笔录，由交通警察、辨认人、见证人签名。必要时，应当对辨认过程进行录音或者录像。

第三十九条　因收集证据的需要，公安机关交通管理部门可以扣留事故车辆，并开具行政强制措施凭证。扣留的车辆应当妥善保管。

公安机关交通管理部门不得扣留事故车辆所载货物。对所载货物在核实重量、体积及货物损失后，通知机动车驾驶人或者货物所有人自行处理。无法通知当事人或者当事人不自行处理的，按照《公安机关办理行政案件程序规定》的有关规定办理。

严禁公安机关交通管理部门指定停车场停放扣留的事故车辆。

第四十条　当事人涉嫌犯罪的，因收集证据的需要，公安机关交通管理部门可以依据《中华人民共和国刑事诉讼法》《公安机关办理刑事案件程序规定》，扣押机动车驾驶证等与事故有关的物品、证件，并按照规定出具扣押法律文书。扣押的物品应当妥善保管。

对扣押的机动车驾驶证等物品、证件，作为证据使用的，应当随案移送，并制作随案移送清单一式两份，一份留存，一份交人民检察院。对于实物不宜移送的，应当将其清单、照片或者其他证明文件随案移送。待人民法院作出生效判决后，按照人民法院的通知，依法作出处理。

第四十一条　经过调查，不属于公安机关交通管理部门管辖的，应当将案件移送有关部门并书面通知当事人，或者告知当事人处理途径。

公安机关交通管理部门在调查过程中，发现当事人涉嫌交通肇事、危险驾驶犯罪的，应当按照《中华人民共和国刑事诉讼法》《公安机关办理刑事案件程序规定》立案侦查。发现当事人有其他违法犯罪嫌疑的，应当及时移送有关部门，移送不影响事故的调查和处理。

第四十二条　投保机动车交通事故责任强制保险的车辆发生道路交通事故，因抢救受伤人员需要保险公司支付抢救费用的，公安机关交通管理部门应当书面通知保险公司。

抢救受伤人员需要道路交通事故社会救助基金垫付费用的，公安机关交通管理部门应当书面通知道路交通事故社会救助基金管理机构。

道路交通事故造成人员死亡需要救助基金垫付丧葬费用的，公安机关交通管理部门应当在送达尸体处理通知书的同时，告知受害人亲属向道路交通事故社会救助基金管理机构提出书面垫付申请。

第三节　交通肇事逃逸查缉

第四十三条　公安机关交通管理部门应当根据管辖区域和道路情况，制定交通肇事逃逸案件查缉预案，并组织专门力量办理交通肇事逃逸案件。

发生交通肇事逃逸案件后，公安机关交通管理部门应当立即启动查缉预案，布置警力堵截，并通过全国机动车缉查布控系统查缉。

第四十四条　案发地公安机关交通管理部门可以通过发协查通报、向社会公告等方式要求协查、举报交通肇事逃逸车辆或者侦破线索。发出协查通报或者向社会公告时，应当提供交通肇事逃逸案件基本事实、交通肇事逃逸车辆情况、特征及逃逸方向等有关情况。

中国人民解放军和中国人民武装警察部队车辆涉嫌交通肇事逃逸的，公安机关交通管理部门应当通报中国人民解放军、中国人民武装警察部队有关部门。

第四十五条　接到协查通报的公安机关交通管理部门，应当立即布置堵截或者排查。发现交通肇事逃逸车辆或者嫌疑车辆的，应当予以扣留，依法传唤交通肇事逃逸人或者与协查通报相符的嫌疑人，并及时将有关情况通知案发地公安机关交通管理部门。案发地公安机关交通管理部门应当立即派交通警察前往办理移交。

第四十六条　公安机关交通管理部门查获交通肇事逃逸车辆或者交通肇事逃逸嫌疑人后，应当按原范围撤销协查通报，并通过全国机动车缉查布控系统撤销布控。

第四十七条　公安机关交通管理部门侦办交通肇事逃逸案件期间，交通肇事逃逸案件的受害人及其家属向公安机关交通管理部门询问案件侦办情况的，除依法不应当公开的内容外，公安机关交通管理部门应当告知并做好记录。

第四十八条　道路交通事故社会救助基金管理机构已经为受害人垫付抢救费用或者丧葬费用的，公安机关交通管理部门应当在交通肇事逃逸案件侦破后及时书面告知道路交通事故社会救助基金管理机构交通肇事逃逸驾驶人的有关情况。

第四节　检验、鉴定

第四十九条　需要进行检验、鉴定的，公安机关交通管理部门应当按照有关规定，自事故现场调查结束之日起三日内委托具备资质的鉴定机构进行检验、鉴定。

尸体检验应当在死亡之日起三日内委托。对交通肇事逃逸车辆的检验、鉴定自查获肇事嫌疑车辆之日起三日内委托。

对现场调查结束之日起三日后需要检验、鉴定的，应当报经上一级公安机关交通管理部门批准。

对精神疾病的鉴定，由具有精神病鉴定资质的鉴定机构进行。

第五十条　检验、鉴定费用由公安机关交通管理部门承担，但法律法规另有规定或者当事人自行委托伤残评定、财产损失评估的除外。

第五十一条 公安机关交通管理部门应当与鉴定机构确定检验、鉴定完成的期限，确定的期限不得超过三十日。超过三十日的，应当报经上一级公安机关交通管理部门批准，但最长不得超过六十日。

第五十二条 尸体检验不得在公众场合进行。为了确定死因需要解剖尸体的，应当征得死者家属同意。死者家属不同意解剖尸体的，经县级以上公安机关或者上一级公安机关交通管理部门负责人批准，可以解剖尸体，并且通知死者家属到场，由其在解剖尸体通知书上签名。

死者家属无正当理由拒不到场或者拒绝签名的，交通警察应当在解剖尸体通知书上注明。对身份不明的尸体，无法通知死者家属的，应当记录在案。

第五十三条 尸体检验报告确定后，应当书面通知死者家属在十日内办理丧葬事宜。无正当理由逾期不办理的应记录在案，并经县级以上公安机关或者上一级公安机关交通管理部门负责人批准，由公安机关或者上一级公安机关交通管理部门处理尸体，逾期存放的费用由死者家属承担。

对于没有家属、家属不明或者因自然灾害等不可抗力导致无法通知或者通知后家属拒绝领回的，经县级以上公安机关或者上一级公安机关交通管理部门负责人批准，可以及时处理。

对身份不明的尸体，由法医提取人身识别检材，并对尸体拍照、采集相关信息后，由公安机关交通管理部门填写身份不明尸体信息登记表，并在设区的市级以上报纸刊登认尸启事。登报后三十日仍无人认领的，经县级以上公安机关或者上一级公安机关交通管理部门负责人批准，可以及时处理。

因宗教习俗等原因对尸体处理期限有特殊需要的，经县级以上公安机关或者上一级公安机关交通管理部门负责人批准，可以紧急处理。

第五十四条 鉴定机构应当在规定的期限内完成检验、鉴定，并出具书面检验报告、鉴定意见，由鉴定人签名，鉴定意见还应当加盖机构印章。检验报告、鉴定意见应当载明以下事项：

（一）委托人；

（二）委托日期和事项；

（三）提交的相关材料；

（四）检验、鉴定的时间；

（五）依据和结论性意见，通过分析得出结论性意见的，应当有分析证明过程。

检验报告、鉴定意见应当附有鉴定机构、鉴定人的资质证明或者其他证明文件。

第五十五条 公安机关交通管理部门应当对检验报告、鉴定意见进行审核，并在收到检验报告、鉴定意见之日起五日内，将检验报告、鉴定意见复印件送达当事人，但有下列情形之一的除外：

（一）检验、鉴定程序违法或者违反相关专业技术要求，可能影响检验报告、鉴定意见公正、客观的；

（二）鉴定机构、鉴定人不具备鉴定资质和条件的；

（三）检验报告、鉴定意见明显依据不足的；

（四）故意作虚假鉴定的；

（五）鉴定人应当回避而没有回避的；

（六）检材虚假或者检材被损坏、不具备鉴定条件的；

（七）其他可能影响检验报告、鉴定意见公正、客观的情形。

检验报告、鉴定意见有前款规定情形之一的，经县级以上公安机关交通管理部门负责人批准，应当在收到检验报告、鉴定意见之日起三日内重新委托检验、鉴定。

第五十六条 当事人对检验报告、鉴定意见有异议，申请重新检验、鉴定的，应当自公安机关交通管理部门送达之日起三日内提出书面申请，经县级以上公安机关交通管理部门负责人批准，原办案单位应当重新委托检验、鉴定。检验报告、鉴定意见不具有本规定第五十五条第一款情形的，经县级以上公安机关交通管理部门负责人批准，由原办案单位作出不准予重新检验、鉴定的决定，并在作出决定之日起三日内书面通知申请人。

同一交通事故的同一检验、鉴定事项，重新检验、鉴定以一次为限。

第五十七条 重新检验、鉴定应当另行委托鉴定机构。

第五十八条 自检验报告、鉴定意见确定之日起五日内，公安机关交通管理部门应当通知当事人领取扣留的事故车辆。

因扣留车辆发生的费用由作出决定的公安机关交通管理部门承担，但公安机关交通管理部门通知当事人领取，当事人逾期未领取产生的停车费用由当事人自行承担。

经通知当事人三十日后不领取的车辆，经公告三个月仍不领取的，对扣留的车辆依法处理。

第七章　认定与复核

第一节　道路交通事故认定

第五十九条 道路交通事故认定应当做到事实清楚、证据确实充分、适用法律正确、责任划分公正、程序合法。

第六十条 公安机关交通管理部门应当根据当事人的行为对发生道路交通事故所起的作用以及过错的严重程度，确定当事人的责任。

（一）因一方当事人的过错导致道路交通事故的，承担全部责任；

（二）因两方或者两方以上当事人的过错发生道路交通事故的，根据其行为对事故发生的作用以及过错的严重程度，分别承担主要责任、同等责任和次要责任；

（三）各方均无导致道路交通事故的过错，属于交通意外事故的，各方均无责任。

一方当事人故意造成道路交通事故的，他方无责任。

第六十一条 当事人有下列情形之一的，承担全部责任：

（一）发生道路交通事故后逃逸的；

（二）故意破坏、伪造现场、毁灭证据的。

为逃避法律责任追究，当事人弃车逃逸以及潜逃藏匿的，如有证据证明其他当事人也有过错，可以适当减轻责任，但同时有证据证明逃逸当事人有第一款第二项情形的，不予减轻。

第六十二条　公安机关交通管理部门应当自现场调查之日起十日内制作道路交通事故认定书。交通肇事逃逸案件在查获交通肇事车辆和驾驶人后十日内制作道路交通事故认定书。对需要进行检验、鉴定的，应当在检验报告、鉴定意见确定之日起五日内制作道路交通事故认定书。

有条件的地方公安机关交通管理部门可以试行在互联网公布道路交通事故认定书，但对涉及的国家秘密、商业秘密或者个人隐私，应当保密。

第六十三条　发生死亡事故以及复杂、疑难的伤人事故后，公安机关交通管理部门应当在制作道路交通事故认定书或者道路交通事故证明前，召集各方当事人到场，公开调查取得的证据。

证人要求保密或者涉及国家秘密、商业秘密以及个人隐私的，按照有关法律法规的规定执行。

当事人不到场的，公安机关交通管理部门应当予以记录。

第六十四条　道路交通事故认定书应当载明以下内容：

（一）道路交通事故当事人、车辆、道路和交通环境等基本情况；

（二）道路交通事故发生经过；

（三）道路交通事故证据及事故形成原因分析；

（四）当事人导致道路交通事故的过错及责任或者意外原因；

（五）作出道路交通事故认定的公安机关交通管理部门名称和日期。

道路交通事故认定书应当由交通警察签名或者盖章，加盖公安机关交通管理部门道路交通事故处理专用章。

第六十五条　道路交通事故认定书应当在制作后三日内分别送达当事人，并告知申请复核、调解和提起民事诉讼的权利、期限。

当事人收到道路交通事故认定书后，可以查阅、复制、摘录公安机关交通管理部门处理道路交通事故的证据材料，但证人要求保密或者涉及国家秘密、商业秘密以及个人隐私的，按照有关法律法规的规定执行。公安机关交通管理部门对当事人复制的证据材料应当加盖公安机关交通管理部门事故处理专用章。

第六十六条 交通肇事逃逸案件尚未侦破，受害一方当事人要求出具道路交通事故认定书的，公安机关交通管理部门应当在接到当事人书面申请后十日内，根据本规定第六十一条确定各方当事人责任，制作道路交通事故认定书，并送达受害方当事人。道路交通事故认定书应当载明事故发生的时间、地点、受害人情况及调查得到的事实，以及受害方当事人的责任。

交通肇事逃逸案件侦破后，已经按照前款规定制作道路交通事故认定书的，应当按照本规定第六十一条重新确定责任，制作道路交通事故认定书，分别送达当事人。重新制作的道路交通事故认定书除应当载明本规定第六十四条规定的内容外，还应当注明撤销原道路交通事故认定书。

第六十七条 道路交通事故基本事实无法查清、成因无法判定的，公安机关交通管理部门应当出具道路交通事故证明，载明道路交通事故发生的时间、地点、当事人情况及调查得到的事实，分别送达当事人，并告知申请复核、调解和提起民事诉讼的权利、期限。

第六十八条 由于事故当事人、关键证人处于抢救状态或者因其他客观原因导致无法及时取证，现有证据不足以认定案件基本事实的，经上一级公安机关交通管理部门批准，道路交通事故认定的时限可中止计算，并书面告知各方当事人或者其代理人，但中止的时间最长不得超过六十日。

当中止认定的原因消失，或者中止期满受伤人员仍然无法接受调查的，公安机关交通管理部门应当在五日内，根据已经调查取得的证据制作道路交通事故认定书或者出具道路交通事故证明。

第六十九条　伤人事故符合下列条件，各方当事人一致书面申请快速处理的，经县级以上公安机关交通管理部门负责人批准，可以根据已经取得的证据，自当事人申请之日起五日内制作道路交通事故认定书：

（一）当事人不涉嫌交通肇事、危险驾驶犯罪的；

（二）道路交通事故基本事实及成因清楚，当事人无异议的。

第七十条　对尚未查明身份的当事人，公安机关交通管理部门应当在道路交通事故认定书或者道路交通事故证明中予以注明，待身份信息查明以后，制作书面补充说明送达各方当事人。

第二节　复　　核

第七十一条　当事人对道路交通事故认定或者出具道路交通事故证明有异议的，可以自道路交通事故认定书或者道路交通事故证明送达之日起三日内提出书面复核申请。当事人逾期提交复核申请的，不予受理，并书面通知申请人。

复核申请应当载明复核请求及其理由和主要证据。同一事故的复核以一次为限。

第七十二条　复核申请人通过作出道路交通事故认定的公安机关交通管理部门提出复核申请的，作出道路交通事故认定的公安机关交通管理部门应当自收到复核申请之日起二日内将复核申请连同道路交通事故有关材料移送上一级公安机关交通管理部门。

复核申请人直接向上一级公安机关交通管理部门提出复核申请的，上一级公安机关交通管理部门应当通知作出道路交通事故认定的公安机关交通管理部门自收到通知之日起五日内提交案卷材料。

第七十三条　除当事人逾期提交复核申请的情形外，上一级公安机关交通管理部门收到复核申请之日即为受理之日。

第七十四条　上一级公安机关交通管理部门自受理复核申请之日起三十日内，对下列内容进行审查，并作出复核结论：

（一）道路交通事故认定的事实是否清楚、证据是否确实充分、适用法律是否正确、责任划分是否公正；

（二）道路交通事故调查及认定程序是否合法；

（三）出具道路交通事故证明是否符合规定。

复核原则上采取书面审查的形式，但当事人提出要求或者公安机关交通管理部门认为有必要时，可以召集各方当事人到场，听取各方意见。

办理复核案件的交通警察不得少于二人。

第七十五条 复核审查期间，申请人提出撤销复核申请的，公安机关交通管理部门应当终止复核，并书面通知各方当事人。

受理复核申请后，任何一方当事人就该事故向人民法院提起诉讼并经人民法院受理的，公安机关交通管理部门应当将受理当事人复核申请的有关情况告知相关人民法院。

受理复核申请后，人民检察院对交通肇事犯罪嫌疑人作出批准逮捕决定的，公安机关交通管理部门应当将受理当事人复核申请的有关情况告知相关人民检察院。

第七十六条 上一级公安机关交通管理部门认为原道路交通事故认定事实清楚、证据确实充分、适用法律正确、责任划分公正、程序合法的，应当作出维持原道路交通事故认定的复核结论。

上一级公安机关交通管理部门认为调查及认定程序存在瑕疵，但不影响道路交通事故认定的，在责令原办案单位补正或者作出合理解释后，可以作出维持原道路交通事故认定的复核结论。

上一级公安机关交通管理部门认为原道路交通事故认定有下列情形之一的，应当作出责令原办案单位重新调查、认定的复核结论：

（一）事实不清的；

（二）主要证据不足的；

（三）适用法律错误的；

（四）责任划分不公正的；

（五）调查及认定违反法定程序可能影响道路交通事故认定的。

第七十七条　上一级公安机关交通管理部门审查原道路交通事故证明后，按下列规定处理：

（一）认为事故成因确属无法查清，应当作出维持原道路交通事故证明的复核结论；

（二）认为事故成因仍需进一步调查的，应当作出责令原办案单位重新调查、认定的复核结论。

第七十八条　上一级公安机关交通管理部门应当在作出复核结论后三日内将复核结论送达各方当事人。公安机关交通管理部门认为必要的，应当召集各方当事人，当场宣布复核结论。

第七十九条　上一级公安机关交通管理部门作出责令重新调查、认定的复核结论后，原办案单位应当在十日内依照本规定重新调查，重新作出道路交通事故认定，撤销原道路交通事故认定书或者原道路交通事故证明。

重新调查需要检验、鉴定的，原办案单位应当在检验报告、鉴定意见确定之日起五日内，重新作出道路交通事故认定。

重新作出道路交通事故认定的，原办案单位应当送达各方当事人，并报上一级公安机关交通管理部门备案。

第八十条　上一级公安机关交通管理部门可以设立道路交通事故复核委员会，由办理复核案件的交通警察会同相关行业代表、社会专家学者等人员共同组成，负责案件复核，并以上一级公安机关交通管理部门的名义作出复核结论。

第八章　处罚执行

第八十一条　公安机关交通管理部门应当按照《道路交通安全违法行为处理程序规定》，对当事人的道路交通安全违法行为依法作出处罚。

第八十二条　对发生道路交通事故构成犯罪，依法应当吊销驾驶人机动车驾驶证的，应当在人民法院作出有罪判决后，由设区的市公安机关交通管理部门依法吊销机动车驾驶证。同时具有逃逸情形的，公安机关交通管理部门应当同时依法作出终生不得重新取得机动车驾驶证的决定。

第八十三条　专业运输单位六个月内两次发生一次死亡三人以上事故，且单位或者车辆驾驶人对事故承担全部责任或者主要责任的，专业运输单位所在地的公安机关交通管理部门应当报经设区的市公安机关交通管理部门批准后，作出责令限期消除安全隐患的决定，禁止未消除安全隐患的机动车上道路行驶，并通报道路交通事故发生地及运输单位所在地的人民政府有关行政管理部门。

第九章　损害赔偿调解

第八十四条　当事人可以采取以下方式解决道路交通事故损害赔偿争议：

（一）申请人民调解委员会调解；

（二）申请公安机关交通管理部门调解；

（三）向人民法院提起民事诉讼。

第八十五条　当事人申请人民调解委员会调解，达成调解协议后，双方当事人认为有必要的，可以根据《中华人民共和国人民调解法》共同向人民法院申请司法确认。

当事人申请人民调解委员会调解，调解未达成协议的，当事人可以直接向人民法院提起民事诉讼，或者自人民调解委员会作出终止调解之日起三日内，一致书面申请公安机关交通管理部门进行调解。

第八十六条　当事人申请公安机关交通管理部门调解的，应当在收到道路交通事故认定书、道路交通事故证明或者上一级公安机关交通管理部门维持原道路交通事故认定的复核结论之日起十日内一致书面申请。

当事人申请公安机关交通管理部门调解，调解未达成协议的，当事人可以依法向人民法院提起民事诉讼，或者申请人民调解委员会进行调解。

第八十七条　公安机关交通管理部门应当按照合法、公正、自愿、及时的原则进行道路交通事故损害赔偿调解。

道路交通事故损害赔偿调解应当公开进行，但当事人申请不予公开的除外。

第八十八条　公安机关交通管理部门应当与当事人约定调解的时间、地点，并于调解时间三日前通知当事人。口头通知的，应当记入调解记录。

调解参加人因故不能按期参加调解的，应当在预定调解时间一日前通知承办的交通警察，请求变更调解时间。

第八十九条　参加损害赔偿调解的人员包括：

（一）道路交通事故当事人及其代理人；

（二）道路交通事故车辆所有人或者管理人；

（三）承保机动车保险的保险公司人员；

（四）公安机关交通管理部门认为有必要参加的其他人员。

委托代理人应当出具由委托人签名或者盖章的授权委托书。授权委托书应当载明委托事项和权限。

参加损害赔偿调解的人员每方不得超过三人。

第九十条　公安机关交通管理部门受理调解申请后，应当按照下列规定日期开始调解：

（一）造成人员死亡的，从规定的办理丧葬事宜时间结束之日起；

（二）造成人员受伤的，从治疗终结之日起；

（三）因伤致残的，从定残之日起；

（四）造成财产损失的，从确定损失之日起。

公安机关交通管理部门受理调解申请时已超过前款规定的时间，调解自受理调解申请之日起开始。

公安机关交通管理部门应当自调解开始之日起十日内制作道路交通事故损害赔偿调解书或者道路交通事故损害赔偿调解终结书。

第九十一条　交通警察调解道路交通事故损害赔偿，按照下列程序实施：

（一）告知各方当事人权利、义务；

（二）听取各方当事人的请求及理由；

（三）根据道路交通事故认定书认定的事实以及《中华人民共和国道路交通安全法》第七十六条的规定，确定当事人承担的损害赔偿责任；

（四）计算损害赔偿的数额，确定各方当事人承担的比例，人身损害赔偿的标准按照《中华人民共和国侵权责任法》《最高人民法院关于审理人身损害赔偿案件适用法律若干问题的解释》《最高人民法院关于审理道路交通事故损害赔偿案件适用法律若干问题的解释》等有关规定执行，财产损失的修复费用、折价赔偿费用按照实际价值或者评估机构的评估结论计算；

（五）确定赔偿履行方式及期限。

第九十二条 因确定损害赔偿的数额，需要进行伤残评定、财产损失评估的，由各方当事人协商确定有资质的机构进行，但财产损失数额巨大涉嫌刑事犯罪的，由公安机关交通管理部门委托。

当事人委托伤残评定、财产损失评估的费用，由当事人承担。

第九十三条 经调解达成协议的，公安机关交通管理部门应当当场制作道路交通事故损害赔偿调解书，由各方当事人签字，分别送达各方当事人。

调解书应当载明以下内容：

（一）调解依据；

（二）道路交通事故认定书认定的基本事实和损失情况；

（三）损害赔偿的项目和数额；

（四）各方的损害赔偿责任及比例；

（五）赔偿履行方式和期限；

（六）调解日期。

经调解各方当事人未达成协议的，公安机关交通管理部门应当终止调解，制作道路交通事故损害赔偿调解终结书，送达各方当事人。

第九十四条　有下列情形之一的，公安机关交通管理部门应当终止调解，并记录在案：

（一）调解期间有一方当事人向人民法院提起民事诉讼的；

（二）一方当事人无正当理由不参加调解的；

（三）一方当事人调解过程中退出调解的。

第九十五条　有条件的地方公安机关交通管理部门可以联合有关部门，设置道路交通事故保险理赔服务场所。

第十章　涉外道路交通事故处理

第九十六条　外国人在中华人民共和国境内发生道路交通事故的，除按照本规定执行外，还应当按照办理涉外案件的有关法律、法规、规章的规定执行。

公安机关交通管理部门处理外国人发生的道路交通事故，应当告知当事人我国法律、法规、规章规定的当事人在处理道路交通事故中的权利和义务。

第九十七条　外国人发生道路交通事故有下列情形之一的，不准其出境：

（一）涉嫌犯罪的；

（二）有未了结的道路交通事故损害赔偿案件，人民法院决定不准出境的；

（三）法律、行政法规规定不准出境的其他情形。

第九十八条　外国人发生道路交通事故并承担全部责任或者主要责任的，公安机关交通管理部门应当告知道路交通事故损害赔偿权利人可以向人民法院提出采取诉前保全措施的请求。

第九十九条　公安机关交通管理部门在处理道路交通事故过程中，使用中华人民共和国通用的语言文字。对不通晓我国语言文字的，应当为其提供翻译；当事人通晓我国语言文字而不需要他人翻译的，应当出具书面声明。

经公安机关交通管理部门批准，外国人可以自行聘请翻译，翻译费由当事人承担。

第一百条　享有外交特权与豁免的人员发生道路交通事故时，应当主动出示有效身份证件，交通警察认为应当给予暂扣或者吊销机动车驾驶证处罚的，可以扣留其机动车驾驶证。需要对享有外交特权与豁免的人员进行调查的，可以约谈，谈话时仅限于与道路交通事故有关的内容。需要检验、鉴定车辆的，公安机关交通管理部门应当征得其同意，并在检验、鉴定后立即发还。

公安机关交通管理部门应当根据收集的证据，制作道路交通事故认定书送达当事人，当事人拒绝接收的，送达至其所在机构；没有所在机构或者所在机构不明确的，由当事人所属国家的驻华使领馆转交送达。

享有外交特权与豁免的人员应当配合公安机关交通管理部门的调查和检验、鉴定。对于经核查确实享有外交特权与豁免但不同意接受调查或者检验、鉴定的，公安机关交通管理部门应当将有关情况记录在案，损害赔偿事宜通过外交途径解决。

第一百零一条　公安机关交通管理部门处理享有外交特权与豁免的外国人发生人员死亡事故的，应当将其身份、证件及事故经过、损害后果等基本情况记录在案，并将有关情况迅速通报省级人民政府外事部门和该外国人所属国家的驻华使馆或者领馆。

第一百零二条　外国驻华领事机构、国际组织、国际组织驻华代表机构享有特权与豁免的人员发生道路交通事故的，公安机关交通管理部门参照本规定第一百条、第一百零一条规定办理，但《中华人民共和国领事特权与豁免条例》、中国已参加的国际公约以及我国与有关国家或者国际组织缔结的协议有不同规定的除外。

第十一章　执法监督

第一百零三条　公安机关警务督察部门可以依法对公安机关交通管

理部门及其交通警察处理道路交通事故工作进行现场督察，查处违纪违法行为。

上级公安机关交通管理部门对下级公安机关交通管理部门处理道路交通事故工作进行监督，发现错误应当及时纠正，造成严重后果的，依纪依法追究有关人员的责任。

第一百零四条　公安机关交通管理部门及其交通警察处理道路交通事故，应当公开办事制度、办事程序，建立警风警纪监督员制度，并自觉接受社会和群众的监督。

任何单位和个人都有权对公安机关交通管理部门及其交通警察不依法严格公正处理道路交通事故、利用职务上的便利收受他人财物或者谋取其他利益、徇私舞弊、滥用职权、玩忽职守以及其他违纪违法行为进行检举、控告。收到检举、控告的机关，应当依据职责及时查处。

第一百零五条　在调查处理道路交通事故时，交通警察或者公安机关检验、鉴定人员有下列情形之一的，应当回避：

（一）是本案的当事人或者是当事人的近亲属的；

（二）本人或者其近亲属与本案有利害关系的；

（三）与本案当事人有其他关系，可能影响案件公正处理的。

交通警察或者公安机关检验、鉴定人员需要回避的，由本级公安机关交通管理部门负责人或者检验、鉴定人员所属的公安机关决定。公安机关交通管理部门负责人需要回避的，由公安机关或者上一级公安机关交通管理部门负责人决定。

对当事人提出的回避申请，公安机关交通管理部门应当在二日内作出决定，并通知申请人。

第一百零六条　人民法院、人民检察院审理、审查道路交通事故案件，需要公安机关交通管理部门提供有关证据的，公安机关交通管理部门应当在接到调卷公函之日起三日内，或者按照其时限要求，将道路交通事故案件调查材料正本移送人民法院或者人民检察院。

第一百零七条　公安机关交通管理部门对查获交通肇事逃逸车辆及

人员提供有效线索或者协助的人员、单位，应当给予表彰和奖励。

公安机关交通管理部门及其交通警察接到协查通报不配合协查并造成严重后果的，由公安机关或者上级公安机关交通管理部门追究有关人员和单位主管领导的责任。

第十二章　附　　则

第一百零八条　道路交通事故处理资格等级管理规定由公安部另行制定，资格证书式样全国统一。

第一百零九条　公安机关交通管理部门应当在邻省、市（地）、县交界的国、省、县道上，以及辖区内交通流量集中的路段，设置标有管辖地公安机关交通管理部门名称及道路交通事故报警电话号码的提示牌。

第一百一十条　车辆在道路以外通行时发生的事故，公安机关交通管理部门接到报案的，参照本规定处理。涉嫌犯罪的，及时移送有关部门。

第一百一十一条　执行本规定所需要的法律文书式样，由公安部制定。公安部没有制定式样，执法工作中需要的其他法律文书，省级公安机关可以制定式样。

当事人自行协商处理损害赔偿事宜的，可以自行制作协议书，但应当符合本规定第二十一条关于协议书内容的规定。

第一百一十二条　本规定中下列用语的含义是：

（一）"交通肇事逃逸"，是指发生道路交通事故后，当事人为逃避法律责任，驾驶或者遗弃车辆逃离道路交通事故现场以及潜逃藏匿的行为。

（二）"深度调查"，是指以有效防范道路交通事故为目的，对道路交通事故发生的深层次原因以及道路交通安全相关因素开展延伸调查，分析查找安全隐患及管理漏洞，并提出从源头解决问题的意见和建议的活动。

（三）"检验报告、鉴定意见确定"，是指检验报告、鉴定意见复印件送达当事人之日起三日内，当事人未申请重新检验、鉴定的，以及公安机关交通管理部门批准重新检验、鉴定，鉴定机构出具检验报告、鉴定意见的。

（四）"外国人"，是指不具有中国国籍的人。

（五）本规定所称的"一日"、"二日"、"三日"、"五日"、"十日"，是指工作日，不包括节假日。

（六）本规定所称的"以上"、"以下"均包括本数在内。

（七）"县级以上公安机关交通管理部门"，是指县级以上人民政府公安机关交通管理部门或者相当于同级的公安机关交通管理部门。

（八）"设区的市公安机关交通管理部门"，是指设区的市人民政府公安机关交通管理部门或者相当于同级的公安机关交通管理部门。

（九）"设区的市公安机关"，是指设区的市人民政府公安机关或者相当于同级的公安机关。

第一百一十三条 本规定没有规定的道路交通事故案件办理程序，依照《公安机关办理行政案件程序规定》《公安机关办理刑事案件程序规定》的有关规定执行。

第一百一十四条 本规定自 2018 年 5 月 1 日起施行。2008 年 8 月 17 日发布的《道路交通事故处理程序规定》（公安部令第 104 号）同时废止。

道路交通安全违法行为记分管理办法

· 2021 年 12 月 17 日中华人民共和国公安部令第 163 号公布
· 自 2022 年 4 月 1 日起施行

第一章　总　　则

第一条 为充分发挥记分制度的管理、教育、引导功能，提升机动车驾驶人交通安全意识，减少道路交通安全违法行为（以下简称交通违法行为），预防和减少道路交通事故，根据《中华人民共和国道路交通安全法》及其实施条例，制定本办法。

第二条　公安机关交通管理部门对机动车驾驶人的交通违法行为，除依法给予行政处罚外，实行累积记分制度。

第三条　记分周期为十二个月，满分为 12 分。记分周期自机动车驾驶人初次领取机动车驾驶证之日起连续计算，或者自初次取得临时机动车驾驶许可之日起累积计算。

第四条　记分达到满分的，机动车驾驶人应当按照本办法规定参加满分学习、考试。

第五条　在记分达到满分前，符合条件的机动车驾驶人可以按照本办法规定减免部分记分。

第六条　公安机关交通管理部门应当通过互联网、公安机关交通管理部门业务窗口提供交通违法行为记录及记分查询。

第二章　记 分 分 值

第七条　根据交通违法行为的严重程度，一次记分的分值为 12 分、9 分、6 分、3 分、1 分。

第八条　机动车驾驶人有下列交通违法行为之一，一次记 12 分：

（一）饮酒后驾驶机动车的；

（二）造成致人轻伤以上或者死亡的交通事故后逃逸，尚不构成犯罪的；

（三）使用伪造、变造的机动车号牌、行驶证、驾驶证、校车标牌或者使用其他机动车号牌、行驶证的；

（四）驾驶校车、公路客运汽车、旅游客运汽车载人超过核定人数百分之二十以上，或者驾驶其他载客汽车载人超过核定人数百分之百以上的；

（五）驾驶校车、中型以上载客载货汽车、危险物品运输车辆在高速公路、城市快速路上行驶超过规定时速百分之二十以上，或者驾驶其他机动车在高速公路、城市快速路上行驶超过规定时速百分之五十以上的；

（六）驾驶机动车在高速公路、城市快速路上倒车、逆行、穿越中央分隔带掉头的；

（七）代替实际机动车驾驶人接受交通违法行为处罚和记分牟取经济利益的。

第九条　机动车驾驶人有下列交通违法行为之一，一次记9分：

（一）驾驶7座以上载客汽车载人超过核定人数百分之五十以上未达到百分之百的；

（二）驾驶校车、中型以上载客载货汽车、危险物品运输车辆在高速公路、城市快速路以外的道路上行驶超过规定时速百分之五十以上的；

（三）驾驶机动车在高速公路或者城市快速路上违法停车的；

（四）驾驶未悬挂机动车号牌或者故意遮挡、污损机动车号牌的机动车上道路行驶的；

（五）驾驶与准驾车型不符的机动车的；

（六）未取得校车驾驶资格驾驶校车的；

（七）连续驾驶中型以上载客汽车、危险物品运输车辆超过4小时未停车休息或者停车休息时间少于20分钟的。

第十条　机动车驾驶人有下列交通违法行为之一，一次记6分：

（一）驾驶校车、公路客运汽车、旅游客运汽车载人超过核定人数未达到百分之二十，或者驾驶7座以上载客汽车载人超过核定人数百分之二十以上未达到百分之五十，或者驾驶其他载客汽车载人超过核定人数百分之五十以上未达到百分之百的；

（二）驾驶校车、中型以上载客载货汽车、危险物品运输车辆在高速公路、城市快速路上行驶超过规定时速未达到百分之二十，或者在高速公路、城市快速路以外的道路上行驶超过规定时速百分之二十以上未达到百分之五十的；

（三）驾驶校车、中型以上载客载货汽车、危险物品运输车辆以外的机动车在高速公路、城市快速路上行驶超过规定时速百分之二十以上未达到百分之五十，或者在高速公路、城市快速路以外的道路上行驶超过规定时速百分之五十以上的；

（四）驾驶载货汽车载物超过最大允许总质量百分之五十以上的；

（五）驾驶机动车载运爆炸物品、易燃易爆化学物品以及剧毒、放射性等危险物品，未按指定的时间、路线、速度行驶或者未悬挂警示标志并采取必要的安全措施的；

（六）驾驶机动车运载超限的不可解体的物品，未按指定的时间、路线、速度行驶或者未悬挂警示标志的；

（七）驾驶机动车运输危险化学品，未经批准进入危险化学品运输车辆限制通行的区域的；

（八）驾驶机动车不按交通信号灯指示通行的；

（九）机动车驾驶证被暂扣或者扣留期间驾驶机动车的；

（十）造成致人轻微伤或者财产损失的交通事故后逃逸，尚不构成犯罪的；

（十一）驾驶机动车在高速公路或者城市快速路上违法占用应急车道行驶的。

第十一条 机动车驾驶人有下列交通违法行为之一，一次记3分：

（一）驾驶校车、公路客运汽车、旅游客运汽车、7座以上载客汽车以外的其他载客汽车载人超过核定人数百分之二十以上未达到百分之五十的；

（二）驾驶校车、中型以上载客载货汽车、危险物品运输车辆以外的机动车在高速公路、城市快速路以外的道路上行驶超过规定时速百分之二十以上未达到百分之五十的；

（三）驾驶机动车在高速公路或者城市快速路上不按规定车道行驶的；

（四）驾驶机动车不按规定超车、让行，或者在高速公路、城市快速路以外的道路上逆行的；

（五）驾驶机动车遇前方机动车停车排队或者缓慢行驶时，借道超车或者占用对面车道、穿插等候车辆的；

（六）驾驶机动车有拨打、接听手持电话等妨碍安全驾驶的行为的；

（七）驾驶机动车行经人行横道不按规定减速、停车、避让行人的；

（八）驾驶机动车不按规定避让校车的；

（九）驾驶载货汽车载物超过最大允许总质量百分之三十以上未达到百分之五十的，或者违反规定载客的；

（十）驾驶不按规定安装机动车号牌的机动车上道路行驶的；

（十一）在道路上车辆发生故障、事故停车后，不按规定使用灯光或者设置警告标志的；

（十二）驾驶未按规定定期进行安全技术检验的公路客运汽车、旅游客运汽车、危险物品运输车辆上道路行驶的；

（十三）驾驶校车上道路行驶前，未对校车车况是否符合安全技术要求进行检查，或者驾驶存在安全隐患的校车上道路行驶的；

（十四）连续驾驶载货汽车超过 4 小时未停车休息或者停车休息时间少于 20 分钟的；

（十五）驾驶机动车在高速公路上行驶低于规定最低时速的。

第十二条 机动车驾驶人有下列交通违法行为之一，一次记 1 分：

（一）驾驶校车、中型以上载客载货汽车、危险物品运输车辆在高速公路、城市快速路以外的道路上行驶超过规定时速百分之十以上未达到百分之二十的；

（二）驾驶机动车不按规定会车，或者在高速公路、城市快速路以外的道路上不按规定倒车、掉头的；

（三）驾驶机动车不按规定使用灯光的；

（四）驾驶机动车违反禁令标志、禁止标线指示的；

（五）驾驶机动车载货长度、宽度、高度超过规定的；

（六）驾驶载货汽车载物超过最大允许总质量未达到百分之三十的；

（七）驾驶未按规定定期进行安全技术检验的公路客运汽车、旅游客运汽车、危险物品运输车辆以外的机动车上道路行驶的；

（八）驾驶擅自改变已登记的结构、构造或者特征的载货汽车上道路行驶的；

（九）驾驶机动车在道路上行驶时，机动车驾驶人未按规定系安全带的；

（十）驾驶摩托车，不戴安全头盔的。

第三章　记分执行

第十三条　公安机关交通管理部门对机动车驾驶人的交通违法行为，在作出行政处罚决定的同时予以记分。

对机动车驾驶人作出处罚前，应当在告知拟作出的行政处罚决定的同时，告知该交通违法行为的记分分值，并在处罚决定书上载明。

第十四条　机动车驾驶人有二起以上交通违法行为应当予以记分的，记分分值累积计算。

机动车驾驶人可以一次性处理完毕同一辆机动车的多起交通违法行为记录，记分分值累积计算。累积记分未满 12 分的，可以处理其驾驶的其他机动车的交通违法行为记录；累积记分满 12 分的，不得再处理其他机动车的交通违法行为记录。

第十五条　机动车驾驶人在一个记分周期期限届满，累积记分未满 12 分的，该记分周期内的记分予以清除；累积记分虽未满 12 分，但有罚款逾期未缴纳的，该记分周期内尚未缴纳罚款的交通违法行为记分分值转入下一记分周期。

第十六条　行政处罚决定被依法变更或者撤销的，相应记分应当变更或者撤销。

第四章　满分处理

第十七条　机动车驾驶人在一个记分周期内累积记分满 12 分的，

公安机关交通管理部门应当扣留其机动车驾驶证，开具强制措施凭证，并送达满分教育通知书，通知机动车驾驶人参加满分学习、考试。

临时入境的机动车驾驶人在一个记分周期内累积记分满 12 分的，公安机关交通管理部门应当注销其临时机动车驾驶许可，并送达满分教育通知书。

第十八条 机动车驾驶人在一个记分周期内累积记分满 12 分的，应当参加为期七天的道路交通安全法律、法规和相关知识学习。其中，大型客车、重型牵引挂车、城市公交车、中型客车、大型货车驾驶人应当参加为期三十天的道路交通安全法律、法规和相关知识学习。

机动车驾驶人在一个记分周期内参加满分教育的次数每增加一次或者累积记分每增加 12 分，道路交通安全法律、法规和相关知识的学习时间增加七天，每次满分学习的天数最多六十天。其中，大型客车、重型牵引挂车、城市公交车、中型客车、大型货车驾驶人在一个记分周期内参加满分教育的次数每增加一次或者累积记分每增加 12 分，道路交通安全法律、法规和相关知识的学习时间增加三十天，每次满分学习的天数最多一百二十天。

第十九条 道路交通安全法律、法规和相关知识学习包括现场学习、网络学习和自主学习。网络学习应当通过公安机关交通管理部门互联网学习教育平台进行。

机动车驾驶人参加现场学习、网络学习的天数累计不得少于五天，其中，现场学习的天数不得少于二天。大型客车、重型牵引挂车、城市公交车、中型客车、大型货车驾驶人参加现场学习、网络学习的天数累计不得少于十天，其中，现场学习的天数不得少于五天。满分学习的剩余天数通过自主学习完成。

机动车驾驶人单日连续参加现场学习超过三小时或者参加网络学习时间累计超过三小时的，按照一天计入累计学习天数。同日既参加现场学习又参加网络学习的，学习天数不累积计算。

第二十条　机动车驾驶人可以在机动车驾驶证核发地或者交通违法行为发生地、处理地参加公安机关交通管理部门组织的道路交通安全法律、法规和相关知识学习，并在学习地参加考试。

第二十一条　机动车驾驶人在一个记分周期内累积记分满 12 分，符合本办法第十八条、第十九条第一款、第二款规定的，可以预约参加道路交通安全法律、法规和相关知识考试。考试不合格的，十日后预约重新考试。

第二十二条　机动车驾驶人在一个记分周期内二次累积记分满 12 分或者累积记分满 24 分未满 36 分的，应当在道路交通安全法律、法规和相关知识考试合格后，按照《机动车驾驶证申领和使用规定》第四十四条的规定预约参加道路驾驶技能考试。考试不合格的，十日后预约重新考试。

机动车驾驶人在一个记分周期内三次以上累积记分满 12 分或者累积记分满 36 分的，应当在道路交通安全法律、法规和相关知识考试合格后，按照《机动车驾驶证申领和使用规定》第四十三条和第四十四条的规定预约参加场地驾驶技能和道路驾驶技能考试。考试不合格的，十日后预约重新考试。

第二十三条　机动车驾驶人经满分学习、考试合格且罚款已缴纳的，记分予以清除，发还机动车驾驶证。机动车驾驶人同时被处以暂扣机动车驾驶证的，在暂扣期限届满后发还机动车驾驶证。

第二十四条　满分学习、考试内容应当按照机动车驾驶证载明的准驾车型确定。

第五章　记分减免

第二十五条　机动车驾驶人处理完交通违法行为记录后累积记分未满 12 分，参加公安机关交通管理部门组织的交通安全教育并达到规定要求的，可以申请在机动车驾驶人现有累积记分分值中扣减记分。在一个记分周期内累计最高扣减 6 分。

第二十六条 机动车驾驶人申请接受交通安全教育扣减交通违法行为记分的，公安机关交通管理部门应当受理。但有以下情形之一的，不予受理：

（一）在本记分周期内或者上一个记分周期内，机动车驾驶人有二次以上参加满分教育记录的；

（二）在最近三个记分周期内，机动车驾驶人因造成交通事故后逃逸，或者饮酒后驾驶机动车，或者使用伪造、变造的机动车号牌、行驶证、驾驶证、校车标牌，或者使用其他机动车号牌、行驶证，或者买分卖分受到过处罚的；

（三）机动车驾驶证在实习期内，或者机动车驾驶证逾期未审验，或者机动车驾驶证被扣留、暂扣期间的；

（四）机动车驾驶人名下有安全技术检验超过有效期或者未按规定办理注销登记的机动车的；

（五）在最近三个记分周期内，机动车驾驶人参加接受交通安全教育扣减交通违法行为记分或者机动车驾驶人满分教育、审验教育时，有弄虚作假、冒名顶替记录的。

第二十七条 参加公安机关交通管理部门组织的道路交通安全法律、法规和相关知识网上学习三日内累计满三十分钟且考试合格的，一次扣减 1 分。

参加公安机关交通管理部门组织的道路交通安全法律、法规和相关知识现场学习满一小时且考试合格的，一次扣减 2 分。

参加公安机关交通管理部门组织的交通安全公益活动的，满一小时为一次，一次扣减 1 分。

第二十八条 交通违法行为情节轻微，给予警告处罚的，免予记分。

第六章 法 律 责 任

第二十九条 机动车驾驶人在一个记分周期内累积记分满 12 分，

机动车驾驶证未被依法扣留或者收到满分教育通知书后三十日内拒不参加公安机关交通管理部门通知的满分学习、考试的，由公安机关交通管理部门公告其机动车驾驶证停止使用。

第三十条　机动车驾驶人请他人代为接受交通违法行为处罚和记分并支付经济利益的，由公安机关交通管理部门处所支付经济利益三倍以下罚款，但最高不超过五万元；同时，依法对原交通违法行为作出处罚。

代替实际机动车驾驶人接受交通违法行为处罚和记分牟取经济利益的，由公安机关交通管理部门处违法所得三倍以下罚款，但最高不超过五万元；同时，依法撤销原行政处罚决定。

组织他人实施前两款行为之一牟取经济利益的，由公安机关交通管理部门处违法所得五倍以下罚款，但最高不超过十万元；有扰乱单位秩序等行为，构成违反治安管理行为的，依法予以治安管理处罚。

第三十一条　机动车驾驶人参加满分教育时在签注学习记录、满分学习考试中弄虚作假的，相应学习记录、考试成绩无效，由公安机关交通管理部门处一千元以下罚款。

机动车驾驶人在参加接受交通安全教育扣减交通违法行为记分中弄虚作假的，由公安机关交通管理部门撤销相应记分扣减记录，恢复相应记分，处一千元以下罚款。

代替实际机动车驾驶人参加满分教育签注学习记录、满分学习考试或者接受交通安全教育扣减交通违法行为记分的，由公安机关交通管理部门处二千元以下罚款。

组织他人实施前三款行为之一，有违法所得的，由公安机关交通管理部门处违法所得三倍以下罚款，但最高不超过二万元；没有违法所得的，由公安机关交通管理部门处二万元以下罚款。

第三十二条　公安机关交通管理部门及其交通警察开展交通违法行为记分管理工作，应当接受监察机关、公安机关督察审计部门等依法实施的监督。

公安机关交通管理部门及其交通警察开展交通违法行为记分管理工作，应当自觉接受社会和公民的监督。

第三十三条　交通警察有下列情形之一的，按照有关规定给予处分；警务辅助人员有下列情形之一的，予以解聘；构成犯罪的，依法追究刑事责任：

（一）当事人对实施处罚和记分提出异议拒不核实，或者经核实属实但不纠正、整改的；

（二）为未经满分学习考试、考试不合格人员签注学习记录、合格考试成绩的；

（三）在满分考试时，减少考试项目、降低评判标准或者参与、协助、纵容考试舞弊的；

（四）为不符合记分扣减条件的机动车驾驶人扣减记分的；

（五）串通他人代替实际机动车驾驶人接受交通违法行为处罚和记分的；

（六）弄虚作假，将记分分值高的交通违法行为变更为记分分值低或者不记分的交通违法行为的；

（七）故意泄露、篡改系统记分数据的；

（八）根据交通技术监控设备记录资料处理交通违法行为时，未严格审核当事人提供的证据材料，导致他人代替实际机动车驾驶人接受交通违法行为处罚和记分，情节严重的。

第七章　附　　则

第三十四条　公安机关交通管理部门对拖拉机驾驶人予以记分的，应当定期将记分情况通报农业农村主管部门。

第三十五条　省、自治区、直辖市公安厅、局可以根据本地区的实际情况，在本办法规定的处罚幅度范围内，制定具体的执行标准。

对本办法规定的交通违法行为的处理程序按照《道路交通安全违法行为处理程序规定》执行。

第三十六条　本办法所称"三日""十日""三十日"，是指自然日。期间的最后一日为节假日的，以节假日期满后的第一个工作日为期间届满的日期。

第三十七条　本办法自 2022 年 4 月 1 日起施行。

最高人民法院关于审理道路交通事故损害赔偿案件适用法律若干问题的解释

- 2012 年 9 月 17 日最高人民法院审判委员会第 1556 次会议通过
- 根据 2020 年 12 月 23 日最高人民法院审判委员会第 1823 次会议通过的《最高人民法院关于修改〈最高人民法院关于在民事审判工作中适用《中华人民共和国工会法》若干问题的解释〉等二十七件民事类司法解释的决定》修正
- 2020 年 12 月 29 日最高人民法院公告公布
- 自 2021 年 1 月 1 日起施行
- 法释〔2020〕17 号

为正确审理道路交通事故损害赔偿案件，根据《中华人民共和国民法典》《中华人民共和国道路交通安全法》《中华人民共和国保险法》《中华人民共和国民事诉讼法》等法律的规定，结合审判实践，制定本解释。

一、关于主体责任的认定

第一条　机动车发生交通事故造成损害，机动车所有人或者管理人有下列情形之一，人民法院应当认定其对损害的发生有过错，并适用民法典第一千二百零九条的规定确定其相应的赔偿责任：

（一）知道或者应当知道机动车存在缺陷，且该缺陷是交通事故发生原因之一的；

（二）知道或者应当知道驾驶人无驾驶资格或者未取得相应驾驶资格的；

（三）知道或者应当知道驾驶人因饮酒、服用国家管制的精神药品或者麻醉药品，或者患有妨碍安全驾驶机动车的疾病等依法不能驾驶机动车的；

（四）其他应当认定机动车所有人或者管理人有过错的。

第二条 被多次转让但是未办理登记的机动车发生交通事故造成损害，属于该机动车一方责任，当事人请求由最后一次转让并交付的受让人承担赔偿责任的，人民法院应予支持。

第三条 套牌机动车发生交通事故造成损害，属于该机动车一方责任，当事人请求由套牌机动车的所有人或者管理人承担赔偿责任的，人民法院应予支持；被套牌机动车所有人或者管理人同意套牌的，应当与套牌机动车的所有人或者管理人承担连带责任。

第四条 拼装车、已达到报废标准的机动车或者依法禁止行驶的其他机动车被多次转让，并发生交通事故造成损害，当事人请求由所有的转让人和受让人承担连带责任的，人民法院应予支持。

第五条 接受机动车驾驶培训的人员，在培训活动中驾驶机动车发生交通事故造成损害，属于该机动车一方责任，当事人请求驾驶培训单位承担赔偿责任的，人民法院应予支持。

第六条 机动车试乘过程中发生交通事故造成试乘人损害，当事人请求提供试乘服务者承担赔偿责任的，人民法院应予支持。试乘人有过错的，应当减轻提供试乘服务者的赔偿责任。

第七条 因道路管理维护缺陷导致机动车发生交通事故造成损害，当事人请求道路管理者承担相应赔偿责任的，人民法院应予支持。但道路管理者能够证明已经依照法律、法规、规章的规定，或者按照国家标准、行业标准、地方标准的要求尽到安全防护、警示等管理维护义务的除外。

依法不得进入高速公路的车辆、行人，进入高速公路发生交通事故造成自身损害，当事人请求高速公路管理者承担赔偿责任的，适用民法典第一千二百四十三条的规定。

第八条 未按照法律、法规、规章或者国家标准、行业标准、地方标准的强制性规定设计、施工，致使道路存在缺陷并造成交通事故，当事人请求建设单位与施工单位承担相应赔偿责任的，人民法院应予支持。

第九条 机动车存在产品缺陷导致交通事故造成损害，当事人请求生产者或者销售者依照民法典第七编第四章的规定承担赔偿责任的，人民法院应予支持。

第十条 多辆机动车发生交通事故造成第三人损害，当事人请求多个侵权人承担赔偿责任的，人民法院应当区分不同情况，依照民法典第一千一百七十条、第一千一百七十一条、第一千一百七十二条的规定，确定侵权人承担连带责任或者按份责任。

二、关于赔偿范围的认定

第十一条 道路交通安全法第七十六条规定的"人身伤亡"，是指机动车发生交通事故侵害被侵权人的生命权、身体权、健康权等人身权益所造成的损害，包括民法典第一千一百七十九条和第一千一百八十三条规定的各项损害。

道路交通安全法第七十六条规定的"财产损失"，是指因机动车发生交通事故侵害被侵权人的财产权益所造成的损失。

第十二条 因道路交通事故造成下列财产损失，当事人请求侵权人赔偿的，人民法院应予支持：

（一）维修被损坏车辆所支出的费用、车辆所载物品的损失、车辆施救费用；

（二）因车辆灭失或者无法修复，为购买交通事故发生时与被损坏车辆价值相当的车辆重置费用；

（三）依法从事货物运输、旅客运输等经营性活动的车辆，因无法从事相应经营活动所产生的合理停运损失；

（四）非经营性车辆因无法继续使用，所产生的通常替代性交通工具的合理费用。

三、关于责任承担的认定

第十三条 同时投保机动车第三者责任强制保险（以下简称"交强险"）和第三者责任商业保险（以下简称"商业三者险"）的机动车发生交通事故造成损害，当事人同时起诉侵权人和保险公司的，人民法院应当依照民法典第一千二百一十三条的规定，确定赔偿责任。

被侵权人或者其近亲属请求承保交强险的保险公司优先赔偿精神损害的，人民法院应予支持。

第十四条 投保人允许的驾驶人驾驶机动车致使投保人遭受损害，当事人请求承保交强险的保险公司在责任限额范围内予以赔偿的，人民法院应予支持，但投保人为本车上人员的除外。

第十五条 有下列情形之一导致第三人人身损害，当事人请求保险公司在交强险责任限额范围内予以赔偿，人民法院应予支持：

（一）驾驶人未取得驾驶资格或者未取得相应驾驶资格的；

（二）醉酒、服用国家管制的精神药品或者麻醉药品后驾驶机动车发生交通事故的；

（三）驾驶人故意制造交通事故的。

保险公司在赔偿范围内向侵权人主张追偿权的，人民法院应予支持。追偿权的诉讼时效期间自保险公司实际赔偿之日起计算。

第十六条 未依法投保交强险的机动车发生交通事故造成损害，当事人请求投保义务人在交强险责任限额范围内予以赔偿的，人民法院应予支持。

投保义务人和侵权人不是同一人，当事人请求投保义务人和侵权人在交强险责任限额范围内承担相应责任的，人民法院应予支持。

第十七条 具有从事交强险业务资格的保险公司违法拒绝承保、拖延承保或者违法解除交强险合同，投保义务人在向第三人承担赔偿责任后，请求该保险公司在交强险责任限额范围内承担相应赔偿责任的，人民法院应予支持。

第十八条 多辆机动车发生交通事故造成第三人损害，损失超出各机动车交强险责任限额之和的，由各保险公司在各自责任限额范围内承担赔偿责任；损失未超出各机动车交强险责任限额之和，当事人请求由各保险公司按照其责任限额与责任限额之和的比例承担赔偿责任的，人民法院应予支持。

依法分别投保交强险的牵引车和挂车连接使用时发生交通事故造成第三人损害，当事人请求由各保险公司在各自的责任限额范围内平均赔偿的，人民法院应予支持。

多辆机动车发生交通事故造成第三人损害，其中部分机动车未投保交强险，当事人请求先由已承保交强险的保险公司在责任限额范围内予以赔偿的，人民法院应予支持。保险公司就超出其应承担的部分向未投保交强险的投保义务人或者侵权人行使追偿权的，人民法院应予支持。

第十九条 同一交通事故的多个被侵权人同时起诉的，人民法院应当按照各被侵权人的损失比例确定交强险的赔偿数额。

第二十条 机动车所有权在交强险合同有效期内发生变动，保险公司在交通事故发生后，以该机动车未办理交强险合同变更手续为由主张免除赔偿责任的，人民法院不予支持。

机动车在交强险合同有效期内发生改装、使用性质改变等导致危险程度增加的情形，发生交通事故后，当事人请求保险公司在责任限额范围内予以赔偿的，人民法院应予支持。

前款情形下，保险公司另行起诉请求投保义务人按照重新核定后的保险费标准补足当期保险费的，人民法院应予支持。

第二十一条 当事人主张交强险人身伤亡保险金请求权转让或者设定担保的行为无效的，人民法院应予支持。

四、关于诉讼程序的规定

第二十二条 人民法院审理道路交通事故损害赔偿案件，应当将承保交强险的保险公司列为共同被告。但该保险公司已经在交强险责任限额范围内予以赔偿且当事人无异议的除外。

人民法院审理道路交通事故损害赔偿案件，当事人请求将承保商业三者险的保险公司列为共同被告的，人民法院应予准许。

第二十三条 被侵权人因道路交通事故死亡，无近亲属或者近亲属不明，未经法律授权的机关或者有关组织向人民法院起诉主张死亡赔偿金的，人民法院不予受理。

侵权人以已向未经法律授权的机关或者有关组织支付死亡赔偿金为理由，请求保险公司在交强险责任限额范围内予以赔偿的，人民法院不予支持。

被侵权人因道路交通事故死亡，无近亲属或者近亲属不明，支付被侵权人医疗费、丧葬费等合理费用的单位或者个人，请求保险公司在交强险责任限额范围内予以赔偿的，人民法院应予支持。

第二十四条 公安机关交通管理部门制作的交通事故认定书，人民法院应依法审查并确认其相应的证明力，但有相反证据推翻的除外。

五、关于适用范围的规定

第二十五条 机动车在道路以外的地方通行时引发的损害赔偿案件，可以参照适用本解释的规定。

第二十六条 本解释施行后尚未终审的案件，适用本解释；本解释施行前已经终审，当事人申请再审或者按照审判监督程序决定再审的案件，不适用本解释。

最高人民法院关于确定民事侵权
精神损害赔偿责任若干问题的解释

· 2001 年 2 月 26 日最高人民法院审判委员会第 1161 次会议通过
· 根据 2020 年 12 月 23 日最高人民法院审判委员会第 1823 次会议通过的《最高人民法院关于修改〈最高人民法院关于在民事审判工作中适用《中华人民共和国工会法》若干问题的解释〉等二十七件民事类司法解释的决定》修正
· 2020 年 12 月 29 日最高人民法院公告公布
· 自 2021 年 1 月 1 日起施行
· 法释〔2020〕17 号

为在审理民事侵权案件中正确确定精神损害赔偿责任，根据《中华人民共和国民法典》等有关法律规定，结合审判实践，制定本解释。

第一条 因人身权益或者具有人身意义的特定物受到侵害，自然人或者其近亲属向人民法院提起诉讼请求精神损害赔偿的，人民法院应当依法予以受理。

第二条 非法使被监护人脱离监护，导致亲子关系或者近亲属间的亲属关系遭受严重损害，监护人向人民法院起诉请求赔偿精神损害的，人民法院应当依法予以受理。

第三条 死者的姓名、肖像、名誉、荣誉、隐私、遗体、遗骨等受到侵害，其近亲属向人民法院提起诉讼请求精神损害赔偿的，人民法院应当依法予以支持。

第四条 法人或者非法人组织以名誉权、荣誉权、名称权遭受侵害为由，向人民法院起诉请求精神损害赔偿的，人民法院不予支持。

第五条 精神损害的赔偿数额根据以下因素确定：

（一）侵权人的过错程度，但是法律另有规定的除外；

（二）侵权行为的目的、方式、场合等具体情节；

（三）侵权行为所造成的后果；

（四）侵权人的获利情况；

（五）侵权人承担责任的经济能力；

（六）受理诉讼法院所在地的平均生活水平。

第六条　在本解释公布施行之前已经生效施行的司法解释，其内容有与本解释不一致的，以本解释为准。

最高人民法院关于审理人身损害赔偿案件适用法律若干问题的解释

· 2003 年 12 月 4 日最高人民法院审判委员会第 1299 次会议通过

· 根据 2020 年 12 月 23 日最高人民法院审判委员会第 1823 次会议通过的《最高人民法院关于修改〈最高人民法院关于在民事审判工作中适用《中华人民共和国工会法》若干问题的解释〉等二十七件民事类司法解释的决定》修正

· 根据 2022 年 2 月 15 日最高人民法院审判委员会第 1864 次会议通过的《最高人民法院关于修改〈最高人民法院关于审理人身损害赔偿案件适用法律若干问题的解释〉的决定》修正

· 2022 年 4 月 24 日最高人民法院公告公布

· 自 2022 年 5 月 1 日起施行

为正确审理人身损害赔偿案件，依法保护当事人的合法权益，根据《中华人民共和国民法典》《中华人民共和国民事诉讼法》等有关法律规定，结合审判实践，制定本解释。

第一条　因生命、身体、健康遭受侵害，赔偿权利人起诉请求赔偿义务人赔偿物质损害和精神损害的，人民法院应予受理。

本条所称"赔偿权利人"，是指因侵权行为或者其他致害原因直接遭受人身损害的受害人以及死亡受害人的近亲属。

本条所称"赔偿义务人"，是指因自己或者他人的侵权行为以及其他致害原因依法应当承担民事责任的自然人、法人或者非法人组织。

第二条　赔偿权利人起诉部分共同侵权人的，人民法院应当追加其他共同侵权人作为共同被告。赔偿权利人在诉讼中放弃对部分共同侵权人的诉讼请求的，其他共同侵权人对被放弃诉讼请求的被告应当承担的赔偿份额不承担连带责任。责任范围难以确定的，推定各共同侵权人承担同等责任。

人民法院应当将放弃诉讼请求的法律后果告知赔偿权利人，并将放弃诉讼请求的情况在法律文书中叙明。

第三条　依法应当参加工伤保险统筹的用人单位的劳动者，因工伤事故遭受人身损害，劳动者或者其近亲属向人民法院起诉请求用人单位承担民事赔偿责任的，告知其按《工伤保险条例》的规定处理。

因用人单位以外的第三人侵权造成劳动者人身损害，赔偿权利人请求第三人承担民事赔偿责任的，人民法院应予支持。

第四条　无偿提供劳务的帮工人，在从事帮工活动中致人损害的，被帮工人应当承担赔偿责任。被帮工人承担赔偿责任后向有故意或者重大过失的帮工人追偿的，人民法院应予支持。被帮工人明确拒绝帮工的，不承担赔偿责任。

第五条　无偿提供劳务的帮工人因帮工活动遭受人身损害的，根据帮工人和被帮工人各自的过错承担相应的责任；被帮工人明确拒绝帮工的，被帮工人不承担赔偿责任，但可以在受益范围内予以适当补偿。

帮工人在帮工活动中因第三人的行为遭受人身损害的，有权请求第三人承担赔偿责任，也有权请求被帮工人予以适当补偿。被帮工人补偿后，可以向第三人追偿。

第六条　医疗费根据医疗机构出具的医药费、住院费等收款凭证，结合病历和诊断证明等相关证据确定。赔偿义务人对治疗的必要性和合理性有异议的，应当承担相应的举证责任。

医疗费的赔偿数额，按照一审法庭辩论终结前实际发生的数额确定。器官功能恢复训练所必要的康复费、适当的整容费以及其他后续治疗费，赔偿权利人可以待实际发生后另行起诉。但根据医疗证明或者鉴定结论确定必然发生的费用，可以与已经发生的医疗费一并予以赔偿。

第七条　误工费根据受害人的误工时间和收入状况确定。

误工时间根据受害人接受治疗的医疗机构出具的证明确定。受害人因伤致残持续误工的，误工时间可以计算至定残日前一天。

受害人有固定收入的，误工费按照实际减少的收入计算。受害人无固定收入的，按照其最近三年的平均收入计算；受害人不能举证证明其最近三年的平均收入状况的，可以参照受诉法院所在地相同或者相近行业上一年度职工的平均工资计算。

第八条　护理费根据护理人员的收入状况和护理人数、护理期限确定。

护理人员有收入的，参照误工费的规定计算；护理人员没有收入或者雇佣护工的，参照当地护工从事同等级别护理的劳务报酬标准计算。护理人员原则上为一人，但医疗机构或者鉴定机构有明确意见的，可以参照确定护理人员人数。

护理期限应计算至受害人恢复生活自理能力时止。受害人因残疾不能恢复生活自理能力的，可以根据其年龄、健康状况等因素确定合理的护理期限，但最长不超过二十年。

受害人定残后的护理，应当根据其护理依赖程度并结合配制残疾辅助器具的情况确定护理级别。

第九条　交通费根据受害人及其必要的陪护人员因就医或者转院治疗实际发生的费用计算。交通费应当以正式票据为凭；有关凭据应当与就医地点、时间、人数、次数相符合。

第十条　住院伙食补助费可以参照当地国家机关一般工作人员的出差伙食补助标准予以确定。

受害人确有必要到外地治疗，因客观原因不能住院，受害人本人及其陪护人员实际发生的住宿费和伙食费，其合理部分应予赔偿。

第十一条　营养费根据受害人伤残情况参照医疗机构的意见确定。

第十二条　残疾赔偿金根据受害人丧失劳动能力程度或者伤残等级，按照受诉法院所在地上一年度城镇居民人均可支配收入标准，自定残之日起按二十年计算。但六十周岁以上的，年龄每增加一岁减少一年；七十五周岁以上的，按五年计算。

受害人因伤致残但实际收入没有减少，或者伤残等级较轻但造成职业妨害严重影响其劳动就业的，可以对残疾赔偿金作相应调整。

第十三条　残疾辅助器具费按照普通适用器具的合理费用标准计算。伤情有特殊需要的，可以参照辅助器具配制机构的意见确定相应的合理费用标准。

辅助器具的更换周期和赔偿期限参照配制机构的意见确定。

第十四条　丧葬费按照受诉法院所在地上一年度职工月平均工资标准，以六个月总额计算。

第十五条　死亡赔偿金按照受诉法院所在地上一年度城镇居民人均可支配收入标准，按二十年计算。但六十周岁以上的，年龄每增加一岁减少一年；七十五周岁以上的，按五年计算。

第十六条　被扶养人生活费计入残疾赔偿金或者死亡赔偿金。

第十七条　被扶养人生活费根据扶养人丧失劳动能力程度，按照受诉法院所在地上一年度城镇居民人均消费支出标准计算。被扶养人为未成年人的，计算至十八周岁；被扶养人无劳动能力又无其他生活来源的，计算二十年。但六十周岁以上的，年龄每增加一岁减少一年；七十五周岁以上的，按五年计算。

被扶养人是指受害人依法应当承担扶养义务的未成年人或者丧失劳动能力又无其他生活来源的成年近亲属。被扶养人还有其他扶养人的，赔偿义务人只赔偿受害人依法应当负担的部分。被扶养人有数人的，年赔偿总额累计不超过上一年度城镇居民人均消费支出额。

第十八条 赔偿权利人举证证明其住所地或者经常居住地城镇居民人均可支配收入高于受诉法院所在地标准的，残疾赔偿金或者死亡赔偿金可以按照其住所地或者经常居住地的相关标准计算。

被扶养人生活费的相关计算标准，依照前款原则确定。

第十九条 超过确定的护理期限、辅助器具费给付年限或者残疾赔偿金给付年限，赔偿权利人向人民法院起诉请求继续给付护理费、辅助器具费或者残疾赔偿金的，人民法院应予受理。赔偿权利人确需继续护理、配制辅助器具，或者没有劳动能力和生活来源的，人民法院应当判令赔偿义务人继续给付相关费用五至十年。

第二十条 赔偿义务人请求以定期金方式给付残疾赔偿金、辅助器具费的，应当提供相应的担保。人民法院可以根据赔偿义务人的给付能力和提供担保的情况，确定以定期金方式给付相关费用。但是，一审法庭辩论终结前已经发生的费用、死亡赔偿金以及精神损害抚慰金，应当一次性给付。

第二十一条 人民法院应当在法律文书中明确定期金的给付时间、方式以及每期给付标准。执行期间有关统计数据发生变化的，给付金额应当适时进行相应调整。

定期金按照赔偿权利人的实际生存年限给付，不受本解释有关赔偿期限的限制。

第二十二条 本解释所称"城镇居民人均可支配收入""城镇居民人均消费支出""职工平均工资"，按照政府统计部门公布的各省、自治区、直辖市以及经济特区和计划单列市上一年度相关统计数据确定。

"上一年度"，是指一审法庭辩论终结时的上一统计年度。

第二十三条 精神损害抚慰金适用《最高人民法院关于确定民事侵权精神损害赔偿责任若干问题的解释》予以确定。

第二十四条 本解释自 2022 年 5 月 1 日起施行。施行后发生的侵权行为引起的人身损害赔偿案件适用本解释。

本院以前发布的司法解释与本解释不一致的，以本解释为准。

最高人民法院关于审理交通肇事刑事案件
具体应用法律若干问题的解释

· 2000 年 11 月 10 日最高人民法院审判委员会第 1136 次会议通过
· 2000 年 11 月 15 日最高人民法院公告公布
· 自 2000 年 11 月 21 日起施行
· 法释〔2000〕33 号

为依法惩处交通肇事犯罪活动，根据刑法有关规定，现将审理交通肇事刑事案件具体应用法律的若干问题解释如下：

第一条 从事交通运输人员或者非交通运输人员，违反交通运输管理法规发生重大交通事故，在分清事故责任的基础上，对于构成犯罪的，依照刑法第一百三十三条的规定定罪处罚。

第二条 交通肇事具有下列情形之一的，处 3 年以下有期徒刑或者拘役：

（一）死亡 1 人或者重伤 3 人以上，负事故全部或者主要责任的；

（二）死亡 3 人以上，负事故同等责任的；

（三）造成公共财产或者他人财产直接损失，负事故全部或者主要责任，无能力赔偿数额在 30 万元以上的。

交通肇事致 1 人以上重伤，负事故全部或者主要责任，并具有下列情形之一的，以交通肇事罪定罪处罚：

（一）酒后、吸食毒品后驾驶机动车辆的；

（二）无驾驶资格驾驶机动车辆的；

（三）明知是安全装置不全或者安全机件失灵的机动车辆而驾驶的；

（四）明知是无牌证或者已报废的机动车辆而驾驶的；

（五）严重超载驾驶的；

（六）为逃避法律追究逃离事故现场的。

第三条　"交通运输肇事后逃逸"，是指行为人具有本解释第二条第一款规定和第二款第（一）至（五）项规定的情形之一，在发生交通事故后，为逃避法律追究而逃跑的行为。

第四条　交通肇事具有下列情形之一的，属于"有其他特别恶劣情节"，处 3 年以上 7 年以下有期徒刑：

（一）死亡 2 人以上或者重伤 5 人以上，负事故全部或者主要责任的；

（二）死亡 6 人以上，负事故同等责任的；

（三）造成公共财产或者他人财产直接损失，负事故全部或者主要责任，无能力赔偿数额在 60 万元以上的。

第五条　"因逃逸致人死亡"，是指行为人在交通肇事后为逃避法律追究而逃跑，致使被害人因得不到救助而死亡的情形。

交通肇事后，单位主管人员、机动车辆所有人、承包人或者乘车人指使肇事人逃逸，致使被害人因得不到救助而死亡的，以交通肇事罪的共犯论处。

第六条　行为人在交通肇事后为逃避法律追究，将被害人带离事故现场后隐藏或者遗弃，致使被害人无法得到救助而死亡或者严重残疾的，应当分别依照刑法第二百三十二条、第二百三十四条第二款的规定，以故意杀人罪或者故意伤害罪定罪处罚。

第七条　单位主管人员、机动车辆所有人或者机动车辆承包人指使、强令他人违章驾驶造成重大交通事故，具有本解释第二条规定情形之一的，以交通肇事罪定罪处罚。

第八条　在实行公共交通管理的范围内发生重大交通事故的，依照刑法第一百三十三条和本解释的有关规定办理。

在公共交通管理的范围外，驾驶机动车辆或者使用其他交通工具致人伤亡或者致使公共财产或者他人财产遭受重大损失，构成犯罪的，分别依照刑法第一百三十四条、第一百三十五条、第二百三十三条等规定定罪处罚。

第九条　各省、自治区、直辖市高级人民法院可以根据本地实际情况，在 30 万元至 60 万元、60 万元至 100 万元的幅度内，确定本地区执行本解释第二条第一款第（三）项、第四条第（三）项的起点数额标准，并报最高人民法院备案。

实用附录

准驾车型及代号①

准驾车型	代号	准驾的车辆	准予驾驶的其他准驾车型
大型客车	A1	大型载客汽车	A3、B1、B2、C1、C2、C3、C4、M
重型牵引挂车	A2	总质量大于4500kg的汽车列车	B1、B2、C1、C2、C3、C4、C6、M
城市公交车	A3	核载10人以上的城市公共汽车	C1、C2、C3、C4
中型客车	B1	中型载客汽车（含核载10人以上、19人以下的城市公共汽车）	C1、C2、C3、C4、M
大型货车	B2	重型、中型载货汽车；重型、中型专项作业车	
小型汽车	C1	小型、微型载客汽车以及轻型、微型载货汽车；轻型、微型专项作业车	C2、C3、C4
小型自动挡汽车	C2	小型、微型自动挡载客汽车以及轻型、微型自动挡载货汽车；轻型、微型自动挡专项作业车；上肢残疾人专用小型自动挡载客汽车	
低速载货汽车	C3	低速载货汽车	C4
三轮汽车	C4	三轮汽车	
残疾人专用小型自动挡载客汽车	C5	残疾人专用小型、微型自动挡载客汽车（允许上肢、右下肢或者双下肢残疾人驾驶）	
轻型牵引挂车	C6	总质量小于（不包含等于）4500kg的汽车列车	

① 《机动车驾驶证申领和使用规定（2021修订）》附件1。

准驾车型	代号	准驾的车辆	准予驾驶的 其他准驾车型
普通三轮摩托车	D	发动机排量大于 50ml 或者最大设计车速大于 50km/h 的三轮摩托车	E、F
普通二轮摩托车	E	发动机排量大于 50ml 或者最大设计车速大于 50km/h 的二轮摩托车	F
轻便摩托车	F	发动机排量小于等于 50ml，最大设计车速小于等于 50km/h 的摩托车	
轮式专用机械车	M	轮式专用机械车	
无轨电车	N	无轨电车	
有轨电车	P	有轨电车	

机动车交通事故责任强制
保险基础费率表①

（2008 版）

金额单位：人民币元

车辆大类	序号	车辆明细分类	保费
一、家庭自用车	1	家庭自用汽车 6 座以下	950
	2	家庭自用汽车 6 座及以上	1,100
二、非营业客车	3	企业非营业汽车 6 座以下	1,000
	4	企业非营业汽车 6—10 座	1,130
	5	企业非营业汽车 10—20 座	1,220
	6	企业非营业汽车 20 座以上	1,270
	7	机关非营业汽车 6 座以下	950
	8	机关非营业汽车 6—10 座	1,070
	9	机关非营业汽车 10—20 座	1,140
	10	机关非营业汽车 20 座以上	1,320
三、营业客车	11	营业出租租赁 6 座以下	1,800
	12	营业出租租赁 6—10 座	2,360
	13	营业出租租赁 10—20 座	2,400
	14	营业出租租赁 20—36 座	2,560
	15	营业出租租赁 36 座以上	3,530
	16	营业城市公交 6—10 座	2,250
	17	营业城市公交 10—20 座	2,520
	18	营业城市公交 20—36 座	3,020
	19	营业城市公交 36 座以上	3,140
	20	营业公路客运 6—10 座	2,350

① 参见国家金融监督管理总局网 http：//www. cbirc. gov. cn/cn/view/pages/ItemDetail_gdsj. html？docId＝4659&docType＝2，最后访问日期：2023 年 8 月 18 日。

车辆大类	序号	车辆明细分类	保费
三、营业客车	21	营业公路客运 10—20 座	2,620
	22	营业公路客运 20—36 座	3,420
	23	营业公路客运 36 座以上	4,690
四、非营业货车	24	非营业货车 2 吨以下	1,200
	25	非营业货车 2—5 吨	1,470
	26	非营业货车 5—10 吨	1,650
	27	非营业货车 10 吨以上	2,220
五、营业货车	28	营业货车 2 吨以下	1,850
	29	营业货车 2—5 吨	3,070
	30	营业货车 5—10 吨	3,450
	31	营业货车 10 吨以上	4,480
六、特种车	32	特种车一	3,710
	33	特种车二	2,430
	34	特种车三	1,080
	35	特种车四	3,980
七、摩托车	36	摩托车 50CC 及以下	80
	37	摩托车 50CC-250CC（含）	120
	38	摩托车 250CC 以上及侧三轮	400
八、拖拉机	39	兼用型拖拉机 14.7KW 及以下	按保监产险〔2007〕53 号实行地区差别费率
	40	兼用型拖拉机 14.7KW 以上	
	41	运输型拖拉机 14.7KW 及以下	
	42	运输型拖拉机 14.7KW 以上	

1. 座位和吨位的分类都按照"含起点不含终点"的原则来解释。

2. 特种车一：油罐车、汽罐车、液罐车；特种车二：专用净水车、特种车一以外的罐式货车，以及用于清障、清扫、清洁、起重、装卸、升降、搅拌、挖掘、推土、冷藏、保温等的各种专用机动车；特种车三：装有固定专用仪器设备从事专业工作的监测、消防、运钞、医疗、电视转播等的各种专用机动车；特种车四：集装箱拖头。

3. 挂车根据实际的使用性质并按照对应吨位货车的30%计算。

4. 低速载货汽车参照运输型拖拉机 14.7KW 以上的费率执行。

机动车交通事故责任强制保险责任限额

一、被保险机动车在道路交通事故中有责任的赔偿限额为：
  死亡伤残赔偿限额：18000 元人民币。
  医疗费用赔偿限额：18000 元人民币。
  财产损失赔偿限额：2000 元人民币。
二、被保险机动车在道路交通事故中无责任的赔偿限额为：
  死亡伤残赔偿限额：18000 元人民币。
  医疗费用赔偿限额：1800 元人民币。
  财产损失赔偿限额：100 元人民币。

道路交通事故索赔流程图[①]

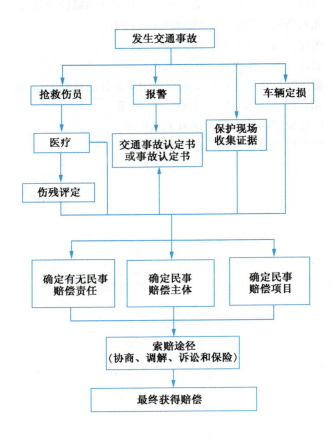

---

① 仅供参考。

重要法律术语速查表